KB070280

〈미래산업〉 창업자 정문술 회고록

나는 미래를 창조한다

나남
nanam

한국경제 창업자 03

〈미래산업〉 창업자 정문술 회고록

나는 미래를 창조한다

2016년 6월 15일 발행
2016년 6월 15일 1쇄

지은이   정문술
발행자   趙相浩
발행처   (주) 나남
주소   10881 경기도 파주시 회동길 193
전화   (031) 955-4601(代)
FAX   (031) 955-4555
등록   제 1-71호(1979.5.12)
홈페이지   http://www.nanam.net
전자우편   post@nanam.net

ISBN 978-89-300-8869-5
ISBN 978-89-300-8655-4(세트)

한국경제 창업자 03

〈미래산업〉 창업자 정문술 회고록

나는 미래를 창조한다

나남
nanam

영원한 벤처인,
실천하는 철인(哲人)

고승철 나남출판 주필

KAIST 미래전략대학원이 펴낸 《대한민국 국가미래전략 2016》이란 두툼한 책을 보고 가슴이 벅차올랐다. 책 속에 뭔가 희망의 싹이 들었으리라는 기대감 때문이다.

책은 제목 그대로 '대한민국의 밝은 미래를 위해 어떤 국가전략을 마련하고 실천해야 할 것인가?' 하는 화두話頭에 대한 전문가들의 연구 결과이다. 이런 보고서를 내기까지 그들이 감당한 치열한 고뇌에 대해 경의敬意를 품지 않을 수 없다. 이와 함께 이 보고서의 문패가 '문술리포트 2016'라는 점에 눈길이 갔다.

'문술'은 무슨 뜻이며 왜 붙었는가?

자세한 내막을 모르는 분들은 이런 의문을 품으리라. 이 책의 날개는 짤막하게 사연을 소개하고 있다.

대한민국이 무궁번영할 수 있는, 원대한 국가미래비전을 매년 수립해 줄 것을 요청한 정문술 전 KAIST 이사장의 뜻을 기념하고자 국가미래전략서의 명칭을 '문술리포트'로 칭하기로 했다.

이제 의문이 풀렸으리라. '미래산업'이라는 벤처기업을 창업한 '벤처대부代父' 정문술鄭文述 회장의 높은 뜻을 기리기 위한 명명命名이었다. 정문술 회장이 KAIST에 기부한 일에 대해 논평한 2014년 1월 11일자 〈동아일보〉 사설을 요약해 보자.

정문술 전 미래산업 회장의 통 큰 기부가 새해 벽두를 훈훈하게 달구고 있다. 2001년 300억 원을 KAIST에 기부한 데 이어 다음 주 215억 원을 쾌척하기로 했다. 그가 기부한 총액 515억 원은 개인이 대학에 낸 기부금으로는 류근철 한의학 박사(578억 원)에 이어 두 번째다. 그는 기업 경영에서도 범상치 않은 행보를 했다. 반도체 관련 미래산업을 창업하고 벤처기업 10여 개에 투자해 '벤처업계 대부'로 불렸다. 그리고 2001년 아무 혈연관계가 없는 후임자에게 경영권을 넘겨주고 물러났다.

"돈과의 싸움에서 이겼다."

정 전 회장의 단순하면서도 명쾌한 기부 소감은 영혼을 울리는 힘이 있다. 그는 "부를 대물림하지 않겠다는 나와의 약속을 지켰다"고 만족해했다. 그가 기부금을 써달라고 지정한 분야는 미래전략과 뇌과학이다. KAIST는 이 돈으로 미래전략대학원을 세워 국제관계·경제·산업·과학기술 분야의 국가 장기 전략을 제시하는 하버드대 케네디스쿨 같은 싱크탱크로 발전시키겠다는 계획을 밝혔다. 뇌과학은 미국·유럽·일본 등 선진국들이 국가 미래를 좌우할 핵심 과제로 꼽는 분야다.

이광형 KAIST 교수는 "정 전 회장은 항상 10~20년 뒤 한국에 무엇이 필요한지를 생각하는 분"이라면서 "정권과 관련 없이 국가장기전략을 연구하는 싱크탱크가 필요하다고 본 것 같다"고 설명했다. 10여 년 전 바이오와 정보기술IT의 융합과학을 위해 300억 원을 내놓은 것도 이런 선견지명先見之明에 힘입었다.

한국개발연구원KDI 등 국책연구기관에도 연구원이 많지만 외교·국방·경제·국토개발 등 분야별로 나뉘어 있어 종합적인 국가미래전략을 연구하는 곳은 드물다. 더구나 일부 연구원은 정권의 입맛에 맞는 정책을 뒷받침하는 데 그치는 한계가 있다. KAIST 미래전략대학원은 이런 국책연구기관의 한계를 극복할 수 있을 것이다. 대한민국의 미래를 내다보는 기부가 한층 더 아름다운 이유다.

KAIST의 그 대학원은 정식 명칭이 '문술미래전략대학원'이다. 설립기금을 기부했으니 명칭을 그렇게 붙였다고 단순하게 추론할 수 있다. 여느 기업인의 이름이 학교 건물이나 강의실에 붙는 경우가 흔하기 때문이다.

그러나 '문술'의 의미는 그렇게 단순하지는 않다. 그는 재벌 기업인도 아니고 거대 매출액을 낸 대기업 창업자도 아니다. 하지만 그는 기술개발을 위해 구도求道하는 자세로 온몸을 던진 벤처인이다. 연구개발자들에게 전권을 주고 자신은 그들이 마음 놓고 일하도록 뒷받침하는 데 진력했다. 엔지니어는 아니지만 어릴 때부터 뭘 만드는 데 재주를 보인 그는 물론 걸림돌이 생길 때마다 스스로도 혁신적인 아이디어를 냈다.

그는 '좋은 게 좋다는 식'의 혈연, 지연 봐주기 방식의 경영관행을 거부하고 고집스럽게 정도正道를 추구했다. 정치권력의 외압이나 유혹에도 흔들리지 않았다.

가히 미래형 기업가로서 사표師表가 아닐 수 없다. 그가 창업한 회사 이름도 미래지향적인 〈미래산업〉이지 않은가. 이런저런 이유로 한국의 미래를 고민하는 싱크탱크 대학원에 그의 존함이 붙는 것은 적절하다고 본다.

언론계에서 일했던 필자는 1999~2000년 벤처 열풍이 몰아칠 때 벤처담당 데스크를 맡았다. 그때 대표적 벤처기업인인 정문술 회장을 취재차 만났다. 그의 눈빛을 보니 문자 그대로 형형炯炯했다. 열정과 통찰력이 뿜어져 나오는 듯했다. 그러면서도 겸손했다. 그의 깡마른 몸에서는 돈 냄새보다는 철인哲人의 향기가 풍겨 나는 것 같았다.

정문술 회장은 한국의 대표적 기업인 순위에서 2위로 선정되기도 했다. 〈월간조선〉 1999년 10월호에 보도된 '경제전문가 109인이 뽑은 한국의 50대 기업인'에서 1위 정주영 현대그룹 창업자에 이어 2위로 뽑힌 것이다. 3위는 손길승 SK 회장, 4위는 이민화 메디슨 회장, 5위는 구본무 LG 회장이었다. 이건희 삼성 회장은 9위였다. 당시 벤처 열풍이 얼마나 대단했는지는 2위, 4위가 벤처기업인인 점만으로도 짐작할 수 있다.

그가 은퇴 선언을 하기 직전에 필자를 만나 속내를 털어놓았다.

"의미 있는 일에 사재를 기부하고 싶은데 혹시 추천하고 싶은 곳이 있을까요?"

돈 쓰는 일에 고민하는 기업인을 만나기는 처음이었다. 필자는 한국의 장기 지속적인 발전을 위해서는 인문학의 부흥이 필요하다며 재야在野 인문학자들을 돕는 게 좋겠다고 제안했다. 나중에 알고 보니 정 회장은 그런 분야에 몸소 찾아가 관련인들을 만나고 고민한 모양이었다. 마침내 KAIST에 거액을 기부한다는 보도를 봤다.

세월이 흘러 은퇴한 정 회장과 역시 신문사를 떠나 홀로 집필생활을 하는 필자는 어느 음식점에서 단둘이 마주앉아 고담준론高談峻論을 나누었다. 그가 국내외 문학작품을 부지런히 섭렵하는 독서인讀書人임을 알고는 더욱 존경심을 품지 않을 수 없었다.

필자는 창업을 꿈꾸는 청년들을 만날 때마다 정문술 회장에 대해 이야기하고 그의 저서를 읽어 보기를 권유했다. 정 회장의 회고록을 읽은 청년들은 한결같이 "엄청난 감동을 받았다"는 반응이었다.

《그러나 그의 삶은 따뜻했다》라는 책도 정 회장의 성공요인을 이해하는 데 큰 도움을 주었다. '정문술의 다중지능 분석보고서'라는 부제副題가 달린 이 책은 문용린 교수(전 교육부장관)가 이끄는 서울대 도덕심리연구실 팀이 저술했는데, 정 회장은 인간의 8가지 능력 가운데 특히 논리수학 지능logical-mathematical intelligence이 탁월한 인물인 것으로 평가했다.

'인류 대표' 이세돌 9단과 바둑 승부를 겨룬 알파고의 개발회사인 구글 딥마인드의 데미스 하사비스 대표는 KAIST의 젊은 과학도를 대상으로 강연하기 위해 2016년 3월 11일 대전 KAIST를 방문했다. '인공지능과 미래'라는 주제의 강연은 '정문술 빌딩'에서 열렸다. 정문술 회장이 은퇴하며 KAIST에 뇌과학을 연구해 달라고 기부금을 낸 것과 미래의 기술연구 방향은 이처럼 묘한 인연을 맺고 있다. 그만큼 미래를 꿰뚫어 보는 정문술 회장의 통찰력이 돋보인다.

정문술 회장의 자전적 에세이를 꼼꼼히 재독, 삼독하며 내용을 보완해 새롭게 편집해 내놓는다. 이 책이 창업을 구상하는 젊은이, 스타트업start-up 기업에 몸담은 임직원, 벤처 신화를 가슴에 품은 혁신기업가, 전국 유수의 공과대학 및 경영대학 학생 등의 필독서로 자리 잡기를 기대한다.

미래를 상상하고 창조합니다

코흘리개 때 동네 공터에서 뛰어놀고 있노라니 낯선 노인 한 분이 나를 불러 세운다. 한참 동안 내 두 손을 꼭 붙잡고 얼굴을 찬찬히 뜯어보더니 대뜸 이러신다.

"허, 크게 될 놈일세!"

그러나 애석하게도 나는 '크게' 되지 못했다. 머리와 눈썹이 허연 그 노인은 해장술에 취한 3류 관상쟁이였을까. 그래도 그 도사 풍모의 노인은 내게 은인이다. 어떤 난관 앞에서도 '결국 내 인생은 해피엔딩이 되리라'는 낙관을 갖게 해주었다. 나는 스스로 '크게 될 놈'에 어울리는 짓만 하려 애썼다. 크게 되지는 못했을망정, 덕분에 작고 편벽偏僻되게 살지는 않았다.

또한 그 말은 내게 미래지향성을 심어 주었다. 구차하고 안타까운 과거와 현재일랑 매 순간 훌훌 털어 버리고, 오로지 다가올 날들만을 생각하게 해주었다.

나는 결국 크게 될 놈이니까!

이대로 끝날 리가 없으니까!

그래서 '미래를 준비해야 한다'는 세간의 표현이 내겐 늘 흡족하지 않았다. 미래는 맞이하거나 준비하는 게 아니다. 확신을 갖고 만들어 내야 하는 것이다.

한 직원이 뒤통수를 긁으며 사장실을 노크한다.

"사장님. 아들놈 숙제 때문에 상의 좀 드려야겠습니다."

"숙제?"

"학교에서 아빠 회사의 사훈을 적어 오라는데 … ."

사장 재임 때의 일이다. 미래산업에는 사훈社訓이라는 게 없었다. 난감한 와중에도 순간적인 대답이 튀어나왔다.

"'우리는 미래를 기다리지 않습니다. 우리는 미래를 상상하고 창조합니다.' 어떤가?"

시류時流에 끌려가지 않고 미래를 창조하겠다는 일념으로 미래산업을 만들고, 이끌어 왔다. 착하고 진취적인 기업을 일궜다며 세인들이 칭찬해 줄 때, 나는 그 노인의 말을 다시 떠올렸다.

지금 이 순간, '크게 될 놈'에 어울릴 만한 일은 과연 무엇인가. 나는 회사를 직원들에게 물려주고, 바이오 융합기술 분야 인재양성을 위해 얼마간의 돈을 세상에 내놓았다.

이제 크게 되었나?

아니다. 여전히 그 말은 내게 숙제다.

아직도 내 발목을 잡고 있는 것은 명예욕이다. 회고록을 준비하면서부터 줄곧 나를 괴롭혀 온 것도 바로 그 부끄러움이다. 그리고 기어이 책을 내는 지금까지도 여전히 자문자답하고 있다. 뭐 내세울 게 있다고 또 떠드는가. 물러난 놈이 왜 자꾸 떠드나. 그래서 노추老醜 아닌가. 하지만 먼저 기업을 경영해 본 선배로서 후배들에게 꼭 해주고 싶은 말이 있는 걸 어쩌나. '크게 된 놈'으로서 떠드는 게 아니라 '크게 될 사람들'을 위해서 떠들고 싶은 걸 어쩌나.

나는 벤처인으로 살았다. 그래서 지금도 벤처인으로 사고思考하고, 벤처인으로 행동한다. 나는 내 자식들만큼이나 이 땅의 벤처인들과 벤처 지망생들을 아끼고 사랑한다. 한때 신문들이 내게 '벤처 대부'라는 칭호를 달아 주었을 때, 민망한 와중에도 한편으론 좋았다. 그래서 또한 나는 지금도 수없이 반복되고 있는 그들의 시행착오와 실족失足을 지켜보며 안타까워하고 가슴 아파한다.

나는 이제 그들에게 '길' 하나를 보여 주고 싶다. 물론 그 길이 유일한 길이라고 우길 마음은 없다. 그래서 나의 글들은 시종일관 경험에 빗대거나 의문부호로 끝이 난다. '크게 될' 놈들이라면 전범典範이건 반면교사反面教師이건 깜냥대로 읽어 내리라. 그걸로 족하다. 내게도 정답은 없다. 나는 그저 후배들에게 내 코흘리개 시절의 '그 낯선 노인'으로 다가가고 싶은 것이다.

다른 분들의 여느 회고록과 달리 이 책에는 나의 사진이 별로 없다. 언젠가 어느 방송사에서 나의 성공비화를 촬영하면서 담당 PD가 나의 앨범을 빌려갔는데 그분이 그만 그걸 분실했다는 것이다. 사라진 사진첩에 미련을 둔들 무슨 소용 있으랴. 내 사진 몇 장을 간직하고 있다가 출판사에 제공한 이언오 박사와 옛 동료 정미리 오성프라스틱 상무께 감사드린다.

나는 요즘 매일 '죽는 연습'을 한다. 아름답게 생을 마감하려 노력한다는 뜻이다. 과거에 인연을 맺은 분들을 떠올리며 내가 신세를 지고도 보답을 하지 못했다면 찾아뵙고 식사라도 함께하며 경우에 따라서는 금일봉을 건넨다. 내가 심한 말로 상대방에게 상처를 입힌 기억이 살아나면 그에게 사과한다. 이 생에서 쌓인 업業을 말끔히 정리하고 떠나야 하지 않겠는가.

KAIST 문술미래전략대학원을 잘 이끌어 가는 이광형 대학원장, 그 대학원에서 용맹정진하며 연구하는 학자, 학인들에게 존경을 표한다.

2004년에 낸 졸저 《아름다운 경영》을 전면 개편하여 멋진 책으로 탈바꿈해 준 나남출판사의 조상호 회장과 편집자에게 감사드린다. 신문사 벤처담당 데스크로 처음 만나 오랜 세월 동안 변치 않은 우의友誼를 보인 나남출판사 고승철 주필과의 인연도 소중하게 다가온다.

모쪼록 진정한 벤처정신을 가진 기업인들이 한국경제의 난국을 돌파하기를 갈망한다.

2016년 봄, 청계산 기슭 우거寓居에서
정문술

나남신서 1869

〈미래산업〉 창업자 정문술 회고록

나는 미래를 창조한다

차 례

제 1 장

———

호기심이
나를
일으키다

'문술이 어매'는
내가 가장 존경하는 벤처인

━━━

나는 전라북도 임실군 강진면에서 장남으로 태어났다. 1950년 6·25 전쟁 때 빨치산 남부군 사령부가 처음 자리를 잡은 곳으로 유명한 회문산(830미터)과 내 고향 강진면은 지척이다. 전쟁 당시 유엔군의 인천상륙작전과 북진으로 고립된 인민군과 공산당이 회문산으로 옮겨와 둥지를 튼 것이다.

예부터 영산靈山으로 이름난 회문산은 우리 역사의 주요 무대가 되곤 했다. 조선 말기에 동학혁명이 일어났을 때 동학군이 거점으로 삼은 곳이며, 구한말에 국운이 기울 때 정읍의 최익현, 임실의 임병찬 의병장이 항일구국운동을 벌인 곳이기도 하다.

나는 소년 시절에 국군이 남부군 사령부를 토벌하는 현장을 직접 목격했다. 어느 날 빨치산의 파상 공세가 시작되었고, 금융조합 담장을 사이에 두고 국군과 빨치산의 전투가 치열하게 전개되었다. 그 전투의 여파로 주변지역은 모두 빨치산들이 장악하여 이른바 '해방구'가 되고 말았다.

우리 가족은 용케 무사했지만, 우리 집을 포함하여 금융조합 인근은 하루아침에 잿더미로 변했다. 아버지가 운영하던 비단가게 또한 흔적도 없이 사라져 버렸다. 그때 전 재산을 잃은 충격에 의욕을 상실한 아버지는 그 뒤로 다시는 재기하지 못했다.

얼마 후 국군과 경찰이 빨치산을 몰아내고 강진면 사방에 바리케이드를 쳤다. 그리고는 드나드는 사람들을 삼엄히 검문했다. 가뜩이나 기간도로 외에는 외지로 이어지는 별다른 교통망이 없었던 산골마을이 그로써 더욱 고립되었다. 또한 사람들의 왕래를 단속하다 보니 이런저런 생필품들이 부족해졌다. 특히 쌀이 절대적으로 부족했다.

섬진강 상류, 회문산 골짜기에 인접해 있는 5개 면을 잇는 상업중심지는 강진면이었다. 하지만 강진면에서는 잡곡 생산이 전부였다. 강진면에 서던 5일장도 열리지 않아 강진면에서 쌀을 구경하기는 갈수록 어려워졌다.

평소에 모두가 알아주던 여걸 '문술이 어매'는 바로 그 점에 착안했다. 당시 41세였던 어머니는 힘 좋은 장정 1명을 고용하여 소달구지를 몰고 인근 지역을 돌았다. 언제 어디서 총알이 날아올지 모르는 시절에 면과 면을 돌며, 이데올로기와 이데올로기의 경계를 넘나들며, 강진면의 잡곡과 다른 면의 쌀을 바꾸는 장사를 시작했다.

어머니의 예측은 정확히 맞았고, 당연히 어머니의 곡식 장사는 사람들에게 대인기였다. 목숨을 걸어야 하는 위험천만한 일이었지만 어머니는 오직 아버지를 대신해 가족의 생계를 책임져야 한다는 일념으로 모든 위험을 감수했다.

어머니는 또한 키가 크고 힘도 장사였다. 쌀가마도 번쩍 들어 올려 싣고 내리고 했다. 담도 커서 빨치산 군인들을 봐도 겁을 내지 않고 반갑게 인사하며 경계선을 넘나들곤 했다. 나도 어머니 뒤를 졸졸 따라다니며 쌀자루 내리는 일을 도왔다.

어머니는 불타다 남은 폐가에 임시 점포를 차려 놓고서 곤궁한 사람이라면 누구나 데려와 먹이고 재우곤 했다. 국군들도, 빨치산들도, 어머니와 마주치면 "문술이 어매!"를 외치며 무조건 반겨 주었다. 덕분에 그토록 혼란스러운 와중에도 어머니의 곡식장사는 나날이 번창했다.

오래지 않아 전선戰線이 북상하고 내 고향도 완전히 수복되었다. 강진면의 5일장이 정상화되자 어머니는 본격적으로 점포를 열고 싸전을 벌였다. 평소 장남이라면 목숨도 아까워하지 않을 만큼 매사 나에게 극진했던 어머니는, 그렇게 다시 일으킨 가세를 오로지 나를 먹이고 가르치는 데 전부 쏟아부었다. 하지만 공부와는 인연이 멀었던 나는 산과 강으로 마냥 놀러만 다니다가 머리가 굵었다. 참으로 한심한 일이다.

나는 "벤처를 하려면 목숨을 걸어라"는 말을 입버릇처럼 한다. 그때마다 나는 단순한 단어로서의 '목숨'이 아닌 '진짜 목숨'의 무게를 느낀다. 그러고는 홀로 어머니를 추모한다. 어머니는 나를 먹이고 가르치겠다는 확고한 목적 하나에 목숨을 걸고 앞길을 개척했다. 일단 목숨을 걸고 나면, 어떤 상황에서라도 낙담할 일이 없어지고 무서운 추진력이 생기기 마련이다. 그렇게 다져진 승부근성과 도전정신이야말로 내가 인정하는 진짜 벤처 마인드다.

지금껏 살아오면서 "가장 존경하는 벤처인은 누구인가?"라는 질문을 수도 없이 들었다. 상황에 맞게, 때론 전략적인 임기응변을 발휘하여 다양한 대답을 하곤 한다. 하지만 내가 인정하는 진정한 벤처인은 저 아득한 유년의 과거 속에 애틋하게 묻혀 있다.

작살총은
나의 첫 발명품

———

　　초등학교 2학년 때 일제로부터 해방이 되고, 그때부터 6
학년 때까지는 거의 선생님도 없이 '자습'만 하며 지냈다. 해방 직후의
소란 통에 회문산 골짜기까지 교사 발령을 기대하기란 힘든 상황이었
기 때문이다. 말이 좋아 자습이지, 아이들만 있는 교실이다 보니 개구
리가 뛰어다니기 일쑤였고, 아예 수업시간에 작당하여 멱을 감으러 가
는 일도 많았다.

　　초등학교를 졸업할 때까지 한글도 제대로 깨치지 못했지만, 어린 나
는 마냥 좋기만 했다. 우리 집 대문 앞에는 섬진강으로 들어가는 개천
이 흘렀다. 여름에는 은어가 많이 올라오고, 우리가 '가라지'라고 부르
던 무지갯빛 물고기도 많았다. 메기, 빠가사리에 불멍텅구리, 힘 좋은
뱀장어도 지천이었다.

　　아이들이 이 보물창고를 그냥 두고 볼 리 없었다. 하지만 넓게 투망
을 던질 완력도, 그만한 기술도 없었던 우리들은 기껏 고무줄 작살을
만들어 한두 마리씩 잡으며 노는 게 고작이었다. '고무줄 작살'이란 대

나무로 총열을 삼고, 굵은 철사로 작살을 만들어 고무줄에 걸어 쏘는 원시적인 '총'이었다. 맑은 물속을 잠자코 들여다보다가 물고기가 나타나면 고무줄 작살을 놓아 물고기를 잡는 것이다.

하지만 민물고기들이 워낙에 작고 날렵하여 쉽게 잡을 수가 없었다. 게다가 대나무총은 총열 끝이 뭉툭해서 정교한 겨냥이란 게 애초부터 불가능했다. 어느 날, 물고기 잡기에 진력이 난 내게 한 가지 꾀가 생겼다. 나는 낫으로 대나무총의 끝을 세로로 가늘게 쪼개었다. 그리고 대쪽 사이사이를 솎아 떼어 낸 다음 가는 철사로 그 테두리를 묶었다. 원뿔 모양의 예리한 총열을 만든 것이다. 조준이 잘 돼 당연히 명중률이 높아졌다. 그 후로 우리 동네 작살총은 몽땅 원뿔형으로 바뀌었고, 오래지 않아 인근 지역 아이들에게까지 퍼져 나갔다. 잠수 잘하는 어른들에게까지 이 작살총의 위력이 전해져 나중엔 전문적인 낚시꾼까지 이를 사용했다. 그것이 나의 첫 발명품이었다.

이른 저녁밥을 먹고 나면 아이들은 다시 좀이 쑤시기 시작한다. 그렇다고 칠흑 같은 어둠 속에서 할 수 있는 놀이도 별로 없다. 어느 날 나는 어머니의 지갑에서 돈을 훔쳐 장터에 흘러나온 군용 손전등을 하나 샀다. 나는 그걸로 좀더 신나는 놀이를 개발했다. 새 사냥이었다. 그때 어른들은 대나무를 쪼개어 입구가 좁은 바구니 형태의 통발을 놓아 물고기를 잡곤 했는데, 나는 그 통발을 긴 장대 끝에 매달았다. 그러면 커다란 잠자리채 같은 모양이 되었다. 나는 손전등을 그 장대의 적당한 위치에 매달았다. 그 '휴대용 덫'을 들고 나는 밤마다 농가의 초가지붕 처마 밑을 털었다.

농가의 초가지붕 끝 구멍에는 대개 참새들이 둥지를 틀고 있었는데, 일단 손전등을 비춰 기선을 제압한 후 장대 끝에 달린 통발 주둥이를 들이대고 들쑤시며 겁을 주면 새들이 놀라 달아나다 통발 안으로 날아 들었다. 그 기발한 발명품 덕에 나는 한동안 우리 동네 골목대장 노릇을 톡톡히 할 수 있었다.

당시 우리들이 늘 접할 수 있는 또 하나의 장난감은 손수레였다. 손수레를 끌고 산판에 올라가 땔감을 싣고 신나게 달려 내려오는 것은 우리들에게 일종의 심부름이자 놀이였다. 나무판을 둥그렇게 잘라 역시 나무로 만든 봉을 가로질러 바퀴를 만들곤 했는데, 워낙 험한 산길에서 굴리다 보니 금세 닳거나 이가 빠져 여간 귀찮은 게 아니었다.

해방 전에는 섬진강 상류에서 다목적댐 공사를 했는데, 임실역에서부터 화물 케이블카를 이용해 산꼭대기 공사현장까지 자재를 나르곤 했다. 워낙 먼 거리라 중간의 산봉우리마다 케이블카 중계기지를 두고 있었는데, 일제강점기에는 학교에서 그곳으로 종종 소풍을 갔을 정도로 당시엔 꽤 대단한 시설이었다. 그곳에는 유사시에 교체품으로 사용하기 위한 여분의 쇠바퀴와 강철 와이어들이 많이 쌓여 있었다.

나는 친구들을 몰아 그곳을 찾아갔다. 해방된 지도 꽤 된 터라 중계소는 거의 폐허가 되어 있었다. 나는 그곳을 뒤져 철봉, 쇠바퀴, 윤활제를 잔뜩 구해 와 직접 손수레를 제작했다. 그렇게 만들어진 나의 최고급 승용차는 아이들에게뿐만 아니라 어른들에게도 인기였다. 농사일을 하거나 일용품을 나르는 데에도 최고였던 것이다.

초등학교 5학년 때에야 비로소 처음으로 담임선생님이 부임했다.

지금도 존함을 또렷이 기억한다. 권용주 선생님!

전주농업학교를 졸업한 권 선생님은 산골 아이들을 중학교에 진학시키겠다는 열망으로 방과 후에도 학생들을 가르치셨다. 또한 공부 이외에도 너른 세상에 관한 흥미진진한 이야기를 많이 들려주셨다. 농업학교 기숙사 생활 에피소드며 검도 시합에서 일본 학생을 이긴 무용담 등….

초등학교를 졸업한 1950년, 인근 도시 전주로 가 신흥중학교에 입학했지만 곧 6·25 전쟁이 터지는 바람에 회문산 고향으로 돌아왔다. 다시 중학교로 돌아갈 때까지 근 1년 동안 책 한 줄 읽지 않고 산, 들, 강을 헤매며 놀았다. 자연은 거대한 놀이마당이었던 것이다.

회문산은 회문봉, 장군봉, 깃대봉 등 세 봉우리로 이루어지며 동서 8킬로미터, 남북 5킬로미터에 걸쳐 있다. 섬진강이 회문산을 두 팔로 감싸듯 휘감아 사방으로 물길이 흐르고 있어 산 정상에서 바라보면 전망이 장관壯觀을 이룬다. 요즘 관광 안내서에 보면 회문산에 대해 "계곡이 많아 물놀이에 제격이며 특히 산 아랫마을인 덕치·천담의 계곡이 아름다워 해마다 많은 관광객들이 찾는다"고 소개하고 있다.

신병훈련소는
신나는 놀이터

━━━

초등학교에 다니던 때, 시절도 어수선했고 나도 공부에 별 관심이 없었다. 다행히 집안은 비교적 넉넉하여 신흥중학교와 남성고등학교에 모두 기부금을 주고 보결 입학했다. 어머니는 꽤 큰 미곡상을 경영하는 '사장님'이 되었다.

중·고등학교 시절엔 내내 공부에 흥미가 없었다. 대자연 속에서 새처럼, 바람처럼 자유분방하게 뛰놀던 소년이었으니 도심 학교는 '새장'처럼 답답했다. 영어, 수학은 기초가 없어 따라가기 힘들었다.

전주 신흥중학교는 미션 스쿨이어서 채플 시간이 있었다. 린튼 선교사라는 꽤 유명한 분이 영어 반, 한국어 반 섞어 가며 재미있게 강의하셨는데, 주로 성경 이야기였다. 우등생 친구들은 그 시간에 졸았지만 나는 흥미진진하게 경청했다. '정직해야 한다', '약속을 잘 지켜야 한다', '손발을 깨끗이 씻어라' 등 윤리와 위생에 대한 내용이었는데, 인생에서 두고두고 도움이 되는 교훈이었다.

고 2 때는 독일어 선생에게 수업시간마다 얻어맞았다. 영어도 잘 모르는 판에 독일어까지 배우려니 죽을 맛이었다. 국어, 사회, 역사 등은 흥미도 있는 데다가 집중 공부하면 성적이 금세 올라 이들 과목을 중점으로 공략하여 전체 성적은 중상까지 올라갔다.

서울에서 중학교를 다니다 경찰서장인 아버지의 직장을 따라 전학 온 친구가 있었는데, 수학 수재였다. 그 친구를 내 하숙집에 불러다 빵을 사주며 수학을 배우기도 했다.

고등학교를 졸업한 후에는 원광대 종교철학과에 간신히 진학했지만, 2년 동안 하릴없이 허송세월만 하다 결국 군 입대를 결심했다.

당시에는 군대를 '죽으러 가는 곳'쯤으로 여겼다. 우리 어머니도 그랬다. 어머니는 입대영장을 보자마자 눈물바람이었다. 동네 어른들도 돈 봉투를 주며 마치 돌아오지 못할지도 모르는 전쟁터로 보내는 심경으로 격려했다. 하지만 나는 겁이 나기는커녕 사실 들떠 있었다. 힘든 것이야 모두들 그렇다니까 그런가 보다 했지만, 나는 장차 내 앞에 펼쳐질 새로운 세계에 대한 호기심과 기대감으로 밤잠까지 설쳤다.

과연 군대는 힘든 곳이었다. 육체적으로도, 정신적으로도 몹시 힘들었다. 전쟁 통에 가세가 기울어진 이후에도 어머니께서 곡식 장사를 하신 덕분에 배고픔을 모르고 자란 나는 무엇보다 군대의 배고픔이 견디기 힘들었다.

하지만 나는 한편으로 즐거웠다. 모든 것이 새롭고 낯설기만 한 신병훈련소는 내게 신나는 놀이터이기도 했다. 각개전투, 수류탄 투척, 총검술, 사격 등 새로 배우는 훈련은 힘들긴 했어도 매우 재미있었다. 전투기술이니 살벌하긴 했지만 오랜 노하우가 집적된 훈련 아니겠는

가. 그런 노하우를 발견하는 것은 여간 신나는 게 아니었다. 하루 훈련을 마치고 취침할 때 동료 훈련병들은 고향의 부모와 애인을 그리워하며 눈물지었지만 나는 내일 어떤 새로운 훈련을 할까 기대하며 가슴이 설렜다.

퇴소를 며칠 앞둔 어느 날, 일과가 끝난 시간에 우리들에게 설문지 2장씩이 지급되었다. 밥도 먹었겠다, 몸도 피곤하겠다, 모두들 낙서하듯 답안을 대충 기입하고는 침상에 벌렁벌렁 드러눕기 시작했다. 하지만 내겐 그 설문 내용이 재미있었다. 질문들이 엉뚱하고 기발했기 때문이다. 나중에 알고 보니 그것은 설문조사가 아니라 적성검사와 지능검사였다.

신병훈련이 끝나자 나는 경북 영천에 소재한 육군행정학교에 배속되었다. 순간의 호기심 덕분에 모두가 소원하는 '행정병'이 된 것이다. 그곳에서 나는 인사관리, 기획관리, 문서관리 등을 체계적으로 배울 수 있었다. 어릴 적 농협의 급사 노릇을 한 적이 있던 나는 난생 처음 제대로 된 행정 시스템을 접하고 그 합리성과 효율성에 매료되었다. 나중에 안 것이지만 그 교본은 미국 행정학교에 유학한 장교들이 번역한 것이었다. 그 행정 시스템은 한국 정부 행정제도의 뼈대가 되었다.

행정학교 졸업시험에서 나는 당연히 성적이 좋을 수밖에 없었다. 누가 시키지 않아도 스스로 재미에 푹 빠져 공부했으니…. 우리 기수 250명 가운데 5등을 차지했다.

행정병 교육이 끝나자 나는 '보직 중의 보직'이라는 육군본부에 배속되었으며, 주산 실력을 인정받아 숫자를 다루는 육군본부 부관감실 통계과에서 일하게 되었다. 1960년 당시 육군은 컴퓨터를 도입하는 전산화 프로젝트를 추진하였는데, 나는 전산화 프로젝트 책임장교의 조수 노릇을 했다. 그곳에서 나는 경제기획원 통계국에 교육을 받으러 가기도 하여 견문을 넓혔으며, 컴퓨터라는 신기한 물건도 접할 수 있었다. 컴퓨터가 작동하는 원리가 음양 원리와 비슷해서 경이롭게 느꼈다. 비록 조수 신분이었지만 첨단 신기술을 익힌 것은 나의 지적^{知的} 호기심을 자극했다. 나로서는 큰 행운이었다. 내가 이공계 전공자가 아닌데도 훗날 미래산업을 이끈 것은 이런 체험이 배아^{胚芽}가 되었다.

행정학교 동기들 표현대로라면 나는 '억세게 운이 좋은 녀석'이었다. 신병훈련소에서 육군행정학교로, 그곳에서 다시 육군본부로 이른바 '보직의 고속도로'를 탔기 때문이다. 동기들이나 선임자들은 모두 내게 든든한 '빽'이 있는 것으로 알았지만, 사실 그 '빽'의 정체는 '호기심'이었다.

중앙정보부에서
18년간 근무하다

육군본부에서 근무 중이던 1961년에 5·16 군사 쿠데타가 일어났다. 당시 국가재건최고회의에서는 육군본부 근무자를 대상으로 행정요원을 모집하고 있었다. 하지만 지원은 고사하고 혹시라도 차출될까 싶어 모두들 전전긍긍하는 분위기였다. 쿠데타가 진압되고 나면 반역자로 몰려 죽게 될 것이라는 흉흉한 소문이 돌고 있었다. 하지만 워낙에 정치적 식견이나 역사의식이란 것이 부족했던 내게는 그런 소문이 귀에 들어오지 않았다. 새로운 곳에는 늘 새로운 사람과 새로운 경험이 있는 법, 그곳에 내가 안 가고 누가 가랴. 동기들은 당연히 '미친놈' 취급이었다.

다행히(?) 반역자로 몰려 처단되는 일 없이 나는 나머지 군 생활을 그곳에서 했다. 새로운 것이라면 무조건 사생결단하고 달려드는 성격 덕분에 그곳에서도 나는 성실하고 영민한 행정병으로 소문이 났다. 당시 그곳에 연락관으로 드나들던 중앙정보부 간부들은 전역이 가까워지자 나를 중앙정보부로 데려갔다. 파격적인 스카우트였다. 내 안의 호

기심을 부단히 좇는 사이, 어느새 나는 제대와 동시에 5급 을(현재 9급)
공무원이 되어 있었다.

중앙정보부 동료들은 거의 대부분 서울의 명문대나 육군사관학교
출신이었다. 그들은 모두들 나와 동기인데도 '4급' 이상의 직급이었다.
나는 세 가지 약점을 지녔다. '비非 명문대 출신', '사병 제대자', '호남
출신'이 그것이었다. 이런 핸디캡을 극복하려면 업무 능력으로 보여 줘
야 했다.

나는 강한 승부욕에 사로잡혔다. 부여된 업무는 항상 남보다 먼저
끝냈고, 수시로 실시되는 각종 능력시험에서 항상 1등을 했다. 결과적
으로 나는 동기들 중에서 가장 빠른 승진기록을 세웠다. 1976년 7월
나는 부이사관으로 승진했다. 입사 14년, 6번째의 승진이었다.

나는 중앙정보부에서 정확히 18년 동안 일했다. 1979년 12·12 군
사 쿠데타가 일어나기 전까지 나의 공무원 생활은 마냥 순조로웠다.
쿠데타가 일어나기 몇 달 전 중앙정보부는 보안사령부 축소작업을 단
행했다. 보안사령부가 본래 업무와 상관없이 일반인 대상의 정보활동
을 벌이다 보니 월권행위와 민폐가 극심하다는 판단 때문이었다. 나는
그 작업에 감사반장으로 참여했다. 그러나 10·26과 함께 보안사가 득
세하고 중앙정보부는 오히려 풍전등화風前燈火 신세가 되었다. 말 그대
로 '세상이 바뀐' 것이다.

1980년 5월, 평소처럼 출근했더니 내 책상 위에는 해고통지서가 놓
여 있었다. 나는 책상 정리도 제대로 하지 못한 채 허둥지둥 직장을 나
왔다. 그동안 직장밖에 몰랐던 인생이었다. 대낮에 마땅히 갈 만한 곳

도 없었다. 나는 집 뒤의 청계산에 올랐다. 정상에서 아래를 내려다보니 갑자기 두려운 마음이 들었다. 5명의 아이들과 순진하기만 한 아내, 내 주변의 익숙했던 모든 것이 갑자기 부담스럽게만 느껴졌다. 내 나이 겨우 마흔셋이었다. 아득했다.

엉겁결에 시작한
경영 인생

———

　　18년 동안 공무원 생활을 하면서 세상을 알 만큼 안다고 자신했었다. 그러나 그것은 공무원의 눈으로 감당할 만한, 꼭 그만큼의 세상이었다. 막상 퇴직당하고 보니 세상에는 모르는 것투성이였다. 직장을 잃은 나는 세상의 모든 것에 서툴렀다. 무엇보다 일이 그리워 견딜 수가 없었다. 일을 하기 위해서 나는 세상을 다시 배워야 했다.

　동사무소에 가서 처음으로 인감증명이라는 걸 떼어 보고, 등본도 떼어 보았다. 운전기사나 집사람에게 시키던 일이었지만 직접 해보려니 어렵고 복잡하게만 여겨졌다. 무엇을 하든 운전면허는 있어야겠다 싶어 학원에 나가 봤지만 면허시험에는 번번이 떨어졌다. 도대체가 만만한 게 하나도 없었다.

　우여곡절 끝에 운전면허를 따놓고 소형차부터 한 대 구입했다. 차가 집으로 도착한 날이 마침 일요일이라 아이들은 드라이브를 가자고 졸랐다. 나도 모처럼 기분이 좋아 그러마고 나서려는데 불쑥 손님이 찾아왔다. 공무원 시절 나의 운전기사로 일하던 부하직원이었다.

위로와 안부 인사가 한참 오간 후, 그는 귀가 솔깃할 만한 이야기를 꺼내 놨다.

"제가 잘 아는 분이 부천에서 조그만 부품공장을 하십니다. 요즘 동업자를 구한다고 하시던데 … ."

공장이면 어떻고 식당이면 어떠랴. 찬밥 더운 밥 가릴 심사가 아니었다. 더구나 동업이라지 않은가.

"공장이라면, 대체 뭘 만드나?"

"스위치 클립이라는 건데요. 전자제품에 많이 쓰이는 부품이랍니다. 판로가 확실해서 경기도 안 타고 전망도 좋다던데요."

"자네도 알다시피 내가 그런 쪽으로는 워낙에 문외한 아닌가. 나 같은 사람도 쓸모가 있으려나?"

"그런 걱정은 안 하셔도 됩니다. 은행 쪽이나 관청 쪽 일을 봐주시면 되지요."

듣고 보니 그럴 듯했다. 그런 일이라면 내 공직 경험도 제법 유용하게 활용할 수 있겠다 싶었다. 나는 그를 앞세워 당장 공장으로 향했다.

그렇게 만난 것이 풍전기공이라는 회사였다. 사장을 만나 보니 우직하고 성실해 보였다. 다만 전해 들은 것과는 말이 좀 달랐다. 대표이사 자리를 넘길 테니 얼마가 되는 자본을 투자하라는 것이었다. 자기는 영업이사로 물러나겠다고 했다. 불안하기도 했지만, '사장'이 될 수 있다는 말에 들떠 그 자리에서 2천만 원을 투자하기로 약속했다. 내가 받은 퇴직금의 꼭 절반이었다.

출근을 시작한 지 1주일이 채 안 되어 빚쟁이들이 찾아오기 시작했다. 영업이사로 일하겠다던 사장은 그날 이후 볼 수 없었고, 인사기록부에 올라 있던 이사들은 아예 연락조차 안 되었다. 공장에 있던 기계들도 알고 보니 모두 담보에 걸려 있었다. "퇴직금은 먼저 보는 사람이 임자"라는 말이 퍼뜩 떠올랐다.

순식간에 2천만 원을 날리고 빚더미뿐인 공장 하나를 인수한 것이, 말하자면 내 '경영 인생'의 시작이었다. 어찌해야 할지 몰라 허수아비처럼 자리만 지키던 중에 옛 은사의 소개로 P라는 엔지니어를 만났다. 그와 나의 만남에는 무언가 운명적인 데가 있었다. 공장이 처한 사정을 솔직히 다 털어놨는데도 그는 막무가내로 내 밑에 들어올 것을 고집했다. 멀쩡하게 다니던 직장까지 그만두고 그는 폐허나 다름없는 풍전기공에 뛰어들었다.

그를 얻고 나니 비로소 공장이 돌아가기 시작했다. 내게 모자란 현장경험은 베테랑 엔지니어였던 P가 보완하고, 회사의 전반적인 관리업무와 영업활동은 내가 담당했다. 현장이 움직여 주니 나도 덩달아 신이 나서 뛰어다녔다. 뒤늦게 풍전기공을 살려 보고 싶어진 것이다. 이대로 속수무책 주저앉을 수는 없다는 오기이기도 했다.

내가 할 수 있는 일은 무엇이건 다 했다. 나는 직원들에게 단단히 부탁했다.

"나를 심부름꾼이라고 생각하고 무슨 일이든 시켜 주시오!"

현장 직원들이 부품을 사다 달라면 즉시 청계천으로 달려갔다. 공장 청소도 내가 하고 은행 일도 내가 보았다. 거래처에 문제가 생기면 무조건 찾아가서 몇 번이고 담당자의 바짓가랑이를 붙잡고 늘어졌다. '날아가는 새도 떨어뜨린다'는 중앙정보부 시절에는 상상도 하지 못한 일이었다. 하지만 나를 두고 허수아비라고, 팔불출이라고 무시하며 수군거리던 직원들도 차츰 나의 진정성을 알아주기 시작했고, 나는 서서히 진짜 '사장이 되어 가고 있었다'.

대기업 속임수에
피눈물 흘리다

———

공장이 제 모습을 갖춰 나가자 우리는 '금형업체'로의 탈바꿈을 추진했다. 기술력 확보를 위해 고심하던 나는 수소문 끝에 S라는 일본인 퇴역기술자를 초빙했다. 월급 150만 원과 월 1회의 일본여행 경비 50만 원, 한국 체류비 50만 원, 도합 250만 원의 보수를 약속했다. 1980년대 초반의 임금수준으로는 그야말로 파격적인 대우였다.

S는 그만한 대우가 어울리는 장인匠人이었다. 시력도 좋지 않은 노인이지만 기계 앞에만 서면 눈동자가 날카롭게 빛났다. 정밀한 금형을 다루면서 어찌 장갑을 끼느냐며 그는 항상 맨손으로 쇠와 기름을 만졌다. 우리 직원들은 그로부터 금형기술을 배웠다. 오래지 않아 "잘 안 되는 일이 있으면 풍전기공을 찾아가라"는 말이 부천공단에 나돌기 시작했다.

그렇지만 금형사업은 고도高度의 정밀기술을 필요로 하는 반면, 시장 안정성은 떨어졌다. 늘 새로운 금형을 개발해야 하므로 일에 가속도가 붙어 주질 않았고, 그 때문에 대개는 납품기일을 맞추기 힘들었다. 그러다 보니 흐지부지 잔금 떼어먹히는 일도 부지기수였다. 그런 와중에도 A/S 요청은 날마다 쇄도했다. 별 수 없이 거래처와의 잡음이 많을 수밖에 없었다. 잔금을 떼어먹고 금형기술을 훔쳐 가려던 한 거래처 사장의 모함으로 열흘 동안이나 유치장 신세를 진 적도 있다. 중앙정보부 출신이라는 점을 앞세워 상습적으로 채무이행을 거부한다는 황당한 혐의였다.

무혐의로 풀려났으니 몸뚱이가 고생한 것 말고 별다른 문제는 없었다. 하지만 그 사건을 계기로 나는 금형사업에 환멸을 느끼게 되었다. 수지 맞추기도 힘이 드는 판에 고생은 죽도록 하면서 늘 욕먹고 마음 상하는 일만 반복되었다. 금형을 필요로 하는 건 대부분 부품생산공장들이다. 말하자면 다른 기업의 '하청업체'인 것이다. 그러한 업체들에 금형을 납품해야 하는 우리는 '손자 하청업체'인 셈이다. 과부 사정은 홀아비가 알아준다고도 하지만, 이들의 질 낮은 행패는 참기 힘든 경우가 많았다.

금형을 대체할 새로운 사업을 연구하는 와중에도 금형 주문은 끊임없이 밀려들어 왔다. 이러지도 저러지도 못한 채 짜증만 쌓여 가던 즈음, 당시 오산에 공장을 두고 있던 모 그룹 계열사인 K전기에서 금형 주문이 들어왔다. 나는 속으로 쾌재를 불렀다. 우리 같은 영세업자가 어떤 식으로든지 대기업과 관계를 맺어 나쁠 이유가 없으리란 기대감 때문이었다.

당시의 전화 교환기용 단국端局장치에는 베릴륨카파라는 금속 소재로 만들어진 복잡한 커넥터 부품이 반드시 필요했다. 마침 대기업인 K

전기에서 이 부품의 국산화 계획을 세웠고, 파트너를 물색하던 중 '풍전기공의 금형이 부천에서 으뜸'이라는 소문을 듣게 된 것이다. 개발비는 전액 K전기에서 지원하겠으니 가급적 빠른 시일 안에 금형을 제작해 달라는 요구였다. 기일이 촉박하긴 했지만 금형이라면 어쨌든 자신 있었다. 하지만 나는 한 가지 조건을 내걸었다.

"기한에 정확히 맞춰 드리겠습니다. 대신에 금형은 저희가 관리하도록 해주십시오. 어차피 그 금형을 돌려서 부품을 공급할 생산업체를 물색하셔야 할 텐데, 금형을 개발한 저희 쪽에서 커넥터 생산까지 한다면 피차에 여러 가지로 도움이 되지 않겠습니까. 금형의 유지 보수에도 효율적이고 말입니다."

실속 없는 금형사업에 언제까지고 목을 매달고 있을 수는 없었다. 나의 제안이 받아들여진다면 우리는 대기업 부품생산업체로 안정된 수익을 확보할 수 있었다. 상부와 상의를 해봐야겠다며 잠시 자리를 비웠던 금형부장은 곧 돌아와 선뜻 대답했다.

"그렇게 합시다."

너무 감격한 나머지 나는 금형부장의 손을 덥석 잡았다. 그런데 잠시 후 계약서에 서명하려다 보니 그 내용은 빠져 있었다. 조심스럽게 그 부분을 지적하자 금형부장은 대수롭지 않다는 투로 대답했다.

"아, 그 점은 이해를 해주셔야 해요. 본사까지 올라가야 할 공식 문서에 그런 내용까지 구체적으로 명시한다는 건 좀…. 전례가 있었던 것도 아니고 말입니다."

"예, 무슨 말씀인지 알겠습니다. 구두로 합의된 이면계약쯤으로 알고 있으면 되나요?"

"그렇지요."

엔지니어들은 당장 그날 저녁부터 금형 제작에 들어갔다. 하지만 베릴륨카파라는 금속을 다루는 일은 예상보다 까다로웠다. 나는 백전노장인 일본인 기술자 S에게 기대를 걸어 보았지만, 그 역시 베릴륨카파라는 낯선 소재에는 당황해하는 눈치였다. 다급해진 나는 부천공단 일대를 돌며 베릴륨카파를 다뤄 본 경험이 있는 엔지니어를 수배했다. 한 금형공장에서 맞춤한 기술자를 겨우 발견했지만 나의 협조 요청에는 난색을 표했다. 다만 나의 간곡한 부탁에 못 이겨 퇴근 이후 시간에 잠깐씩 공장으로 방문하여 엔지니어들에게 기술지도를 해주었다.

금형을 완성했다는 연락을 하자마자 K전기의 기술평가단이 나는 듯이 달려왔다. 금형으로부터 떨어지는 시제품을 붙잡고 부위별로 세밀하게 검사하고 측정한 그들은 매우 만족스러운 표정을 지었다.

"대단해요. 기대 이상이네요. 합격입니다."

나는 뛸 듯이 기뻤다. 그동안 밤잠 못 자고 고생한 보람이 있었다. 무엇보다 풍전기공의 살길이 열린 셈 아닌가.

그런데 잠시 후 크레인과 인부 대여섯 명이 공장에 도착했다. 놀란 우리는 거의 본능적으로 금형부터 둘러쌌다.

"무슨 일이요?"

평가단과 함께 그 자리에 있던 K전기의 금형부장이 나섰다.

"금형 좀 잠시 가져갔다가 돌려드리겠습니다."

"아니, 갑자기 무슨 말씀이십니까? 금형은 여기에 두고 제품도 저희가 생산하기로 ….”

“본사 간부들에게 프레젠테이션을 해야 합니다. 여기에 두더라도 엄연한 저희 재산이니 재산등록 절차도 거쳐야 하구요. 금방 돌려드리겠습니다.”

일주일이 지나고 한 달이 넘도록 금형은 돌아오지 않았다. 기다리다 지친 나는 K전기에 전화를 했다. 금형부장은 자리에 없었다. 몇 차례나 전화했지만 그는 부재중이었고, 메모는 아무런 소용이 없었다. 답답해진 나는 K전기를 찾아갔다. 이미 여러 번 드나들어 정답게 인사까지 나누는 사이였던 정문 수위가 그날따라 나를 붙잡았다. 사전약속 없이는 들여보낼 수 없다는 얘기였다. 기가 막혔다. 수위가 급하게 내 팔을 잡았지만 나는 거칠게 뿌리치면서 곧바로 건물로 들어갔다. 금형부장은 멀쩡하게 자리에 앉아 있었다.

“힘없는 하청업체라고 이렇게 등쳐먹어도 되는 겁니까!”

나의 갑작스런 출현에 당황한 금형부장은 금세 냉정한 표정을 되찾았다. 그는 느린 동작으로 책상서랍 속에서 문서 1부를 꺼냈다. 계약서였다. 기가 막혔다.

그토록 기대했던 일마저 무산되고 나서 지독한 허탈감이 몰려왔다. 금형이라면 이제 지긋지긋했다. 사기로 시작해서 배신으로 끝난 나의 첫 사업이었다. 1년 동안 사력을 다했지만 역부족이었다. 세상은 예상했던 것보다 더욱 혹독했다. 나는 직원들에게 훗날을 기약하며 풍전기공을 포기했다.

————

제 2 장

청계산에서
삶을
마감하려다

1983년 2월,
〈미래산업〉 창업

───

풍전기공 공장을 정리하면서 공고 출신의 엔지니어 네 사람과 수위 아저씨에게 나는 분명히 말했다.

"조금만 시간을 주세요. 반드시 다시 시작합니다."

뻔뻔한 부탁이었지만 그들은 눈물을 글썽이며 내 손을 굳게 잡아 주었다. 실패는 했을망정 나를 '오너'로 인정해 주는 그들이 나 역시 눈물겹게 고마웠다.

다행히 내게는 아직 퇴직금 2천만 원이 남아 있었다. 공무원 시절부터 틈틈이 사 모았던 그림도 몇 점 있었다. 집을 담보하면 은행대출도 얼마쯤 가능할 터였다. 문제는 사업 아이템이었다. 금형에는 자신 있었지만, 절대로 그 일을 다시 하고 싶지는 않았다.

일종의 회귀回歸가 필요하다는 상념이 떠올랐다. 젊은 시절 나를 사로잡은 호기심과 열정, 패기, 낭만, 모험심, 승부근성들은 오랜 세월 동안 공무원 서랍 깊숙이 숨어 있었다. 당시의 나는 막 세상에 튀어나온 사회 초년생이나 다름없는 처지였다. 사회 초년생에게는 서랍 속의 그 물건들이 다시 필요하지 않을까. 풍전기공의 쓰라린 경험은 18년 동안 잠들어 있던 '진짜 나'를 자극하고 일깨워 주었다. 낯선 곳으로 끝도 없이 뛰어들던 나, 그 덕분에 항상 남들보다 한발 앞서 있던 나를 되찾고 싶어졌다.

나는 반도체 분야에 관심을 가지기 시작했다. 그 방면에 남다른 지식이 있었던 건 아니다. 다만 반도체가 가까운 미래에 크게 각광받을 만한 사업이라는 상식 정도가 당시의 내가 가진 사전지식의 전부였다. 다시 겁이 없어지기로 작정한 나는, '반도체라고 내가 못 할 이유가 없지 않느냐?'는 다소 엉뚱한 오기를 부리기 시작했다. 나는 와신상담臥薪嘗膽의 고사를 생각하며 다짜고짜 반도체 공부를 시작했다.

반도체 산업에는 크게 세 가지 갈래가 있다. 첫째가 반도체 생산업체, 둘째가 원부자재 공급업체, 셋째가 반도체 제조장비업체다. 그중에서 반도체를 직접 생산하거나 원부자재를 공급하는 분야는 대기업이 아니면 불가능하다. 그만큼 막대한 자본과 거대한 시설, 전全 방위적인 기술력이 필요한 분야다. 하지만 제조장비라면 큰 것부터 작은 것까지, 복잡한 것에서 단순한 것까지 매우 다양했다. 반도체 제조장비라면 내가 뛰어들 만한 틈새가 있을 것 같았다.

나는 부천에 있는 조그만 공장 하나를 전세로 얻은 후 풍전기공 시절의 식구들을 다시 불러 모았다. 그동안 각자 흩어져 직장생활을 하던 그들은 내 소식을 듣자마자 곧바로 달려왔다. 우리는 허름한 공장에 모여 재회와 창업을 자축하는 조촐한 파티를 열었다.

"반도체 제조장비를 만들 겁니다. 겁먹지 마세요. 그동안 연구 많이 했습니다."

그들은 금세 걱정스러운 표정을 지었지만, 연신 싱글벙글한 나를 보며 이내 마음을 놓는 눈치였다.

"사장님만 믿겠습니다. 뭐든지 해보죠. 금형만 아니라면요."

우리는 오랜만에 마음껏 웃었다. 그 자리에서 탄생한 미래산업은 자본금 8천만 원, 전 직원이 6명밖에 안 되는 '반도체 제조장비 회사'였다. 1983년 2월이었다.

우리는 '리드 프레임 매거진'이라는 기구를 제작하기로 했다. '리드 프레임 매거진'이란 반도체 소자에 단자를 부착할 때 사용되는 복잡한 형상의 금속상자다. 당시 국내에서 매거진을 생산하던 6개 업체는 대부분 영세업체였다. 당연히 제품 수준이 조잡했다. 그래서 국내에서 필요로 하는 매거진의 많은 양을 수입에 의존하고 있었다. 하지만 수입품이라고 해도 제품 수준은 비슷했다.

나는 국산 제품과 미국, 일본 제품을 구해 와 직원들과 함께 기술검토에 들어갔다. 결론은 싱거웠다. 그 정도 제품을 만드는 데에는 별다른 기술력도 필요 없었다. 규격만 정확히 나와 준다면 조립하는 과정은 그야말로 단순작업에 불과했다. 직원들은 당장이라도 생산에 돌입하자며 서둘렀다. 하지만 무의미할 정도로 협소한 국산 매거진 시장에서 6개나 되는 업체가 경쟁한다는 점이 문제였다. 획기적인 개선 제품이 아니라면 우리가 들어갈 틈은 전혀 없어 보였다.

우리는 당시 유통되던 매거진들의 문제점을 찾아보았다. 모두들 원가절감을 통한 가격경쟁력 확보에만 목숨을 걸고 있으니, 후발주자인 우리는 품질개선으로 맞서야 그나마 승산이 있다고 판단했다.

기존 매거진의 가장 큰 문제는 내구력과 정밀도에 있었다. 보통 여러 개의 금속판을 볼트로 조립해서 하나의 매거진을 만들므로 조립과정에서부터 오차가 생길 확률이 높았다. 게다가 매거진은 고열의 오븐 안에서 주로 사용되는 물건이었다. 사용할수록 조립부위의 오차가 더욱 커질 수밖에 없었다.

오차를 줄이기 위해 조립과정에 신중을 기하자면 생산속도가 너무 느려 문제였고, 그렇게라도 오차를 줄이더라도 내구력의 문제는 여전히 남아 있었다. 우리는 몇 달 동안 그 문제로 씨름했다. 조립에 사용되는 볼트와 너트도 개선해 보고, 금속판의 소재도 다양하게 교체해 보았다. 엔지니어들은 아예 야전침대를 회사에 갖다 놓은 채 매거진 개발에 몰두했다. 하지만 기존의 제품 수준을 뛰어넘을 방도를 찾는 것은 결코 쉬운 일이 아니었다. 나도 죽을 맛이었다. 겁 없이 반도체 제조장비 시장에 뛰어들긴 했지만, '제조장비'는커녕 이 단순한 소모품을 만들어 내는 것조차 만만한 일이 아니었다.

어느 날 내게 꾀가 생겼다. 나는 당시 현장 책임자인 개발과장을 불러 조심스럽게 의견을 물었다.

"결국은 이음새가 문제 아닌가. 이음새가 있으니 오차가 생기는 것이고, 이음새 때문에 내구력도 떨어지는 것이고."

"그렇지요."

"그럼 이음새 없는 매거진을 만들면 훨씬 정교한 제품이 나오지 않겠나?"

"당연한 말씀이긴 합니다만, 이음새 없이 이 복잡한 물건을 어떻게 만듭니까?"

"금형으로 한 번에 찍어 내면 어떻겠나?"

개발과장은 그 자리에서 손뼉을 쳤다.

우리가 개발한 '이음새 없는 리드 프레임 매거진'은 출시 후 3개월도 채 되지 않아 국내 시장을 석권했다. 반년 후에는 해외로부터 주문이 몰려들기 시작했다. 당연히 대여섯 명의 직원들로는 감당할 수 없는 물량이었다. 당시의 미래산업은 거의 매일 인력을 충원해야 할 지경이었다. 순식간에 매출은 몇십 배로 뛰어올랐고, 미래산업은 비로소 '반도체 제조장비 업계'에 명함을 내밀었다.

나는 직원들을 뒷바라지하기 위해 온갖 지원업무를 도맡았다. 은행이나 우체국 심부름은 물론 화장실 청소까지 했다. 공장장이 건넨 필요부품 명세서를 들고 영등포 공구상가를 이리저리 돌며 부품을 사서 바리바리 싸들고 왔다. 야근하는 직원들에게 주려고 통닭집에 가서 살집이 가장 통통한 닭으로 골라 내 눈앞에서 튀기게 했다. 통닭 냄새가 차량 속에서 진동하면 그 냄새를 맡는 것만으로도 행복했다. 공장에 도착해서 나보다 통닭을 더 반기는 직원들을 봐도 괘씸하기는커녕 일에 매달리는 그들이 더 미덥게 보였다.

1988년,
지옥 같은 한 해

━

　　매거진의 성공은 사업가로서 나의 첫 성공이자 미래산
업의 첫 성공이었다. 하지만 나는 그 정도로는 아직 성에 차지 않았다.
좀더 획기적인 것, 좀더 위험한 것에 도전해 보고 싶었다. 매거진으로
어느 정도 자신감을 회복한 나는 곧장 또 다른 도전 대상을 물색하기
시작했다. 본격적인 반도체 제조장비를 만들어 보고 싶었던 것이다.

　　매거진 수출 업무를 대행해 주던 한 업체 사장을 통해 나는 아서 타
일러라는 미국인을 소개받았다. 그는 왕컴퓨터라는 중견 벤처의 창업
멤버였고, 다국적 장비업체인 델트론 오토메이션의 경영자이자 수석
엔지니어였다. 그는 한국인 부인과 함께 한국에서 살고 싶어 했다. 그
래서 한국에서 같이 사업할 수 있는 파트너를 물색 중이었다. 나는 그
를 만나기 위해 필리핀 마닐라로 날아갔다.

　　그가 염두에 둔 프로젝트는 '무인 웨이퍼 검사장비' 개발이었다. 당
시 반도체 제조공정은 대부분 자동화되어 있었지만, 반도체의 가장 기
본 소자인 웨이퍼Wafer의 검사만은 반드시 육안과 현미경을 필요로 했

다. 아서 타일러는 이를 기계로 대체하겠다는 열망을 품고 있었다. 그런 장비가 개발되기만 한다면 시장성은 확실했다. 하지만 그만큼 첨단의 기술력을 필요로 하는 장비였다. 내가 찾고 있던 '물건'이었다.

나는 '무인 웨이퍼 검사장비' 개발을 본격적으로 추진하기 위해 기존의 부천 공장과는 별도로 서울 압구정동에 새 연구소를 얻었다. 그리고 미래산업의 주력 엔지니어들을 모두 이곳으로 불렀다. 부천 공장은 당분간 매거진 생산에만 주력시킬 계획이었다.

문제는 개발비였다. 매거진에서 발생하는 매출은 규모도 크고 안정적이었지만 그 정도로는 웨이퍼 검사장비의 개발비로 터무니없이 부족했다. 나는 개발자금을 구하려 아예 길거리로 나섰다. 주변에서 끌어올 수 있는 사채라는 사채는 다 끌어들였고, 은행과 신용금고에 들락거리는 일만으로도 하루가 모자랄 지경이었다. 반면에 애초의 기대와는 달리 연구는 큰 성과 없이 더디기만 했다.

1988년은 서울올림픽이 열린 해라 온 나라가 축제 열기에 휩싸여 있었지만, 나에게는 지옥과 같은 한 해였다. 내 집은 물론이요, 처남의 집과 조카의 곗돈까지 모두 연구비로 쏟아부은 상태였다. 집안에는 그림 한 점 남아 있지 않았다. 당시의 내 수첩에는 깨알 같은 글씨가 가득 적혀 있었다. 빚 명세였다. 은행과 사채 이자만 해도 하루에 대여섯 건이었다. 매일 아침마다 화장실에 앉아 수첩을 물끄러미 들여다보고 있노라면 기가 막히고 눈앞이 깜깜했다.

없는 집안에 제사 잦다더니, 그런 형편 속에서도 월급날은 어김없이 돌아왔다. 직원과의 가장 기본적인 약속이므로 급료를 미루는 짓만은 절대 하지 말자고 창업과 동시에 다짐했었다.

어느 월급날 아침, 나는 더 이상 돈을 구할 곳이 없어서 출근도 못한 채 전화통만 붙잡고 있었다. 전화를 받는 친구들과 친지들은 나를 아예 사람 취급도 하지 않았다. 비참했지만 그렇다고 다른 수도 없었다. 겨우 회사 잔고를 맞춰 놓고 나니 정오가 가까운 시각이었다.

내색은 안 하려 노력했지만, 회사 사정이 엉망이라는 걸 직원들이라고 모를 리 없었다. 내가 나타나면 직원들은 항상 내 눈치를 보았다. 나는 그게 못 견디게 싫었다. 아무 신경 쓰지 말고 그저 일에만 매달려 주었으면 하는 바람이었다. 그래서 나는 직원들 앞에 설 때마다 더 쾌활한 척해야 했다. 하지만 그날만은 자신이 없었다. 직원들을 보자마자 울컥 눈물을 쏟아 버릴 것 같은 심정이었다. 나는 공중전화로 경리에게 전화해서 월급 지급을 당부한 후, 주차장 구석에 차를 대었다. 아무도 없는 곳에서 잠시 쉬고 싶었다.

실컷 울다가 시계를 보니 오후 5시였다. 지갑을 뒤져 보니 1만 원권 한 장이 있었다. 슈퍼마켓에 들러 빵과 음료수를 사들고 사무실로 들어갔다. 그런데 그날따라 사무실 분위기가 이상했다. 입사한 지 한 달밖에 안 된 어린 경리 여직원이 책상에 엎드려 울고 있었다. 직원들도 일손을 놓은 채 침통하게 앉아 있었다. 개발팀장이 머뭇거리며 입을 열었다.

"은행 앞에서 …, 날치기를 당했답니다 … ."

몇 차례나 '마지막'이라는 다짐을 받고, '정신 좀 차리고 살라'는 비아냥까지 들어가며 친구들에게 구걸하다시피 구해 놓은 돈이었다. 나는 그 자리에 그냥 주저앉고 싶었다. 하지만 그 자리에 더 있다간 무슨 실수를 저지르게 될는지 스스로도 자신이 없었다. 나는 엎드린 경리의 어깨를 다독였다.

"괜찮아, 인마! 잘못한 것도 아니고…, 그만 울어!"

나는 초라한 빵 봉지를 옆에 내려놓고 도망치듯 사무실을 나왔다.

수면제 사들고
청계산으로

—

    파산이 눈앞에 닥쳐오고 있었다. 한 목숨으로는 감당할 수 없는 빚더미가 내 어깨를 짓눌렀다. 그러던 어느 날 저녁, 집에서 아내와 함께 우울한 마음으로 소주잔을 기울이는데 믿을 수 없는 소식이 날아들었다.

    "사장님! 드디어 장비가 돌아갑니다!"

    개발팀장의 달뜬 목소리를 전화로 들으니 몸이 감전感電이나 된 듯 부르르 떨렸다. 날아갈 듯 빨리 연구실에 도착해 보니, 정말로 기계는 멀쩡히 잘 돌아가고 있었다.

    하지만 감격의 눈물이 채 마르기도 전에 우리는 실로 어이없는 허점을 발견했다. 기능에는 아무 이상이 없었지만 우리가 만든 기계는 숙련된 기능공보다 무려 4배의 시간을 소모하고 있었다. 18억 원을 삼킨 '바보 장비'였다. 개발팀장은 나를 부둥켜안고 오열했다.

    "사장님, 용서하세요! 제가 사장님 전 재산을 날렸습니다!"

    머릿속이 텅 비어 버린 상태로 집으로 돌아온 나는 식음을 전폐한 채

방안에만 틀어박혀 멍하니 시간을 보냈다. 사무실이 어떻게 돌아가는지, 직원들은 어떻게들 하고 있는지 알고 싶지도 않았다.

강원도 어디쯤에서 승용차를 타고 가던 일가족이 벼랑에서 떨어져 익사했다는 뉴스 보도가 있었다. 내게는 소형 승용차 1대가 있었다. 식구는 많고 차는 작아서 문제가 좀 되겠지만, 한 가족이 자살을 하기에는 그 방법이 가장 낫겠다는 생각이 들었다. 나는 아내를 불러 앉히고 담담하게 입을 열었다.

"죽읍시다. 아무래도 다른 방법이 없구려."

말없이 눈물을 흘리던 아내는 의외로 순순히 고개를 끄덕였다.

그렇게 동반자살을 결심했건만, 아이들의 천진난만한 얼굴을 떠올리면 견딜 수 없는 심정이 되어 이내 포기하곤 했다. 나는 결국 동반자살을 포기하고 혼자서라도 죽을 결심을 했다. 근 한 달간 동네 약국을 돌아다니며 수면제를 한 병 가까이 사 모은 나는 소주를 사 들고 집 뒤편의 청계산에 올랐다.

정상에 올라가 보니 강남 일대가 시원스레 내려다보였다. 비정한 세상은 여전히 잘 돌아가고 있었다. 나 혼자만 이렇게 비참해져야 한다니 억울했다. 하늘이 무너지거나 땅이라도 갈라져서 이 세상 사람 모두가 한꺼번에 죽어 버렸으면 하는 생각도 들었다. 소주병과 약병을 발치에 내려놓은 채 한참 동안 서럽게 울었다.

어두워지도록 산속에 홀로 앉아 실컷 울고 나니 얼마간 속이 시원해진 느낌이었다. 깊게 숨을 들이마시자 산속의 차가운 밤공기가 탁한 뱃속을 정갈히 씻어 주는 듯했다. 명징明澄해진 머릿속에서는 차츰 오기가 생겨났다. 이때까지 살면서 무엇보다 싫었던 것이 나 스스로를 부정하는 일이었다. 순간적으로 비관적이 되긴 했지만 스스로에 대한 믿음과 세상에 대한 낙관이 다른 누구 못지않은 나였다. 하긴 실패는 했지만 기술은 남아 있지 않은가. 4년 동안 18억 원을 쏟아부어 축적한 첨단기술을 이대로 흩어 버리기에는 너무 아깝지 않은가. 그 기술로 좀더 아랫단계의 장비를 만든다면 잘해 볼 수 있을지도 모른다.

어두운 계곡을 향해 약병을 있는 힘껏 던져 버린 나는 그 길로 산을 내려와 택시를 타고 사무실로 향했다. 직원들은 아직 남아 있었지만, 사무실은 어수선하기 짝이 없었다. 각자 알아서 짐들을 정리하고 있었던 것이다. 한 달 만에 갑자기 나타난 사장을 보고 놀라는 직원들에게 나는 호통을 쳤다.

"무슨 짓들 하고 있는 거야! 우리 회사가 망했어? 얼른 짐들 못 풀어!"

며칠 후 모처럼 기분 전환도 할 겸, 자극도 받을 겸 하여 나는 직원들을 데리고 마침 진행 중이던 '세미콘 코리아'라는 반도체 장비 전시회를 찾아갔다. 해외 선진국 첨단장비들의 화려한 각축장이었다.

그곳에서 우리의 눈길을 대번에 사로잡은 것은 '반도체 테스트 핸들러'였다. '핸들러'는 생산된 반도체칩의 이상 유무와 성능을 테스트한 후, 등급별로 분류하는 기계였다. 반도체 제조공정에 꼭 필요한 장비이면서도 매우 복잡한 종합기술을 요구하기 때문에 전량을 외국에서 수입하는 실정이었다. 하지만 '웨이퍼 검사장비'를 개발해 온 우리들로서는 핸들러의 국산화가 영 불가능해 보이지만은 않았다.

다만 시간이 문제였다. 당시의 미래산업은 또 다른 장비 개발에 투자할 만한 여력이 없었다. 아니, 개발이 문제가 아니라 회사 자체를 유지하는 것이 당장의 큰일이었다. 사실 핸들러라는 장비는 그 크기부터가 엄청났다. 그토록 커다란 기계는 수만 개의 정교한 부품으로 이루어져 있었고, 최첨단의 전자·기계·광학기술 등 복잡한 기술을 필요로 했다. 하지만 우리는 핸들러의 구조조차 짐작하지 못하고 있지 않은가. 아무리 우리가 한 차원 높은 단계의 장비를 개발한 경험을 갖고 있다 하더라도 절대적인 개발 시간은 필요할 터였다. 어렵사리 추스른 의욕이건만, 내가 선택할 수 있는 길은 내 앞에 남아 있지 않았다.

눈썰미로 그려낸
핸들러 설계도

━━━

　　공고 출신의 한 엔지니어가 때 맞춰 사고를 냈다. '핸들러'라는 장비를 우리가 입에 올리기 시작한 지 불과 일주일 만에, 그 녀석이 핸들러 설계도면을 들고 온 것이다. 핸들러 중에서 비교적 단순한 구조의 트랜지스터 핸들러였지만 어쨌든 우리는 모두 눈이 휘둥그레졌다.

　　"너 이 자식! 이거 어디서 났어!"

　　사람들은 반가움과 불안함이 뒤섞인 얼굴로 그를 다그쳤다. 그의 대답이 또한 걸작이었다.

　　"제가 그렸는데요."

　　워낙 눈썰미가 좋은 녀석이긴 했지만 이 정도이리라고 짐작한 사람은 없었다. 장비전시회에 가서 핸들러를 유심히 관찰한 것이 그가 가진 유일한 사전지식이었다. 말하자면 그는 정당한 산업스파이였고, 걸어 다니는 사진기였다. 우리는 그때부터 그를 '찍사'라 불렀다.

　　물론 그의 도면은 허점투성이였다. 하지만 그의 도면은 막연하기만

했던 우리들에게 '당장 무엇을 할 것인가'를 알려 주는 중요한 지침서가 되었다. 아침에 출근하자마자 나는 엔지니어들이 밤새 휘갈겨 놓은 메모쪽지를 들고 차를 몰아 청계천 부품상가로 달려갔다. 오후가 되면 10만 원이고 100만 원이고를 가리지 않고 무작정 돈을 구하러 다녔다.

결국 우리는 오래지 않아 핸들러 설계도와 개발계획서를 작성할 수 있었다. 나는 당시 핸들러 국산화에 상당한 관심을 가진 대기업 A사를 무작정 찾아갔다. 그들은 진지하게 나의 이야기를 들어 주는 척했지만, 대수롭지 않게 여기는 티가 역력했다. 하지만 설계도와 개발계획서를 보여 주는 순간 그들의 태도는 일변했다.

"대단한데요…, 대단해요."

"한번 믿어 주십시오. 할 수 있습니다."

"설계도는 완벽해 보입니다만…, 아무래도 매거진 만들던 회사가 할 수 있는 일은 아닌데….."

"비록 실패했지만, 저희는 4년 동안 웨이퍼 검사장비를 개발한 경력도 있습니다."

"그렇다면 이렇게 하는 게 어떨까요. 핸들러의 헤드만 먼저 만들어 오세요. 그걸 보고 나서 향후 계획을 잡아 보는 걸로….."

주어진 기간은 한 달이었다. 나를 포함한 전 직원은 공장에 야전 침대를 준비해 놓고 곧바로 합숙에 들어갔다. 정확히 한 달 후, 우리는 헤드를 들고 A사를 다시 찾아갔다. 하지만 역시 대기업다웠다. 확언은 다시 유보되었다.

"정말 대단들 하십니다. 내친 김에 시제품 하나 만들어 보시죠."

"계약은 … ."

"아, 걱정 마세요. 시제품 만들어 오시면 그때 결정하는 걸로 하지요."

이번에는 6개월의 기한을 받았다. 불과 1년 전까지만 해도 우리는 핸들러에 무지한 사람들이었다. 반년 만에 시제품을 만든다는 건 불가능했다. 하지만 당시의 우리에게는 다른 길이 없었다. 무슨 수가 있더라도 6개월 안에 핸들러 비슷한 물건이라도 만들어야 할 상황이었다.

정확히 4개월 후, 우리는 핸들러를 만들었다. 조잡하고 엉성한 기계였지만 우리 손으로 만든 국내 최초의 핸들러였다. 기한은 남아 있었지만 사정은 우리가 더 급했다. 뿔뿔이 흩어지지 않으려면 어떻게든 하루빨리 계약을 따내야 했다.

그렇게 만든 최초의 핸들러를 A사로 가져가려고 차에 싣고 있는데 다리받침이 건들거리는 게 내 눈에 보였다. 나는 급하게 소리쳤다.

"저거 왼쪽 다리 흔들리잖아! 누구 얼른 올라가서 이동하는 동안 볼트 조여!"

만약 그 순간에 나라도 발견하지 못했다면, 시험가동 중에 장비가 주저앉는 웃지 못할 해프닝이 벌어졌을 것이다. 그 지경이었으니 A사 간부들 앞에서 장비에 전원을 넣는 내 손이 그리 떨린 것도 당연했다.

다행히도 장비가 주저앉는 일은 없었다. 게다가 테스트 결과는 만족스러운 편이었다. 당시 A사에서 사용하던 일본 테섹의 'TO-92' 핸들러보다 우리 시제품이 처리속도에서 훨씬 우수했던 것이다. 우리는 그자리에서 3대의 핸들러 주문을 받았다. 드디어 납품 계약을 체결한 것이다.

　비로소 여유가 생긴 우리는 핸들러 관련 기술을 보강하는 한편 시제품의 문제점을 고쳐 나가기 시작했다. 나는 당시 홍릉에 있던 산업연구원과 KIST로 달려가 매일같이 자료수집에 매달렸다. 나이 든 사람이 하도 극성을 부려 대니 그곳의 연구원들도 성심껏 도와주었다. 그들의 도움으로 우리는 선진국들의 핸들러를 분석하고, 대략적인 시장 파악까지 할 수 있었다.

　안팎으로 고생한 보람이 있어 우리는 미래산업 최초의 고유모델 'MIRAE-3000'을 생산했다. 한 번에 비메모리 반도체를 하나씩 로딩해서 테스트하고 분류하는 매우 원시적인 장비였지만, 우리에게는 실로 감개무량한 쾌거였다. 우리가 납품한 3대의 '비메모리 반도체 테스트 핸들러'는 당연하게도 현장에서 많은 문제점을 드러냈다. 우리는 거의 전 직원이 A사의 공장으로 출근하다시피 하면서 'MIRAE-3000'의 문제점을 모니터링하고 실시간으로 고쳐 나갔다.

　1년 전, 나에게 수면제를 사게 했던 미래산업은 어느새 핸들러 국산화의 주역이 되어 있었다. 계속해서 우리는 최첨단 메모리 반도체 핸들러의 국산화에도 성공하였고, 마침내 미국과 일본의 핸들러 업체들과 어깨를 나란히 하게 되었다.

기술학교
교장선생님

———

　　　핸들러 개발에 매진할 당시, 가장 큰 관건은 속도였다. 모든 장비가 마찬가지이겠지만, 빠른 시간 안에 많은 물량을 정확히 테스트할 수 있어야 좋은 핸들러이기 때문이다. 그러나 반도체칩이란 것이 워낙 작고 예민한 물건이어서 정확도를 기하자면 더뎌지고, 속도를 추구하자면 테스트는커녕 아예 칩을 망가뜨리기 십상이다.

　엔지니어들이 밤낮 없이 연구에 매달렸음에도 이러한 정확도와 속도 사이의 복합적인 문제는 쉽게 해결될 기미가 없었다. 반도체 장비에는 문외한이나 다름없었던 나도 절박성만큼은 여느 엔지니어들 못지않았다. 당시 내 머릿속은 온통 '빠르고 정확하게'라는 슬로건으로 가득 차 있었다.

　어느 날 화장실에 앉아 그 문제를 골똘히 궁리하던 나는 한 가지 해결책을 떠올렸다. 여러 개의 반도체를 한꺼번에 정돈하여 검사소켓에 정확하게 접속시킬 수 있는 보조장치만 있다면 문제는 간단했다. '탄창'을 떠올린 것이다. 정밀하기도 할뿐더러 한 번에 여러 개의 칩을 병

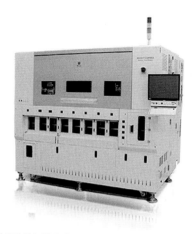

미래산업에 2016년 현재 운용 중인 반도체 테스트 핸들러 M500HT

렬로 장착할 수 있으니 속도 또한 빠르지 않겠느냐는 착상이었다. 한국식 16병렬, 32병렬, 64병렬, 128병렬 '반도체 테스트 핸들러'는 그렇게 만들어졌다.

'PCB 드릴링 머신'이라는 장비를 개발할 때도 역시 근본적인 해결책은 내 머릿속에서 나왔다.

'PCB 드릴링 머신'은 전자부품용 회로기판에 수많은 구멍들을 미리 입력된 좌표에 따라 고속으로 정밀하게 뚫어 주는 장비다. 당연히 회로도에 그려진 수많은 구멍들의 좌표를 정확하고 빠르게 기계에 입력해 줄 필요가 있다. 그 작업을 위해서는 초정밀 카메라를 사용해야 했다. 그러나 카메라의 광각에 따른 공차가 너무 심각했다. 개발팀은 슬럼프에 빠졌다.

카메라를 여러 대 사용할 수 있다면 문제는 간단했다. 하지만 몇천만 원짜리 장비 1대를 만들겠다고 고가의 초정밀 카메라를 여러 대 장착할 수는 없는 노릇이었다. 그렇다면 카메라 1대로 여러 대에 상응하는 효과를 낼 수 있는 특별한 방도가 필요했다. 핸들러 개발 당시 직렬에서 병렬로 발상을 전환했듯이, 또 한 번의 근본적인 발상전환이 필요한 상황이었다.

궁리 끝에 내가 낸 해답은 스캐닝이었다. 기판이 움직이든 카메라가 움직이든, 아무튼 어느 한쪽이 움직이면서 여러 장의 근접사진을 찍어 합성하면 되지 않겠느냐고 생각한 것이다.

이런 과정들을 거치면서 직원들은 언젠가부터 나를 '기술학교 교장 선생님'이라고 부르기 시작했다. 어린 시절 엉뚱한 발상으로 기발한 놀잇감을 개발한 것과 마찬가지로, 나는 미래산업 시절에도 끊임없이 몰두하고 끊임없이 달리 생각하여 연구실의 골목대장 노릇을 톡톡히 한 것이다. 어린 시절 그랬던 것과 마찬가지로 내게는 골목대장 노릇이 돈이나 먹을 것보다 훨씬 좋았다.

기술개발에
목숨 건 이유는?

———

실패도 자산이다. 다치는 만큼 배우기 때문이다. 하지만 한국에서는 한 번 실패한 사람을 낙오자 취급한다. 그 때문에 모두들 실패하지 않으려고 현상유지에만 집착한다. 벤처기업이라면 실패를 두려워하지 말아야 하며, 쉬운 길만 택해 그럭저럭 연명할 생각을 버려야 한다.

미래산업처럼 하드웨어를 주력으로 하는 벤처기업들일수록 겪어야 하는 기술 부재不在의 비애란 이루 말할 수 없다. 더구나 금형기술 하나로 시작해서 반도체 제조장비 회사로 도약하기까지 우리가 겪어야 했던 고통과 좌절감은 형언하기 힘들 정도다. 내가 기술개발에 사운社運뿐 아니라 목숨까지 걸었던 것이 바로 그 때문이다.

나는 사업가라기보다 기술개발 중독자였다. 돈 버는 것보다 기술을 버는 게 더 좋았다. 이 장비, 저 장비 개발하며 온갖 실패를 겪다 보니, 벤처에게는 돈 없는 설움보다 기술 없는 설움이 더 크다는 사실을 절감하게 되었다. 기름과 땀에 젖어 밤낮 없이 현장에 붙어 있는 직원들만

바라보면 어깨를 짓누르던 빚 걱정도 잠시나마 사라지곤 했다.

미래산업의 일등공신이라 할 수 있을 '반도체 테스트 핸들러' 개발 시절, 내가 하는 일은 뻔했다. 어떤 식으로든 기술개발비를 마련하는 것, 직원들이 연구개발에만 집중할 수 있도록 기타 잡무를 처리해 놓는 것, 그리고 그들에게 필요한 자료를 수집해 오는 것이었다.

낮에는 잡무를 처리하거나 현장에 필요한 부품들을 사다 나르고, 해만 지면 곧바로 산업연구원 등 연구기관에 가서 밤을 새워 가며 특허정보에서부터 기술정보, 부품정보, 제품 카탈로그에 이르기까지 핸들러와 관련된 정보라면 무엇이건 찾아내 직원들에게 한 상자씩 안겨 주곤 했다.

일본 제품의 벤치마킹을 토대로 처음 만들었던 '트랜지스터 테스트 핸들러'로 시작, '메모리 테스트 핸들러'에 이르러 진정한 국산화에 성공함으로써 미래산업은 명실공히 '반도체 제조장비업체'로 분류되기 시작했다. 우리의 핸들러 기술이 세계 최고라고는 자부하지 못했지만, '가격 대비 성능'으로 세계 어느 회사의 제품보다 앞섰다는 사실만은 국제적으로도 인정받았다.

하지만 그 정도 성과로 만족할 수는 없었다. 전 세계의 쟁쟁한 업체들이 수억 달러씩 쏟아부어 가며 새로운 기술개발에 매진하고 있다고 생각하면 초조한 나머지 밤에 잠도 잘 오지 않았다. 그들보다 돈이 없다면, 그 옛날 에밀레종을 만든 장인이 그러했듯 우리 제품에 혼魂이라도 녹여 넣고 싶었다.

반도체 공정은 크게 전前공정과 후後공정으로 나눌 수 있는데, 우리의 주력제품인 핸들러는 후공정 중에서도 거의 막바지 공정에 투입되는 장비이다. 완성된 반도체칩을 등급별로 분류하고 오류를 테스트하는 장비이기 때문이다. 그 과정에서 반드시 핸들러와 한 쌍을 이루어야 하는 장비가 '테스터'이다. 테스터는 후공정 장비 중에서도 특히 고도의 기술을 필요로 했다.

미래산업의 후임 CEO는 오랫동안 테스터 국산화에 야심을 품고 있던 사람이다. 내가 그를 찾아가 협조를 요청했고, 우리는 대번에 의기투합意氣投合했다.

하지만 우리가 목표로 한 테스터는 막무가내로 밑바닥부터 시작할 수 없는 장비였다. 테스터를 생산하는 업체들은 그 분야의 신기술 개발에 수억 달러의 개발비와 몇십 년의 개발기간을 바친 초일류 업체들이었다. 오랜 고민 끝에 도달한 우리의 결론은 '출발선'만 맞춰 놓자는 것이었다. 외국 업체의 기초 기술을 배워 와서 출발선만 그들과 비슷하게 맞춰 놓을 수 있다면, 그 이후는 따라잡을 자신이 있었다.

미국의 테라다인, 메가테스트, 엘티엑스, 슐럼버제, 그리고 일본의 어드밴테스트, 아시아 일렉트로닉스, 안도 덴키 등이 당시 테스터를 생산하는 업체들이었다. 우리는 그중에서 테라다인을 선택했다. 그들의 테스터 기술은 세계 최고였다. 하지만 그들은 정작 시장에서는 일본의 어드밴테스트에게 밀리고 있었다.

어드밴테스트는 핸들러와 테스터를 결합한 이른바 '토털 솔루션'을 판매하고 있었다. 세계의 유수 고객들은 기술력보다는 사용자 편의성을 선호했다. 테라다인의 테스터와 미래산업의 핸들러를 합칠 수만 있다면 어드밴테스트와도 한번 겨뤄 볼 만했다.

　이해利害가 맞아떨어진 미래산업과 테라다인은 일사천리로 제휴협상을 벌여 나갔다. 하지만 우리의 진짜 목적은 핸들러의 패키지 판매보다는 테스터 기술 확보에 있었다. 나는 기술 이전의 대가로 미래산업 지분의 3분의 1을 주겠다는 파격적인 조건을 제시했다. 테라다인도 흔쾌히 동의했다.

　하지만 구체적인 실무협상 단계로 들어가자 테라다인의 태도가 변하기 시작했다. 그들은 우리의 핸들러만 탐낼 뿐, 기술 이전 이야기만 나오면 번번이 말을 돌렸다.

　"약속대로 기술 이전 계획을 추진해 주시오."

　"당신네 핸들러와 우리 테스터가 뭉치면 세계제패도 꿈꿀 수 있소. 굳이 기술 이전을 고집할 이유가 뭐요?"

　"핸들러를 한 대도 팔지 않아도 좋으니, 기술을 주시오."

　"기술 개발에만 몇억 달러가 들어갔는지 아시오?"

　"그럼 구형 모델의 기술이라도 넘겨주시오. 우리가 약속한 지분은 기술 이전의 대가였다는 점을 상기해 주시오."

　"구형 기술이나 최신 기술이나 모두 연관되어 있으니 결국 마찬가지요. 부디 포기해 주시오."

　모처럼 이루어진 협상은 그렇게 결렬되었다. 그 후로 우리는 미국의 3개 사, 일본의 2개 사와 계속해서 기술제휴를 추진했다. 하지만 결과는 모두 마찬가지였다. 핵심 기술만은 절대로 내놓을 수 없다는 얘기였다. 설사 미래산업을 전부 내주더라도 그들은 결코 테스터 기술을 넘겨주지 않을 것이라는 사실을 뒤늦게 깨달았다. 결국 핸들러와 마찬가지로 '밑바닥'부터 순수하게 우리 힘으로 시작하는 방법 외엔 달리 아무런 길이 없었다. 이제 남은 건 오기였다.

제 3 장
———
고삐 풀린
망아지

막고 품어라

———

　　내 고향에서 쓰는 말 중에 "막고 품어라"라는 말이 있다. 물고기를 잡기 위해서 바닥이 드러날 때까지 그 물을 다 퍼낸다는 뜻이다. 지나치게 우직하고 바보스럽게 보일 수 있을망정, 천렵에 그보다 효과적이고 확실한 방법은 따로 없다. 나는 "막고 품어라"라는 말을 가슴에 품은 채 핸들러와 정면으로 부딪쳤다.

　　트랜지스터를 하나씩 검사하던 '트랜지스터 테스트 핸들러'에서 시작하여, 128개의 메모리칩을 한꺼번에 검사하는 '128병렬 메모리 테스트 핸들러'까지 미래산업은 핸들러 업체로서 확고히 자리를 잡아 갔다. 이로 인해 한국 반도체 회사들이 얻게 된 반사이익은 막대했다. 미래산업이 핸들러를 국산화하기 이전에 일본 업체들은 핸들러 1대당 100만 달러를 받아 폭리를 취했다. 하지만 미래산업이 국산화한 이후에는 40만 달러대로 가격을 떨어뜨릴 수밖에 없었다.

　　연간 수백 대가 소요되는 점을 감안하면 국내 반도체 업계에 대한 미래산업의 국산화 기여도는 지대했다. 당연히 전세로 임차한 부천의 공장으로는 감당할 수 없는 상황이 되었다. 1994년 미래산업은 부천에서 천안으로 이사했다. 우리가 처음으로 마련한 '내 집'이었고, 어디에 내놔도 부끄럽지 않을 멋진 공간이었다. 하지만 경기도 부천과 충청남도 천안은 통근할 수 있는 거리가 아니었다. 어느새 직원은 137명으로 늘어 있었다. 그들은 모두 '이사'와 '퇴사' 중에서 하나를 선택해야 했다.

"제가 4대 독자입니다. 어머니께서 이사를 못 하겠다 하시니 …, 죄송합니다. 사장님."

눈물을 흘리며 사직서를 제출한 한 명을 제외한 136명 전원이 천안으로 이사했다. 얼마간의 이주비를 지급하고 신청자 전원에게 전세보증금을 무이자로 대출해 주는 정도의 지원이 있었지만, 애초 이사를 결정하면서 20~30% 정도의 직원 유출을 예상하고 있던 나로서는 매우 감격적인 사건이었다.

'천안 대이동'을 성공적으로 끝낸 후 나는 마음속으로 생각했다.

'이제 회사가 망하더라도 나는 이미 성공한 사람이다.'

미래산업의 성공이 비로소 피부로 느껴진 날이었다. 그러나 우리는 이주한 다음 날 곧바로 업무를 재개했다. 준공식이나 이주기념 휴일 같은 건 없었다. 뒤늦게 공장 이전 소식을 전해 들은 거래처에서 농반진반, '도둑이사'를 했다고 수선을 떨었다.

나는 준공식 같은 건 일종의 공해라고까지 생각했다. 일분일초가 아쉬운 사람들이 남의 공장에 모여 실없이 테이프나 끊고 자화자찬하는 건 시간낭비다. 거래처 입장에서는 쓸모없을 화환을 사 보내야 하니 거기에 버려지는 돈도 아깝다. 개별적으로는 별것 아닐 수도 있다. 그러나 우리 공장에 나타날 사람들이라면 모두 비슷한 업종에서 일하는 동지들이다. 나는 그들의 사소한 낭비들이 모이면 결국 한국 반도체 분야에 적지 않은 낭비를 초래한다고 생각했다.

〈미래산업〉,
증권거래소에 상장하다

———

　1996년 미래산업은 증권거래소 상장을 준비했다. 당시 증권감독원은 예비 상장사의 재무구조와 성장성 등 각종 항목을 심사하여 공모가를 결정했다. 그래서 주식 상장을 준비하는 기업은 사전에 '주간사 계획서'를 제출하고 증권감독원의 승인을 받아야 했다. 미래산업은 당시 증시사상 최고액인 주당 4만 원의 공모가를 승인받았다. 우리는 매우 만족스러웠다.

　하지만 우리의 공모가가 결정된 직후 '증권 공모가 자율화 조치'가 공표되었다. 한 달 후부터는 시장 원리에 의해 자유롭게 공모가를 결정할 수 있게 된 것이다. 우리와 비슷한 시기에 상장을 준비하던 여러 기업들 사이에서는 이미 결정된 공모가를 서둘러 반려하는 해프닝이 벌어졌다. 우리의 상장을 준비하던 주간主幹증권사도 4만 원으로 이미 승인받은 미래산업의 주간사 계획을 취하하자고 제안해 왔다. 한 달만 기다렸다가 다시 추진하면 최소한 300억 원 이상의 이익을 볼 수 있다고 했다.

주간사 사장과의 회동 자리에서 나는 이러한 제안을 거절했다. 주식을 발행한다는 것은 제품을 만들어 파는 것과는 달랐다. 장사가 아니라는 뜻이다. 미래산업의 상장은 자금유입보다 기업공개의 의미가 더 컸다. 이미 사장 한 사람이 차지하고 있기에는 회사가 너무 커져 있었다. '상장회사'가 된다는 것은 사장과 직원들만의 기업에서 바야흐로 수많은 투자자들의 기업으로 변모한다는 뜻이기도 했다. 기업은 더욱 투명해야 할 것이고, 더욱 도덕적이고 정의롭게 관리되어야 했다. '4만 원'은 미래산업과 우리 직원들과 정부와 일반투자자들 사이에서 이루어진 약속이었다. 제도 변화의 혼잡한 와중에 교묘하게 폭리를 취하려는 행위는 정의롭지 못하다고 여겼다. 무엇보다 이랬다저랬다 하는 얄팍한 장난질은 나의 적성에 맞지 않았다.

　　주간증권사에서는 당연히 펄쩍 뛰었다. 주간사 입장에서도 유입자금의 규모가 커질수록 수임료가 커지기 때문에 나의 결정에 불만이 많을 수밖에 없었다. 하지만 미래산업 식구들은 이런 나의 황당한 결정을 지지해 주었다. 풍전기공 시절부터 나와 함께한 당시의 부사장은 내게 이렇게 말해 주었다.

　　"나쁜 짓만 아니라면, 사장님께서 하자는 대로 저희는 무조건 할 겁니다."

　　우리가 주식을 공개하자마자 시장은 우리의 도덕성을 평가해 주었다. 특히 소액투자자들의 반응은 열광적이었다. 발행 며칠 만에 우리의 주식값은 엄청나게 뛰어올랐다. 매스컴은 우리의 과감한 결정에 찬사를 아끼지 않았다. 4만 원이던 주가가 순식간에 30만 원을 넘어섰다. 데뷔 첫날 주간사 사장은 내게 달려와 이렇게 말했다.

"정 사장님! 장사 한번 기막히게 하셨습니다."

1996년 9월, 미래산업은 우리사주 7만 9천 주를 주당 공모가 4만 원의 가격으로 분양했다. 경력에 따라 200주에서 1천 주까지 배당해 주었으니, 대충 계산해 보면 당시 270명의 직원 중에서 200여 명이 억대 부자가 된 셈이다. 730주를 배당받은 관리과의 한 여직원도 대략 2억 7천만 원의 재산가가 되었다. 구내식당에서 일하는 아주머니들 중에서도 억대 부자가 생겨났다. 눈앞의 300억 원을 포기하고 얻어 낸 값진 승리였다.

연구비용은
절약하지 마시오

———

　　공고 출신의 엔지니어들과 함께 갖은 고난을 겪으며 미래산업을 일으킨 나는 '필요한 인재는 키워서 쓴다'는 원칙을 가지고 있었다. 이 원칙이 처음이자 마지막으로 위협 받은 것은 1997년의 어느 날이었다. 사전 약속도 없이 K라는 사람이 나를 찾아왔다. 모 대기업 연구부서에서 팀장으로 일하는 사람이라고 자신을 소개했다.

　"기억하실지 모르겠지만 연전에 사장님을 한번 뵌 적이 있습니다."

　언젠가 우리 공장을 한 차례 방문한 적이 있다는 것이다. 그때 내가 설명한 경영원칙과 기술철학에 깊은 감명을 받았다고 했다. 대충 인사가 끝나자 그는 자신의 이야기를 하기 시작했다.

　K는 회사에서 꽤나 인정받는 기술간부였다. 젊은 나이였지만 이미 수석부장 자리에 있었다. 대기업 수석부장이라면 이사급 대우였다. 초면에 자기 자랑이 좀 심한 거 아닌가 싶은 생각이 들 즈음, 그는 마침내 나를 찾아온 진짜 이유를 털어놓았다.

　"대기업에서는 더 이상 비전이 없습니다. 사장님께서 저희를 거둬

주십시오."

갑작스런 말에도 당황했지만, '저희'라는 말에 나는 더욱 놀랐다.

"갑자기 무슨…."

"제가 이끌던 팀원들이 모두 이곳에 오기를 희망하고 있습니다. 저희를 제대로 써주실 분은 사장님밖에 없습니다. 받아 주십시오."

SMD마운터는 각종 전자부품의 표면실장을 위한 장비다. 간단히 말하자면 '전자제품의 회로기판을 자동으로 조립하는 기계'이다. 옵토-메카트로닉스, 제어기술, 컴퓨터기술, 특수 소프트웨어, 센싱기술 등 고도의 첨단기술들이 총동원되어야만 비로소 만들 수 있는 장비이기도 하다.

원래 K가 이끌던 팀은 그 기업에서 'SMD마운터' 국산화를 목표로 여러 해 동안 연구를 진행해 오고 있었다. 그러나 개발이 부진하여 목표 달성이 어렵게 되자 '위'로부터 덜컥 불벼락이 떨어졌다. 아무런 설명도 없이 프로젝트를 중지하고 팀을 해체하라는 명령이었다. 팀원들은 집단퇴사를 결심했다. 그리고 어디를 가든 서로 헤어지지 말고 마운터 연구를 계속하자는 원칙하에 투표를 했다. 투표결과는 의외였다. 팀장인 그를 제외한 전원이 미래산업을 적어 냈다는 것이다.

나는 귀가 솔깃해졌다. 당시의 미래산업은 핸들러에 모든 것을 의존하고 있었다. 핸들러는 반도체 후공정 중에서도 가장 막바지 단계에 투입되는 기계이다. 하지만 마운터는 전자제품을 생산하는 모든 공장에서 반드시 필요로 하는 범용汎用 조립장비이다. 핸들러와는 비교할 수 없는 광활한 시장이 존재하고 있었다. 그렇지 않아도 나는 이미 몇 년 전부터 '포스트 핸들러 시대'를 준비해야 한다는 강박에 시달려 오던 터였다.

그렇지만 함부로 기뻐할 수는 없었다. 다른 회사 사람을, 그것도 다년간 한 가지 프로젝트만을 수행해 오던 인재들을 통째로 들어앉히는 건 아무래도 부담스러운 일이었다. 기업들 간의 뒷소리와 감정대립은 내가 원하는 바가 아니었다. 다른 회사에 손해를 입히기도 싫었고, 공연히 비난이 오갈 빌미를 만들고 싶지도 않았다.

"고마운 말이지만 안 될 일이오. 귀하 회사에서 우리를 어떻게 보겠소. 상도의가 아니오."

"사장님께서 받아 주시지 않더라도 저희는 회사를 나옵니다."

"솔직히 말하자면 나도 귀하들과 함께 일하고 싶은 마음이 굴뚝같소. 하지만 아무래도 안 되겠소."

곤혹스럽고도 안타까운 만남이었다. K는 낙담한 얼굴로 돌아갔다. 미안하고 아쉬웠고 속상했다. 마음 한편에서는 스스로의 알량한 결벽증에 짜증을 내고 있었다. 하지만 그와의 인연은 쉽게 끊어지지 않았다. 번호를 어찌 알았는지 며칠 후 K가 집으로 다시 전화를 했다.

"몇 군데에서는 지금 당장이라도 저희들을 오라고 합니다. 솔직히 말씀드리자면 저는 모 그룹의 D정밀로 가고 싶었습니다. 거기 잘 아는 선배님이 계시거든요. S사에서도 섭외가 들어왔습니다. 그런데 다른 팀원들은 전원이 미래산업만 고집하고 있습니다. 사장님이 끝까지 저희를 내치신다면 저희는 결국 다른 곳으로 갈 수밖에 없습니다."

일종의 협박이었다. K가 말한 것처럼 내가 그들을 받아들이지 않더라도 그들은 어차피 집단으로 퇴사할 테고, 십중팔구는 다른 대기업의 답답한 환경 속으로 되돌아가게 될 것이었다. 나는 그들이 원하는 모든 것을 들어 줄 자신도 있었고, 그들이 자신의 능력을 최고로 발휘할 수 있는 최적의 환경을 마련해 줄 자신도 있었다. 나는 때때로 농담처럼 관리직원들을 다그치곤 했다.

"우리는 후방지원부대요. 싸움은 엔지니어들이 하는 거요. 현장에서 해달라는 거 군소리 말고 다 해주시오. 괜히 관리직이라고 어깨에 힘주거나 까다롭게 굴면 당장 쫓겨날 줄 아시오."

수화기를 통해 들려오는 K의 목소리에는 단호함이 실려 있었다. 나는 직감적으로 이것이 마지막 타진이라는 걸 알 수 있었다. 또 한 번 갈등했지만 잠깐의 침묵 후에 나 역시 단호하게 대답했다.

"오시오!"

미래산업의 새로운 미래를 책임질 미래연구센터는 그렇게 해서 탄생했다. 나는 그들이 혹여 느끼게 될지 모를 위화감을 우려하여 경기도 분당에 별도의 건물을 마련해 주었다. 개소식에 맞춰 나는 분당으로 향했다. K 이외에는 모두 처음 보는 얼굴들이었다.

"길게 말하는 것도 싫어하고 말주변도 없는 사람이지만, 처음이자 마지막으로 여러분들에게 딱 세 가지만 당부하겠소. 첫째, 목표는 언제나 여러분들 스스로 정하시오. 둘째, 연구비용은 절약하지 마시오. 셋째, 나한테 업무보고를 하는 사람은 해고하겠소."

좌충우돌 망아지들,
하늘 높이 뛰다

—

　　장차 마운터 개발을 책임질 미래연구센터를 분당에 설립한 후 천안의 본사로 돌아와 자금담당 책임자에게 이렇게 말했다.

　"돈은 달라는 대로 주시오. 절대로 따지지 마시오."

　처음엔 사주의 단순한 격려로 여기고 몸을 사리던 연구소장은 시간이 지날수록 내 말이 '구체적 진심'이었음을 깨달았다. 연구소의 인력 구성을 끝내자마자 그가 맨 처음 한 일은 30억 원을 호가하는 설계 소프트웨어의 구입이었다. 그나마 아직 상용화도 되지 않은 베타 버전이었다. 내가 보기에는 거금을 들여 베타테스터를 지원하는 '팔불출 짓'이나 다를 바 없었다.

　하지만 나는 오히려 연구소장을 격려했다. 소프트웨어 구매계약서에 서명하는 자리에서 나는 미국의 판매회사 임원에게 이렇게 말했다.

　"연구소장에게 전권이 있으니 공연히 나한테 잘 보일 생각하지 마시오."

　이 한 건의 파격적인 사례로 용기백배한 연구소장은 곧이어 작업실의 모든 PC를 초고속 대용량의 워크스테이션으로 교체했다. 그때까지만 해도 '보고하는 버릇'이 남아 있던 소장의 전화를 나는 일부러 퉁명스레 받았다.

"잘했소. 그리고 앞으로는 보고하지 마시오."

미래연구소는 그때부터 정말 '제멋대로' 돌아가기 시작했다. 오래지 않아 연구소 옥상에 골프연습장이 들어섰다는 소식이 들려 왔다. 그리고 얼마 후에는 연구소에서 최고급 헬스기구들을 마구 사들인다는 소식도 들려 왔다. 그러한 소식은 주로 자금지원을 맡은 관리부서의 볼멘 목소리로 전해졌다. 그때마다 내 반응은 똑같았다.

"달라는 대로 주시오. 절대 따지지 말고 … ."

하지만 재무이사는 기회만 있으면 불만을 토로했다. 하루는 잔뜩 화가 난 얼굴로 나를 찾아왔다.

"분당 사람들은 하늘에서 떨어졌답니까? 사장님께서 지시하신 바도 있고 해서 저희도 참으려고 무척 노력하고 있습니다. 하지만 갈수록 점입가경입니다."

"내가 뭐랬소. 재무이사가 무조건 참으시오."

"다음 주에 미국에서 열리는 장비전시회를 참관하겠다면서 열댓 명씩이나 해외출장을 신청했습니다."

"큰물에서 안목을 키워야지요. 좋은 생각이구먼."

"그것도 모두 부부동반에 2등석으로 가겠다는 겁니다. 미래산업이 무슨 여행사입니까?"

"바빠서 휴가들도 못 챙겨 먹을 텐데 거 참 잘됐네. 얼른 출장비 2인

분씩 내주시오."

"고작 열흘만 기다리면 일본에서 훨씬 싸게 구입할 수 있는 부품을 두세 배나 더 주고 서울에서 구입하는 사람들입니다. 회사 돈을 이렇게 우습게 아는 직원들이 세상에 어디 있습니까?"

"급하게 필요했겠지. 원래 벤처는 시간이 생명 아니오?"

"어디 그뿐인 줄 아십니까. 연구소 사람들은 의료 지원금 명목으로 금이빨 해 넣는 것까지 회사에 청구합니다. 자기 부인이 다니는 불임 클리닉 청구서까지 들고 오는 사람도 있습니다. 도대체 말이 됩니까?"

"하하, 재미있구먼. 그냥 다 해줘 버리시오."

"회식이다 접대비다 평소에 흥청망청 먹어 치우는 돈만도 얼만지 아십니까? 엊그제는 간부회식을 했답시고 법인카드 영수증을 내미는데, 거기에 여자들 팁까지 버젓이 올라와 있지 뭡니까. 이런 돈까지 정말 회사에서 내줘야 하는 겁니까? 도저히 못 참겠습니다."

"정말 못 참겠소?"

"도대체가 말이 안 됩니다."

"그럼 귀하가 나가시오."

내가 미래산업 대표로 있는 동안 처음이자 마지막으로 해본 해고 통지였다. 당시 나를 바라보던 재무이사의 원망 어린 눈초리가 지금도 눈에 선하다. 너무나 충직한 사람이었고, 사실은 그 때문에 파격적인 대우로 스카우트한 고급인재였다. 직분에 충실했기 때문에 해고되어야 한다니 그로서는 얼마나 황당했을까.

나는 그에게 넉넉한 퇴직금과 승용차, 그리고 나의 개인 돈으로 별도의 위로금을 마련해 주었다. 결코 실책 때문에 해고되는 것이 아님을 그런 식으로라도 알려 주고 싶었다. 그의 뒷모습을 바라보며 나는 속으로 이렇게 중얼거렸다.

'이 사람아. 나라고 마음이 좋아서 마냥 참고 있는 줄 아나 ….'

그를 보낸 후 나는 전 직원에게 보약을 지어 주라고 지시했다. 제멋대로 하는 것도 좋지만 건강만은 꼭 챙기라는 뜻이었다. 수시로 임계점까지 오르내리는 내 다급한 성격에 대한 일종의 경고이기도 했다. 참기 힘들 때는 오히려 원인을 부추기는 것도 인내의 한 방법이었다.

그들은 불과 3년 만에 마운터를 만들어 냈다. 때론 몽둥이질을 해주고 싶을 만큼 얄밉게 구는 녀석들도 있었고, 회사가 휘청할 정도의 대형사고를 터뜨리는 녀석들도 있었다. 그것은 마운터 개발에 성공한 이후에도 마찬가지였다. 그들은 상용화를 위한 업그레이드 과정을 전혀 고려하지 않고 '됐다' 싶으면 무조건 어마어마한 양의 부품부터 사들였다. 그 이후 마운터는 몇 번이나 구조변경을 했고, 미리 준비했던 부품들은 모두 쓰레기가 되었다. 오로지 자만심 때문에 몇백억 원의 손실을 회사에 안겨 준 셈이다. 하지만 어쩌랴. '멋대로 해보라' 부추긴 사람은 다름 아닌 나였다.

낭비를 줄이고 업무효율을 높이겠답시고 직원들의 일에 사사건건 간섭하고 관리하다 보면 정작 '물건'은 생겨나지 않는다. 대기업들도 십여 년씩이나 매달렸다가 대부분 포기해 버린 프로젝트를 우리가 뒤늦게 성공하기 위해서는, 대기업으로서는 상상도 할 수 없을 만큼 파격적인 연구환경을 만들어 줘야 한다는 것이 내 신념이었다.

미래산업은 오래전에 '중소기업진흥공단'에 경영평가 신청을 한 적이 있다. 경영평가단은 인사관리, 재고관리, 기술개발, 업무효율성, 재무구조, 근무태도, 조직구성, 현장생산성 등에 이르는 회사 전 영역을 파헤치는 대작업을 시작했다. 그 어수선한 와중에 하루는 경영평가단장이 나를 찾아왔다.

"워낙 우량기업으로 소문난 회사라 저희도 견학하는 심정으로 찾아왔습니다. 하지만 솔직히 말씀드리자면 매우 실망했습니다."

자금운용이 너무 무질서할 뿐 아니라 직원들의 근무태도나 기업문화도 지나치게 방만하다는 말이었다. 그는 특히 '선지급 후결제'라는 시스템과 무분별한 장비투자, 과도한 연구지원, 무계획적인 물류관리, 과잉 책정된 복지정책 등에 관해 신랄하게 비판을 퍼부어 댔다.

"한마디로, 회사는 돈으로 처발라 놓았는데 직원들은 고삐 풀린 망아지 같습니다. 무례를 용서하십시오. 이대로 가다간 이 회사 금방 망합니다."

"그래서 전문가를 모신 거 아닙니까. 꼼꼼히 살펴 잘 좀 지도해 주세요."

그런데 경영평가단이 철수하기로 한 전날, 평가단장이 다시 나를 찾아왔다.

"저한테 여유자금이 좀 있었습니다. 어제 그 돈을 모두 미래산업 주식에 투자했습니다. 저는 이제 사장님만 믿겠습니다."

쑥스러웠던지 그는 오랫동안 껄껄 웃었다.

"회사에 대한 직원들의 신뢰가 대단하더군요."

나도 따라 웃으며 뒤늦은 말대꾸를 했다.

"고삐 풀린 망아지 같다고 하셨던가요? 우리 회사에는 아예 고삐도 없습니다."

"리더십이 대단하세요."

"그저 사람 꼴을 잘 봐주는 거지요."

외국 사람들에게
밥 사주지 마시오

─

미래산업의 향후 미래를 책임지게 될 'SMD마운터'는 '메카트로닉스의 꽃'이라 불릴 만큼 화려하고 복잡한 장비다. 전자기판 위에 수만 종의 소형 부품을 정확하게 심어 놓는 장비이니만큼 초고속과 정밀성이 필요하기 때문이다. 그만큼 개발하기 어렵지만 핸드폰에서부터 컴퓨터, 텔레비전, 냉장고에 이르기까지 거의 모든 전자제품을 생산하는 데 필수적인 장비이다. 그것은 곧 무궁무진한 판매시장을 의미한다.

SMD마운터를 개발하던 3년 동안 미래산업의 총매출은 1,204억 원이었다. 그중에서 마운터 개발에 투자한 비용만 367억 원이었다. 총매출의 30%를 기술개발에만 쏟아부은 셈이다. 그것도 단 한 종의 장비 개발에.

특히 1997년에는 반도체 경기불황 때문에 600억 원대의 연매출이 117억 원으로 급감했다. 하지만 우리는 그해에도 매출액을 넘어서는 130억 원을 개발비로 쏟아부었다. 말 그대로 '목숨'을 건 것이다.

업계 사람들뿐 아니라 주주들과 내부 직원들까지, 기술개발에 대한 나의 지나친 열정을 두려워했고 불안해했다. 핸들러만으로도 충분히 유지가 되던 우량기업을 졸지에 백척간두에 올려놓으려는 사장의 무모한 심사를 이해할 수 없었던 것이다.

하지만 그 당시 나는 '오너'로서의 전횡을 행사했다. 임원들과 주주들의 불안과 불만을 애써 무시하면서까지 나는 마운터 개발에 모든 것을 걸고 고집스레 밀고 나갔다. 언제 끝날지 알 수 없었고 성패도 짐작할 수 없었지만, 연구소장에게 전권을 위임한 채 묵묵히 지켜보았다.

SMD마운터는 국내 대기업들이 앞다퉈 개발에 뛰어들었다가 엄청난 돈과 시간만 낭비한 채 결국 포기한 애물단지였다. 그만큼 모두가 탐내는 물건이었고, 정말로 얻기 힘든 귀물이었다. 하지만 우리는 결국 해냈다.

국내 대기업 중 한 곳은 마운터 개발에는 성공했지만, 세계시장에 적극적으로 내놓을 만한 상품으로까지는 연결시키지 못했다. 외국의 타사 제품들에 비해 여러모로 경쟁력이 없었기 때문이다. 세계에서 SMD마운터를 가장 많이 쓰는 업체 중 하나인 미국 플렉스트로닉스의 공장장은 언젠가 내게 이렇게 말했다.

"그 회사의 제품과 미래산업의 제품을 비교하자면, 한마디로 자전거와 자동차의 차이라 할 수 있습니다."

우리는 막 개발에 성공한 마운터를 비행기에 싣고 미국 디즈니랜드 인근 애너하임으로 날아갔다. 바로 세계 최대의 PCB 제조장비 전시회인 '넵콘웨스트 쇼'가 열리는 곳이었다. 그곳에서 나뿐만 아니라 개발을 총괄한 연구소장도, 같이 간 다른 직원들도 모두 감격의 눈물을 흘렸다. 전 세계의 마운터 생산업체와 가전업체 사람들이 줄을 지어 우리 부스에 견학 올 정도로 우리 물건이 그곳에서 파란을 일으킨 것이다. 그들은 대부분 'MIRAE'라는 브랜드를 한 번도 들어 보지 못한 사람들이었다.

그때 나는 직원들의 눈물을 지켜보면서, '이제 충분하다'고 생각했다. 그동안 고생하고 노력한 것도 이 정도면 200% 보상받은 셈이라고 여겼다. 그곳에서 체류하는 동안 나는 각국 인사들의 식사초대에 응하느라 정신없었다. 귀국하자마자 나는 전 직원에게 이렇게 선언했다.

"이제 더 이상 외국 사람들에게 밥 사주지 마시오. 그들이 살 겁니다."

미국, 스위스, 영국 업체들은 모두 판매망이나 서비스망을 훌륭히 갖추고 있었다. 하지만 그들이 생산하는 마운터는 수준 낮은 제품으로 일본과의 개발경쟁에서 뒤처져 있었다. 판매망은 있는데 유통시킬 만한 변변한 제품이 없는 실정이니 그들이 우리 제품을 보고 앞다퉈 달려드는 건 당연했다. 당시 우리에게는 물건은 있으되 판매망과 서비스망이 없었다. 그래서 서로 통하는 바가 많았던 것이다.

파트너 선정을 위해 우리는 몇몇 외국 업체를 최종 물망에 올리고 실사에 들어갔다. 그중에서 스위스의 지바텍은 에섹 그룹에 속한 업체였다. 내가 반도체 제조장비 사업에 막 뛰어들 무렵만 해도 에섹은 그야말로 하늘처럼 우러러보이던 '꿈의 기업'이었다. 그러나 이제는 우리가 그 회사를 직접 실사하는 위치에 서게 된 것이다. 실로 감개무량했다.

나를 포함한 실사팀은 스위스로 떠났다. 공항에서부터 지바텍의 대접은 송구할 정도로 극진했다. 낮에는 사업장 곳곳을 시찰했고, 밤에는 모기업인 에섹의 회장이 직접 주최하는 최고급 만찬에 초대되었다. 마케팅팀의 한 젊은 직원은 돌아오는 비행기 안에서 이런 말을 했다.

"회사를 잘 만나니 젊은 나이에 별 대접을 다 받아 봤습니다."

이듬해, 미국 로스앤젤레스에서 열린 '에이팩스 쇼'에서 우리의 마운터는 최고상인 'Vision Award'를 수상했다. 자신감이 생긴 우리는 일본 마쿠하리에서 열리는 '프로텍 재팬 쇼'에도 달려갔다. 이번에는 '리니어 모터'를 장착한 신형 마운터와 함께였다. 우리가 독자적으로 개발한 '리니어 모터'는 회전운동을 직선운동으로 변환하는 과정을 거치지 않기 때문에 구성이 단순하고 몸집도 작은 반면, 힘이 좋고 정밀도가 우수한 신개념의 동력장치였다.

일본 현지 관계자들은 우리의 마운터 기술에 놀라고, 리니어 모터의 우수성에 다시 한 번 놀랐다. 파나소닉, 카시오, 산요, 미쓰비시 등을 포함해 무려 42개 업체가 우리에게 기술 이전을 요청해 왔다.

원래 마운터는 미국의 유니버셜, 쿼드 등이 먼저 개발했지만, 후발주자인 일본이 미국 기업들을 추월하는 상황이었다. 영국도 마운터 사업에 뛰어들었지만 결국 도태되고 말았다. 유럽에서는 지멘스 정도가 그나마 마운터 업체로서의 명맥을 유지하는 정도였고, 세계의 마운터 시장은 거의 일본 업체들이 독식하고 있었다. 우리가 일본 사람들을 놀라게 할 수 있다는 사실 자체가 일종의 기술 쾌거였다.

사업하는 '맛'이 있다면 바로 이런 게 아닐까. 장차 마운터로 돈을 벌

미래산업의 최신식 마운터 MAI-H4

고 말고는 내게 큰 의미가 없었다. 내 머릿속에서는 이미 손익계산이
끝났기 때문이다.

훗날 내가 은퇴를 발표하자마자 업계 후배 하나가 나를 찾아왔다.
　"저희 회사의 사외이사를 맡아 주셨으면 합니다."
　그 회사의 주가가 한창 폭락하던 시절이었으니 의중이야 묻지 않아
도 알 만했다. 시장에 먹힐 만한 이름을 끌어들여 보겠다는 뜻이리라.
　"생각해 보게. 요란하게 은퇴해 놓고 자꾸 그 바닥에 얼굴을 내밀면
사람들이 나를 뭐라 하겠나. 당장 반짝할 수 있을지는 몰라도 나중에
내 이름이 부담스러워지면 그땐 또 어떡할 텐가?"
　"……."
　"회사 가치는 그렇게 올리는 게 아니네."
　"꼭 그런 의미라기보다는….."

"자네, 코스닥 진출하면서 한 3천억쯤 모았다지?"

"대충 그 정도 됩니다···."

"3년쯤 버틸 운영비만 떼어 놓고 나머지 몽땅 챙겨서 입산수도入山修
道하게."

나의 엉뚱한 소리에 그의 눈이 휘둥그레졌다.

"무슨 말씀이신지···."

"주가야 워낙에 오르기도 하고 내리기도 하는 것 아닌가. 하지만 농
사짓는 농사꾼이 언제 땅값 신경 쓰는 거 봤나? 농사꾼은 농사 잘 지을
궁리만 하면 되는 거지···. 농사가 잘되면 땅값이야 자연 따라 오르지
않겠나. 아직 여유자금이 있을 때 목숨 걸고 입산수도하게. 여의도 쪽
은 아예 바라보지도 말게나. 눈 질끈 감고 세계적으로 독보적인 기술
하나만 개발해 놓으란 말일세. 그게 자네와 자네 회사가 사는 유일한
길이네."

그는 코가 쑥 빠져서 돌아갔다. 핵심 기술을 가졌느냐 여부가 얼마
나 절실한지 뼈저리게 깨달은 나는 그에게 내 체험의 알맹이를 진술하
게 알려 준 것이다.

〈미래산업〉,
미국 나스닥 상장

—

     미래산업은 마운터 개발비용으로 367억 원을 지출했다. 개발기간 3년 동안 발생한 회사 총매출의 30.4%에 해당하는 비용이었다. 매출이 적었던 1997년에는 오히려 매출액을 넘어서는 비용을 개발비용으로 투자했다. 핸들러의 성공으로 한동안 느슨하게 지내던 나는 마운터 개발에 다시 한 번 목숨을 걸었다. 또한 연구원들이 마운터에 기꺼이 목숨을 걸 수 있도록, 목숨 이외의 모든 것을 마련해 주었다. 그리고 그들은 3년 만에 SMD마운터를 개발했다. 우리의 마운터는 개념의 참신성에서, 기능의 효율성에서 전 세계를 놀라게 했다.

    물론 우리는 '후발주자'였다. 외국 고객들은 우리의 마운터를 보며 감탄하는 동시에 'MIRAE'라는 브랜드 앞에서 고개를 갸웃거렸다. 듣도 보도 못한 아시아 변방의 조그만 중소기업 제품을 선뜻 구매하기에는 마운터가 워낙 고가였다. 게다가 한번에 다량을 구매해야 하는 장비였다. 우리는 미주와 유럽, 일본, 중국, 동남아 지역 시장을 각각 담당해 줄 해외 파트너를 선정해 나가는 한편으로 새로운 자금원을 물색

했다. 세계시장에서 마운터로 승부를 하려면 장차 막대한 자금이 필요할 것이라 판단했기 때문이다.

그때까지 미래산업을 이끌어 온 '핸들러 사업'은 고객으로부터 주문을 받은 후 선수금으로 30%를 받고, 납품 후에 60%를 받고, 현장 검수 후에 나머지 10%를 받는 시스템이라 자금 흐름이 별로 까다로운 편은 아니었다. 하지만 '마운터 사업'은 장비를 먼저 생산한 후에야 고객을 찾고, 납품을 마치고도 한참 후에야 수금을 하는 시스템이기 때문에 핸들러보다는 상대적으로 긴 호흡이 필요했다. 풍부한 자금력이 매우 중요한 관건이 된 것이다.

1999년 3월, 미래산업 주식은 액면가 100원 한 주에 3천 원의 가격 수준을 유지하고 있었다. 섣부른 유상증자는 주주들의 불이익을 의미할 수도 있었다. 고심 끝에 나는 미국의 나스닥NASDAQ을 떠올렸다. 여전히 대부분의 세계인들은 대한민국을 '한국전쟁과 올림픽의 나라' 정도로만 알고 있었다. 우리의 마운터로 세계시장을 공략하기 위해서는 기술력뿐만 아니라 그야말로 '세계적인 지명도'도 필요했다. 전 세계 기업들이 나스닥에 진출하려 그토록 애쓰는 이유가 바로 풍부한 자금 확보와 브랜드 제고라는 탁월한 이중효과 때문이다.

당시 국내에서는 10여 개 업체가 나스닥 상장을 추진한다고 밝힌 상황이었다. 물론 그중에는 주가를 끌어올리려는 작전상 허언들이 태반이었다. 우리가 파악한 바로는 미래산업과 인터넷 회선사업자인 D사 정도가 그나마 진골이었다. 우리는 상장 주간사, 한국 법무회사, 외국 법무회사와 함께 워킹그룹을 만들어 나스닥 진출을 위한 본격적인 준비작업에 돌입했다.

1999년 7월 1일, 워킹그룹의 오픈 미팅이 열렸다. 그때까지 미래산업을 이끌어 온 것은 기자들이 '거꾸로 경영'이라고 일컬은 나의 파격적인 경영스타일이었다. 연초에 한 번씩 눈인사를 하는 것 말고는 1년 내내 회의라는 것도 몇 번 해본 적 없고, 보고나 결재라는 시스템에도 익숙하지 않은 사람들이었으니, 나스닥이 요구하는 까다로운 신청서 항목에 일일이 기입할 내용을 미리 준비해 둔 사람은 아무도 없었다.

코스닥에 진출하기 위해서는 자기 회사 자랑을 많이 해야 한다. 그래서 과장도 해야 하고 때론 거짓말도 해야 한다. 그게 우리의 상식이다. 하지만 나스닥에 진출하기 위해서는 자신의 단점부터 늘어놓아야 한다. 가장 먼저 회사가 안고 있는 고질적이거나 잠재적인 리스크 요인들부터 상세히 공개해야 한다. 만약 회사가 책정한 리스크 목록에 누락된 요인 때문에 주가가 떨어진다면, 발행사가 투자자들에게 손해배상을 해야 한다는 나스닥 규정 때문이었다. 굳이 감추려고 해서가 아니라 우리 자신도 미처 깨닫지 못한 리스크 요인들까지 억지로 찾아내야 할 상황이었던 것이다.

상장 신청을 위한 필수자료 중에서 이 '리스크 백서'가 차지하는 비율은 대략 4분의 1이었다. 우리는 예컨대 "미래산업이 위치한 천안은 북한의 장거리 미사일 사정거리 내에 위치함, 동아시아 지진대가 위도, 경도 몇 도에서 몇 도를 통과하므로 미래산업이 지진 피해를 입을 확률은 몇 %임" 등의 다소 황당한 항목까지 마련해야 했다. 비즈니스 플랜과 기업 비전이 또한 4분의 1, 재무제표 분석이 역시 4분의 1, 그리고 나머지 4분의 1이 재무상황 및 영업상황에 대해서 경영자와 논의하고 점검하는 내용이었다.

신청서를 준비해서 접수하고, 수정권고안과 함께 반려된 신청서를 수정하여 다시 접수하는 일련의 절차는 미국 현지 기업의 경우에도 수십 명의 인원과 몇 년의 시간이 투여되는 대작업이다. 하지만 미래산업의 경우에는 이 모든 작업이 반 년 만에 끝났다. 나스닥 역사상으로도 흔치 않은 케이스였다. 미래산업은 숨겨야 할 만한 '비밀'을 거의 갖고 있지 않았기 때문이다. 미리 준비해 놓은 것은 없었다 해도 나스닥이 요구하는 원칙과 순서에 맞춰 하나씩 준비해 나가는 것은 그리 어려운 일이 아니었다.

우리는 인터넷 회선사업자인 D사와 나란히 나스닥에 진출했다. 한국 기업으로서는 최초였다. 그리고 곧이어 ADR(주식예탁증서) 1억 2천만 달러의 발행에 성공했다.

나스닥 상장을 준비하는 과정에서 별도의 소득도 있었다. 인재의 유입이다. 워킹그룹으로 함께 일하던 인재들 중에는 우리의 비전과 기업문화에 반하여 미국에서 하던 일을 접고 연봉의 80%를 줄이면서까지 미래산업에 입사한 법무 변호사도 있었고, 워킹그룹에서 회계업무를 총괄하다가 역시 개인적인 손해를 감수하면서 미래산업에 입사한 사람도 있었다. 당시 실무자로 일하던 한국계 미국인 몇 명도 그때 입사해 미래산업의 해외영업파트에서 일하고 있다.

나는 넉넉한 사업자금이 외부로부터 유입되고, 내부적으로는 새로운 경영스타일이 절실하게 요구되는 시점을 기하여 경영일선에서 물러났다. 회사를 종업원들에게 물려줌으로써 내가 할 일은 이제 모두 끝난 셈이다. 이제는 미래산업과 함께한 고난과 행복의 순간들을 반추하며 아내와 함께 곱게 늙는 것만이 내게 남겨진 마지막 업무이리라.

제 4 장

낭만경영을
실천하다

가슴을 울리는
낭만경영

———

외환위기의 혹독한 시절을 겪는 동안, 우리 기업들 사이에서는 '다운사이징'이 유행이었다. 경영자들은 '다운사이징'의 선례를 서양의 초일류 기업들로부터 빌려 왔다. 이른바 '벤치마킹'이었다. 그들은 인원삭감과 조직축소를 통해서 기업구조를 최적화, 합리화하겠다고 비장하게 외쳤다.

나는 그때의 사회 분위기를 분명히 기억한다. 《아버지》라는 소설이 베스트셀러가 되었고, 두 집 걸러 한 명씩 명퇴자가 생겨났으며, 거리에는 노숙자들이 넘쳐 났다. 전 국민의 가슴이 시커멓게 타들어 가던 시절이었다. 결과를 보자. 다운사이징이 우리 경제를 살렸는가?

회사에 감원 소문이 돈다. 아무리 임원들끼리만 쉬쉬한다 해도 인사와 관련된 것처럼 회사 안에서 빠르게 확산되는 소문도 없다. 직원들 손에 일감이 잡힐 리 만무하다. 직원들은 불안한 얼굴로 삼삼오오 자판기 앞에 모여 수군대고, 화장실 안에서 중얼거리고, 흡연실에서 구시렁거린다. 뚜렷한 발표가 있을 때까지 확인할 길도 없는 갖가지 루

머가 하루에도 몇 번씩 생겨나고, 직원들은 그에 따라 일희일비한다.

감원의 폭풍도, 조직축소의 칼바람도 얼추 마무리되었다 치자. 쫓겨나고 좌천되고 감봉된 사람들의 고통이야 안된 일이지만, 그나마 살아남은 사람들끼리라도 서로 어깨를 두드려 격려까지 했다 치자. 이제 살아남은 사람들은 새로운 기분으로 회사를 위해 다시 한 번 팔을 걷어붙일까? 중성자탄으로 인간의 냄새가 사라져 버린 회사에서 과연 모험이나 도전이 다시 생겨날 수 있을까? 신바람이나 주인의식이 생겨날 수 있을까?

어려운 세월일수록 우리의 방식을 찾아내고 과감히 대처해 나가야 하건만, 철학 없이 방법론만 수입하기를 반복한다. 벤치마킹이란 생산관리, 조직관리, 마케팅기법 등 기업에 필요한 모든 원리와 철학을 업계의 선도기업으로부터 배우고 따라하자는 것이다. 하지만 이러한 벤치마킹 과정에서 가장 중요한 것, 즉 실제로 그 일을 맡아서 할 '사람'에 대한 정교한 관리 경험은 배우지 못하거나 배우지 않는다. 그래서 각각의 문화적 차이는 고려되지 않고 순수한 숫자와 도구로서의 호모 사피엔스만 남는다. 어쩌면 '벤치마킹'이란 그리 효율적인 경영기법이 아닐지도 모른다. 경영에서 '사람'이 가장 중요한 요소라면 말이다. 어디 사람이 책이나 그래프 보고 배워지던가.

물론 외국의 선진 경영기법에는 배울 점들이 참으로 많다. 하지만 이를 금과옥조처럼 여겨 무비판적으로 도입할 때 생기는 낭비와 부작용도 심각하다. 가려서 들이고 바꿔서 들이되, 결코 '중심'은 놓치지 않겠다는 태도만 굳건하다면야 무엇인들 독이 될까. 그렇지 않은 다음에야 자생적으로 생겨난 각각의 '기업문화'들만큼 최적의 경영기법이 다시 어디 있겠는가.

한국인들은 유달리 자존심이 강하고 경쟁의식도 치열하다. 그래서 반목도 많고 분란도 많다. 하지만 신뢰할 만한 경영여건, 신바람 나게 일할 수 있는 업무여건이 일단 조성되고 나면, 굳이 시키고 지시하지 않아도 놀라울 정도로 열심히 일한다. 어떻게 이런 여건을 만드느냐에 한국 기업들의 미래가 달려 있다고 해도 과언이 아니다.

그렇다면 어떻게? '냉정하지 못하다'고 욕먹을 소린지는 몰라도 우리에게는 여전히 낭만이 필요한 건 아닐까. 늘 사람을 중심에 놓는 감동의 기업문화가 필요한 건 아닐까. 서양식 합리주의와 원칙주의에 밀려 오랫동안 의식의 골방에 틀어박혀 있던 낭만과 감동과 신명을 다시 끌어내야 하는 건 아닐까.

사원들이 노력하여 번 돈이 사장의 뒷배를 불려 주거나 허튼 데 쓰이지 않고 고스란히 회사와 나의 미래를 위해 투자되고 있다는 믿음.

사장 한 사람의 개인의지와 이해관계에 의해 좌지우지되는 것이 아니라 모든 종업원들이 함께 지혜를 짜내고 함께 걱정하며, 능력만 있다면 얼마든지 누구라도 최고경영자가 될 수 있다는 믿음.

인연의 소중함과 사람의 가치를 늘 중심에 놓는 착하고 선한 공동체에 대한 가족과 같은 믿음.

이 믿음들이 고스란히 기업문화로 정착되어 전 직원의 신바람으로 승화되는 것. '사람'들과 함께 일하는 것. 이것이 내가 생각하는 '우리식 경영'이다. 여전히 꿈일까.

실리콘밸리 기업에
사기당하다

―

'미래산업'은 말 그대로 고진감래苦盡甘來 끝에 일어섰다. 사운社運뿐 아니라 목숨까지 걸었던 장비 개발에 실패하여 결국 수면제를 사 모아야 했던 시기도 있었다. 때문에 나는 지금도 그깟 돈이 없어서 꿈을 접어야 하는 사람들이 가엽다. 내가 지레 억울하다. 회사에 여유가 생긴 후부터 나는 '가능성 있는 일'이라면, 또한 '진정성 있는 일'이라면, 즉석에서 거액의 투자를 결정하는 일이 많았다. 소문도 어지간히 났으리라.

은퇴한 지 몇 년이 되었건만 아직도 사업제안서를 들고 나를 찾아오는 사람들이 많다. 편지를 보내오는 사람들은 더 많다. 그렇다고 내가 '헤픈 바보'는 아니다. 은퇴 이전의 투자 대부분이 즉흥적인 결정이었지만 나의 직관과 안목을 배신한 적은 거의 없었다. 물론 어처구니없는 실수를 한 경험도 있다.

1995년 봄, KAIST의 L 교수가 나를 찾아왔다. L 교수는 미래산업 초창기부터 우리의 장비 국산화 의지에 공감하여 성심껏 기술지도를 해준 사람이다. 그는 1년 동안 교환교수 자격으로 실리콘밸리에서 근무하고 막 돌아오는 길이었다. 오랜만이기도 했으려니와 실리콘밸리의 분위기도 전해 듣고 싶은 마음에 서둘러 만났다.

L 교수는 실리콘밸리에서 일하는 동안, 그곳에서 조그만 공장을 운영하는 어느 한국계 벤처기업인과 인연을 맺게 되었다. '트랙'을 다루는 업체의 대표라고 했다. 트랙은 반도체 웨이퍼 제작공정 중에서 현상과 인화에 소용되는 장비다.

벤처기업에 워낙 관심이 많던 L 교수는 그의 공장을 직접 찾아갔다. 그는 미국의 한 대기업에서 트랙 장비 유지관리 분야에 오랫동안 종사한 기술자 출신이었다. 퇴사한 후에는 독립하여 미국의 주종 트랙 장비를 정비・운영・수리하는 소규모 공장을 차렸다. 못 쓰게 된 중고 장비를 헐값에 구입해서 수리한 후 재판매하는 사업도 겸하고 있었다. 뿐만 아니라 한국의 기업과 협력하여 트랙 장비를 직접 생산하고 싶어 하는 야심가이기도 했다.

반도체 후後공정 장비인 핸들러로 일어선 나는, 이제 전前공정 장비 쪽으로도 진출해 보겠다는 야망을 품고 있었다. '트랙 장비 개발'이라는 아이템은 당시 나의 사업구상하고 너무 잘 맞아떨어졌다. 나는 서둘러 미국으로 건너갔다.

그는 한국에서 공고를 졸업한 후 큰 포부를 안고 미국으로 건너가 나름대로 자리를 잡은 사람이었다. 나는 공고 출신의 엔지니어들과 생사고락을 같이하며 미래산업을 일군 사람이다. 낯선 이국땅에서 오로지 성실성과 투지만으로 첨단 시장에 뛰어들었다는 그 기개와 진정성에 나는 깊은 감명을 받았다.

"트랙 장비도 이제 한 단계 업그레이드될 시점이 되었습니다. 비록 학벌도 보잘것없고 공장도 변변치 못하지만, 저에겐 획기적인 개념의 트랙 장비를 개발할 수 있는 기술력이 있습니다."

그는 허름한 공장 한구석에 자리 잡은 작은 연구실로 나를 안내했다. 한심하게 여길 수도 있는 규모였지만, 구석구석에 묘한 열정과 장인정신이 배어 있는 듯 느껴지는 공간이었다. 그곳에서 그는 우리에게 자신이 구상하는 '새로운 개념의 트랙 장비'에 대해 대략적인 설명을 했다. 설명을 듣고 보니 그의 말마따나 시장 전망도 낙관적으로 보였다.

개발은 미국에 있는 그의 회사에서 담당하고, 제조와 판매는 미래산업이 담당하는 합작법인을 설립하기로 합의했다. 한번 결정한 일에 재고再考의 여지를 두지 않고 일사천리로 밀고나가는 성격대로, 나는 계약서에 서명함과 동시에 400만 달러를 만들어 그의 계좌에 입금했다. 한국의 모 창업투자회사에서는 자세한 사업내용을 파악하는 절차도 생략한 채 '정문술이 거금을 묻었다'는 정보만으로 100만 달러를 추가로 투자했다.

어쨌든 허름한 공장 하나가 전 재산이었던 그는 어느 날 갑자기 몇백만 달러의 사업자금을 굴려 볼 수 있는 절호의 기회를 얻었다. 나는 나대로 '프로시스'라는 새 법인을 내걸고 천안에 제2공장을 짓는 동시에 제조설비를 마련하는 데 총력을 기울였다. 아이디어와 기술이 이미 준비되어 있으므로 자금만 확보해 준다면 곧바로 물건이 만들어지리라는 판단이었다. 그러니 생산라인을 준비하는 일이 급했던 것이다.

1공장보다 더 위치가 좋은 외국인 공단 부지에 천안 2공장이 완공되었다. 트랙 장비 생산에 필요한 제반 설비도 완비해 두었다. 하지만 그때까지 미국에서는 별다른 보고가 없었다. 일단 믿고 맡긴 일에는 간섭하지 않는다는 원칙에 따라 궁금증을 누르고 버틸 만큼 버텼건만, 아무래도 너무 심하다 싶을 정도로 한참 동안이나 그쪽의 개발 상황은 오리무중五里霧中이었다. 결국 나는 미국으로 사람을 보내 넌지시 사정을 알아보라 지시했다.

"워낙에 빚이 많았더군요. 빚도 빚인 데다 사장이란 사람이 돈을 허투루 쓰고 있습니다. 그릇에 비해 너무 많은 음식을 담은 게 아닐까요?"

충분히 예상되는 상황이었다. 온갖 투자를 해보면서 이미 여러 차례 경험한 일이었다. 하지만 역시 내 경험상, 그런 좌충우돌 속에서도 재주 있는 놈은 어쨌든 물건을 만들어 내는 법이었다. 배신감을 느끼기에는 아직 일렀다. 나는 미국으로 전화를 했다. 모든 합작절차가 끝난 이후로 처음 하는 전화였다. 내 전화를 받고 그는 당황해하는 눈치였다.

"어려운 상황이란 뜻은 절대 아닙니다. 다만 예상치 못한 자질구레한 문제들이 자꾸 발생하는 바람에 애초 계획보다 약간 늦어질 것 같습니다."

"세상 일이 다 그렇지요. 애초 욕심과 계획대로 빈틈없이 진행된다면 사람 일이 아니오. 내 실수가 컸소. 생산라인을 너무 서둘렀던 모양입니다. 의욕이 앞서다 보니 사려가 깊지 못했소. 마음 편히 갖고 끝까지 최선을 다해 주시오."

"소닉 포브Sonic fob라는 기술이 있습니다. 반도체 웨이퍼를 가공하다

보면 이물질이 많이 묻게 되지요. 보통 웨이퍼에 묻어 있는 화공약품 따위는 물로 세척합니다. 비용도 많이 들고 시간도 많이 들지요. 제가 개발한 이 기술은 알코올을 물 표면에 도포한 후에 웨이퍼에 분사합니다. 전화로 자세한 설명을 하긴 힘들겠습니다만, 어쨌든 그 기술을 활용하면 엄청난 비용절감 효과를 얻을 수 있습니다. 그 기술을 미래산업에 일단 내드리겠습니다. 반도체 제조장비를 여러 종 다루시니 당장 활용하실 수 있을 겁니다. 트랙 개발이 늦어지는 바람에 본의 아니게 큰 손실을 끼쳤으니 그렇게라도 일단 보상해 드리고 싶습니다."

"흥미 있는 제안이오. 만약 그 기술을 우리가 상용화하게 되면 의당 그쪽 지분도 마련해 주겠소."

우리는 소닉 포브 기술을 미국으로부터 넘겨받아 상용화 검토에 들어갔다. 그러던 중 반도체 장비와 재료 등을 거래하는 일본의 한 회사에서 우리를 찾아왔다.

"확인할 일이 있어 방문했습니다. 귀사에서 소닉 포브의 상용화를 준비한다던데, 사실입니까?"

"그렇습니다만 … ."

"우리는 소닉 포브 기술을 합법적으로 양도받은 업체입니다."

그들은 내 눈앞에 특허권 양도계약서까지 내밀었다. 양도자의 서명을 확인해 보니 내가 아는 이의 이름과 다르지 않았다. 나는 당장 L 교수와 사업본부장을 불렀다.

"이런 사람과 계속 거래할 수는 없습니다. 우리가 사람을 영 잘못 본 모양입니다. 400만 달러는 포기하고 깨끗이 끝내십시다."

"그래도 손실이 너무 크지 않습니까? 소송까지 가진 않더라도 얼마간 회수를 시도해 봐야 하지 않을까요? 계약파기 요건도 충분하구요."

"아닙니다. 큰 공부한 셈 칩시다."

L 교수의 배신감도 클 수밖에 없었다. 아끼던 제자들을 미국으로 보내 거의 무임금 파견근무를 시켰으니, 면목도 면목이려니와 그로서도 큰 기회손실을 입은 셈이었다.

"어쨌든 우리 때문에 창업투자회사도 100만 달러를 손해 봤으니, 그쪽에는 차후에 우량투자 기회를 우선 제공하는 식의 간접 보상을 연구해 봅시다."

결단력과 속도, 감동을 전면에 내세우는 '낭만경영'이 보기 좋게 녹다운당한 케이스였다. 치밀한 실사와 검증을 생략하고 섣불리 사람에 취한 덕분에 겪어야 했던 뼈아픈 실패였다. 그나마 그때 준비한 천안 2공장과 생산설비들은 훗날 SMD마운터의 극적인 개발성공으로 제대로 활용할 수 있었다. '준비된 공장' 덕분에 얻게 된 시세 차익이 오히려 400만 달러를 넘어섰으니 불행 중 다행이었다.

언젠가 한번은 최첨단 테마파크를 만들어 보자며 나를 찾아온 사람도 있었다. 그때도 나는 역시 사람에 취해 섣부른 돈을 날렸다. 사이버 증권사를 만들자고 한 사람도 있었고, 신개념의 PC통신사를 만들자고 한 사람도 있었다. 마찬가지로 나는 보기 좋게 당했다. 개인에게뿐만 아니라 회사에 손실을 끼친 경우도 꽤 된다.

그 많은 실패에도 불구하고 나는 '내 스타일'을 한 번도 수정하지 않았다. 일단 사람을 거둔 후에는 의심하지 않고 모든 것을 맡긴다. 무조

미래산업 천안 제2공장 전경

건이다. 하지만 당사자들은 이런 나의 '스타일'을 의심부터 한다. 한참을 두고 봐도 내 '스타일'에 변함이 없는 듯하면, 이제는 이 '만만한 스타일'을 이용해 보고 반항도 해본다. 시험해 보는 것이다. 그래도 '스타일'이 의연했을 때, 그들은 진짜 '내 사람'이 된다.

물론 '이용하고 반항하는 단계'에 고착되어 버리는 사람들도 있다. 그럴 때마다 나는 엄청난 손해를 본다. 하지만 '진짜 내 사람' 하나는 엄청난 손해 이상의 가치가 있기에 나는 반복되는 시행착오를 멈추지 않았다. 누가 보기에도 명백히 '손해나는 짓'을 나는 곧잘 했다. '앞으로 밑지고 뒤로 득 되는 장사'를 체질적으로 너무 좋아하기 때문이다. 그것도 벤처 기질이랄 수 있을까.

정문술 스타일

―

1994년, 미래산업이 부천에서 천안으로 이사하기로 결정하고 이사 준비에 모두들 정신없던 시절이었다. 한 여직원이 내게 면담 요청을 해왔다.

"저는 정말 회사를 따라가고 싶은데요, 도무지 안 되겠어요."

눈물까지 글썽이는 모습을 보니 마음이 좋지 않았다.

"어떤 사정이기에 그러나?"

"남편이 부천에서 직장생활을 하거든요. 남편에게 멀쩡한 직장을 포기하라고 할 수도 없고 …. 아직 신혼인데 주말부부도 너무하는 것 같고 …."

"남편이 무슨 일을 하는가요?"

"조그만 금형공장에서 엔지니어로 일하고 있습니다."

"잘됐소. 그럼 바깥사람도 우리 회사로 오라고 하시지. 비슷한 업무를 줄 테니 거기보다 더 낫게 대우해 준다는 조건으로 설득해 보시오."

한국인의 주요 동인은 신명이다. 굿이 그렇고 풍물놀이가 그렇고 우리의 노동이 그렇다. 한국 사람들이 특히 유사종교에 목숨까지 바치는 이유도 바로 그 때문이다. '이 사람이라면 따라가다가 죽어도 좋다'는 확신만 생기면 어디라도 따라나설 수 있는 게 한국 사람들이다.

나는 사람들로부터 오로지 이 '신명'을 끌어내기 위해 종종 불합리한 결정을 한다. 구성원들에게 감동을 줄 수만 있다면 불합리면 어떻고 비효율이면 어떨까. 그들의 '신바람'이 우리 모두를 살릴 수 있다면 눈앞의 손해면 어떻고 파격이면 어떨까.

물론 낭만적인 경영방식 때문에 수시로 한계에 봉착한 것도 사실이다. 하지만 믿게 하고, 감동하게 하고, 신바람 나게만 해주면 한국 사람들은 더없이 위대해진다는 것을 나는 믿었고, 보았다. 공정에 대한 신뢰와 미래에 대한 확신만 있다면, 나는 우리 회사에 사업계획조차 필요 없다고 보았다. 사훈社訓도, 슬로건도 필요 없다고 생각했다.

꽤 오래전, 모 기업체 사장으로 있는 고등학교 동창이 전화를 해온 적이 있다.

"우리 회사 정보통신 계열에서 일하는 젊은이가 있는데 괜찮은 사업계획이 있는 모양이야. 자네가 한번 만나 보겠나?"

나처럼 인탐人貪 심한 작자가 사람을 마다할까.

그런데 막상 만나 보니, 한마디로 '신통찮은 녀석'이라는 게 그에 대한 나의 첫인상이었다. 표정에는 왠지 열의가 부족한 듯했고, 말투도 어눌했으며, 사업구상을 설명하면서도 종이쪽 하나 없는 빈손이었다.

대충 덕담이나 나누다 돌려보냈는데, 그는 일주일 후 다시 나를 찾아왔다. 지난번 만남이 스스로도 석연찮았는지 이번에는 제법 모양을 갖춘 사업계획서를 들고 왔다. 여러 모로 고심한 흔적이 보이는 충실한 내용이었다. 하지만 나는 즉답을 유보하고 다시 그를 돌려보냈다.

그리고 며칠 후 그가 어눌한 말투로 내게 또 전화를 해왔다.

"사장님, 30억 원만 저에게 투자해 주십시오. 물건 하나 만들어 보겠습니다."

멋진 기업을 만들겠다는 자신감의 표현이었다.

"30억 원? 그렇게나 큰돈이 필요하오?"

"그만큼은 있어야 하거든요."

괴짜였다. 그 순간 나는 마음이 움직였다. 앞뒤 없는 끈기와 자신감, 이 정도면 언젠가 큰일 한번 제대로 내겠다는 느낌이 불현듯 들었다.

"계좌번호 불러 보시오."

전화를 끊자마자 나는 현금으로 30억 원을 송금했다. 그러곤 그에게 전화를 걸어 한마디 보탰다.

"나는 자식들한테 회사를 물려줄 생각이 없소. 그저 집이나 한 채씩 사줄까 생각하고 있었소. 헌데 귀하에게 자식들 집 사줄 돈을 몽땅 줘버렸으니 이제 어쩔 셈이오?"

열심히 해보라는, 내 방식의 격려였다.

그렇게 만들어진 회사는 핸드폰 모듈을 내장한 PDA를 국내 최초로 개발했다. 그들이 내놓은 첫 모델은 2000년과 2001년 미국 컴덱스 쇼에서 'Best of Award' 2등상을 연속 수상했다.

'고삐 풀린 망아지 같다'는 말도 있었지만, 내가 이끌던 시절의 미래산업 사람들은 회사가 어디로 가고 있는지도 몰랐다. 그 대신 신바람이 있었다. 변화무쌍한 적응력과 추진력을 갖추고 있었다. 맹목적일 정도의 결속력과 상호신뢰도 갖추고 있었다. 회사를 경영하는 동안 수없이 마주친 급박한 기로에서 나는 늘 그 '신바람'을 뒷심 삼아 과감한 선택을 했다.

경영 교과서에 나와 있는 서양식 경영법은 모든 것이 과학적이고 합리적이다. 주체도 분명하고 방향도 분명하다. 표적이 분명하므로 화살이 날아갈 거리를 계산해야 하고 정확한 궤도를 필요로 한다. 그러한 거리와 궤도를 유지하기 위해서는 준비해야 할 힘의 양과 각도가 있다. 힘이나 각도가 조금만 모자라거나 넘쳐도 화살은 제대로 날아가지 못한다.

나는 지금 서양식 경영법은 무조건 잘못이며 결과적으로 내가 옳다고 우기는 게 아니다. 미래산업에서 내가 주도적으로 이끈 '핸들러 사업'은 어떻게든 주문을 받아 제작하고, 납품하고, 수금하면 그만인, 어찌 보면 매우 단순한 사업이었다. 그래서 '정문술 스타일'이 그런대로 주효했을지도 모른다.

하지만 '정문술 스타일'은 SMD마운터를 주력으로 하는 요즘의 미래산업에는 어울리지 않을 수 있다. 마운터는 핸들러와 달라서 장기적인 그래프에 입각한 엄정한 계획생산이 필요한 제품이다. 하지만 나와 함께 회사를 일으킨 전통 멤버들은 나와 마찬가지로, 혹은 내 영향 때문에 모두들 어느 정도는 '낭만주의자'들이다. 은퇴 직전까지 나의 주된 고민은 바로 그것이었다.

내가 물러난 미래산업은 기업문화의 과도기에 처해 있다. 핸들러로 일어나 증권거래소에 상장되기까지 미래산업에는 '정문술 스타일'이 제격이었다. 하지만 나스닥에 진출하여 마운터로 세계시장을 공략해야 하는 미래산업은 이제 '정문술'로부터 자유로울 필요가 있다.

혼란스럽기도 하겠지만, 이제 미래산업은 기업문화와 경영방식에 있어 격렬한 투쟁과 완충의 과정을 겪어야 할 것이다. 내가 쌓았던 '낭만의 기업문화'가 합리성과 효율성의 새 옷을 입어 좀더 세련된 모습으로 다시 태어나야 한다. 그리하여 나 혼자 힘으로는 역부족이었던 '우리 식 경영법'을 만들어야 한다.

정의로운 기업은
실패하지 않는다

———

얼마 전에 미국 모 대학의 글로벌 MBA 코스가 한국에서 개설되었다. 그 오프닝 행사에 내가 강연자로 초청되었다. 미래의 경영자를 꿈꾸는 젊은이들에게 나는 세 가지를 당부했다.

"정의로운 기업이 되기 위해서는 첫째, 기업체도 보편적인 윤리와 도덕성을 갖추어야 합니다. 기업도 사회의 한 구성원이기 때문입니다. 둘째, 얕은꾀나 재주를 부리지 말고 상도의를 지켜야 합니다. 사업이란 제압하고 제압당하는 것이 아니라 서로 이익을 주고받는 것입니다. 셋째, 기업이란 주주와 종업원 모두의 소유라는 사실을 이해하고 그 원칙을 끊임없이 실천해야 합니다. 특히 벤처기업에는 원래 주인이 따로 없는 법입니다. 말단 경리나 CEO나 모두 동업을 한다는 믿음으로 회사에 다녀야 합니다. 회사가 누구 한 사람의 것이 아니라 우리 모두의 것이라는 인식이 생겨나야 합니다. 이렇게 정의로운 기업이 되면 실패하지 않습니다."

정의로운 기업을 추구하는 것은 곧 진리를 추구하는 것이다. 그리고 진리를 추구하는 기업은 꼭 성공한다. 진리를 따르면 쓸데없는 고민이 사라지고 방황이나 갈등도 없어지므로 아주 쉽고 평화롭게 사업을 할 수 있다. 스스로 떳떳하기에 과감해지고, 숨길 것이 없으므로 서로를 신뢰할 수 있게 된다.

그래서 나는 기업의 '해피엔딩'에 대해서도 통념과 다르게 생각한다. 기업은 반드시 '크게' 성장해서 '많이' 벌어야만 하는가. 모든 기업들이 대기업의 꿈을 꿔야만 하는가. 그런 사회가 정말 자본주의적으로 바람직한 사회인가. '적당히' 성장해서 '적당히' 버는 기업은 정녕 꿈이 없고 발전이 없는 기업인가.

작은 규모일지라도 안정된 이윤을 냄으로써 종업원들의 생계를 보장하고, 거대조직에서는 불가능한 진취적이고 발랄한 기업문화를 실천하는, 젊고 가벼운 기업이 되는 건 해피엔딩이 아닌가. 그렇게 다양하고 혁신적인 기업문화들이 존중되고 장려되는 사회야말로 진짜 정의롭고 즐거운 사회가 아닐까.

앞서 소개한 강연 내용은 다소 장황했지만, 미래산업 사장직을 내놓는 자리에서 내가 후임자들에게 당부한 내용은 딱 한 가지였다.

"부디 착한 기업을 만들어 주십시오."

나는 내 후임자들이 반드시 미래산업의 사세를 더욱 일으키기를 바라지는 않는다. 상황과 분수에 자족하며 언제나 정도를 걷는 기업이면 충분하다. 내가 말하는 '착한 기업'이란, 모자랄지언정 결코 사邪의 길을 가지 않는 기업이다. 그게 그토록 어려운가. 혹시 아무도 시도하지 않기에 어렵다고만 여긴 건 아닌가.

착하고 정의로운 기업이 되기 위해서는 '사람'들이 먼저 그렇게 되어야 하고, 무엇보다 '윗사람'들이 먼저 그렇게 되어야 한다. 이 또한 아들 녀석의 도덕 교과서로부터 배운 바다.

그래서 나는 미래산업에서 일하는 동안 애써 지시사항이나 캠페인을 만들지 않았다. 오로지 '나' 하나를 제대로 만들어 보고자 노력했다. 직원들을 붙잡고 시시콜콜 따지는 것이 아니라, 스스로 사장다운 모습을 만드는 것이 먼저라 여겼다. 정도를 걷는 모습을 선두에서 보여 주고 싶었다. 스스로를 '참아줄 만한 사장'으로 만들어 내는 것이야말로 사장의 주요 업무라 여겼다.

미래산업 초창기 시절, 사장으로서 나의 주된 업무는 공장 청소, 관공서 수발, 부품 구매였다. 엔지니어들이 현장에서 생산과 개발에 열중하는 동안 사장이 할 수 있는 일을 찾다 보니 그렇게 되었다. 내 것을 자꾸 버리고 스스로를 낮출수록 존중받을 수 있다는 사실을 나는 그렇게 배워 갔다. 친인척을 병적病的으로 멀리한 것도 직원들로 하여금 사장과 회사를 진심으로 믿게 하고 싶었기 때문이다.

'믿을 수 있는 사장'이 되기 위해서는 돈 문제에도 철저해야 했다. 내가 사적으로 쓸 수 있는 유일한 공금은 대표이사의 월급 450만 원뿐이었다. 자판기 커피를 뽑아 먹을 때조차 나는 반드시 내 주머니를 뒤졌고, 사적인 용도로 차를 써야 할 경우에는 반드시 개인카드로 주유를 했다. 주변인들은 오히려 쩨쩨하고 소심하게 군다며 나를 타박했지만, 무릇 원칙이란 것을 지키려면 사소한 유권해석조차 경계해야 한다고 다짐하며 민망함을 견뎠다.

오랫동안 나와 미래산업을 함께 지켜봐 온 한 언론인은 어느 매체에 이렇게 적었다.

　"그의 가장 큰 능력은 '타인과의 일체화'였다. 조그만 공장 시절부터 그의 곁에서 훈훈한 눈길로 쳐다보던 4명의 공원들과 그는 하나였다. 그리고 수백 명이 넘는 지금의 직원들과도 그는 완벽한 하나이다. 회사가 나의 것이고, 그가 바로 나라는 '일체화'에 뛰어난 능력을 지닌 인간이었던 셈이다."

　낯부끄러운 기사를 떠올리면서 이제 다시 나를 돌아본다. 과연 세인들의 칭찬에 부끄럽지 않을 만큼 살았던가. 나는 정도를 걸어왔나. 나는 정말 '미래인'들과 하나였나. 우리들은 착하고 정의로운 길을 걸어왔나.

하청업체 이익에
배 아픈 대기업

　　나의 '낭만경영'은 비단 투자결정에만 해당되는 말이 아니었다. 나는 풍전기공 시절부터 미래산업에 이르기까지 이른바 '하청업체의 비애'를 뼈저리게 느껴 본 사람이다. 한국 대기업들에게는 도무지 상생相生의 논리가 없다. '내가 살아남기 위해서는 누군가를 죽여야 한다'는 잔인하고 권위적인 습성을 아직도 버리지 못한다. 그 최대의 피해자는 대기업에 목을 매고 살 수밖에 없는 하청업체들이며, 그리고 또다시 해당 대기업이 그 피해자가 된다. 하지만 그들은 눈앞의 이익만을 생각한다.

　　대기업과 거래한다는 사실만으로도 하청업체들은 시장 내에서 신용을 얻고 주가도 올릴 수 있다. 당연히 자금조달도 수월해진다. 자금조달이 수월해지면 풍부한 개발비를 확보할 수 있다. 부품이나 장비를 조달하는 하청업체의 기술 수준이 좋아지면 결과적으로 그들과 거래하는 대기업의 제품 수준도 좋아질 수밖에 없다. 이것이 대기업과 중소 하청업체들의 일반적인 상생 모델이다. 하지만 이건 교과서에나 나오는 얘기다.

한국 모 대기업의 젊은 경영자는 언젠가 하청업체들의 주가를 체크하면서 부하직원들에게 "하청업체들이 왜 그렇게 돈을 많이 버느냐?"며 버럭 화를 내더란다. "그동안 하청업체 관리를 어떻게 해왔길래 하청업체들이 이렇게 잘나가느냐?"는 얘기다. 말하자면 당장 물건값부터 깎으라는 지시였던 것이다. 원래는 대기업이 부담해야 할 기술개발비를 하청업체들이 스스로 시장으로부터 조달하는 시스템조차 인정하지 않겠다는 용렬한 배포를 확인하게 되는 장면이다.

한국의 많은 대기업들은 '윈-윈 관계'를 원하지 않는다. 그들이 하청업체들에게 원하는 것은 '지배와 복종의 관계'다. 때로는 이른바 '하청업체 감사'라는 경제 외적인 방식을 동원해서라도 하청업체들을 속속들이 지배하고자 하며, 그들의 부당한 착취에도 아무런 불평을 하지 않는 업체들만 주변에 거느리겠다는 심사다.

사업성이 좋은 제품, 즉 많이 팔 수 있는 제품은 대기업 지분이 들어있는 관계 회사들이 직접 개발하고 판매한다. 이미 특정 시장을 선점한 중소기업들이 있다고 하면, 엄청난 자금력과 조직력을 동원하여 기필코 중소기업들을 시장에서 축출하고 자신들이 시장을 장악하려고 한다. 그게 대기업들의 전형적인 '문어발 전략'이다.

반면에, 별로 실익은 없지만 없어서는 안 되는 '계륵鷄肋사업'들은 하청업체 몫으로 남겨 둔다. 그렇게 만들어지는 제품들조차 대기업들은 제값을 쳐주지 않는다. 수주경합 등의 다양한 견제장치 또는 압력장치를 상비해 두는 것이다. 그러니 "하청업체들이 왜 잘나가느냐?"는 대기업의 일갈도 터져 나올 법한 것이다.

이 나라의 이른바 '대기업'들의 배포가 대개 그러하다. 하청업체에서 어떠한 장비를 국산화하면 독점해 오던 외국 업체들과 경쟁체제가 만들어지기 때문에 대기업 입장에서는 실로 막대한 실익을 얻게 된다. 예컨대 일본 기업들이 독점한 장비가 국산화될 경우 일본 기업 스스로 자기 제품의 가격을 대략 절반 이하로 떨어뜨린다. 하지만 국내 대기업들은 그럴수록 더욱 악착스러워진다.

실제로 국내 한 대기업의 경우, 국산화된 장비를 구입할 때는 납득할 만한 근거도 없이 무조건 동종의 외국 장비보다 30% 낮은 가격을 제시한다. 게다가 상세한 부품 리스트 및 제조원가를 제출하게 한다. 순수 제조원가를 기준으로 업체 마진율을 최대 15% 이내로 묶어 두기 위함이다. 그러한 막무가내 계산법과는 또 별도로 매년 10% 안팎의 무조건적인 가격인하를 강요한다.

뿐만 아니라 그들은 국산 제품을 구입했을 경우 A/S 비용을 거의 지급하지 않는다. 심지어는 교환부품 실비도 부담하려 하지 않는다. 무상보증기간이 따로 있는 것도 아니다. 장비의 수명이 다할 때까지 무조건 무상 A/S를 요구하는 것이다. 그들은 국산화 과정에 자신들이 기술 조력을 했으며, 국산 제품이 신통찮아 고장이 자주 나기 때문이라는 이유를 댄다. 그들이 말하는 '기술 조력'이란, 변변찮은 장비를 '써주는 것'과 외국 제품을 새로 들여오는 경우 하청업체에 벤치마킹 기회를 주는 것을 말한다.

한국 기업들에게 세계경쟁력이 모자란 것은 장기적이고 궁극적인 이익을 도모할 줄 모르는 근시안近視眼 때문이다. 우리 대기업들이 너무 배고픈 시절을 돌파해 왔기 때문인가. 당장의 이익에는 눈이 빨개져서 상도의고 사회적 책임이고 다 내팽개치며 달려들지만, 결국 그 때문에 덩치는 커다랗되 속 빈 강정이 되고 마는 것이다. 그 한 예가 바로 대기업들의 근시안적인 하청업체관觀이다. 제 발등을 찍고 있는 것이다.

한국 대기업들은 내게 고스란히 반면反面교사였다. 미래산업 또한 국내 여러 대기업들의 '하청업체'이지만, 미래산업이 생산하는 핸들러는 2만여 종의 부품으로 이루어져 있어 또다시 상당수의 하청업체들과 거래망을 유지하고 있기도 하다.

외환위기 한파가 닥쳐왔을 때는 우리의 하청업체들에서도 대대적인 구조조정 바람이 일었다. 노동력을 대폭 줄이고 기계들도 매각하는 업체들이 많았다. 특히 생산량에 직접 관계된 조립기계보다는 검사작업에 관련된 장비들을 주로 매각한 모양이었다. 우리가 납품 받는 부품의 불량률이 갈수록 높아졌다.

나는 협력업체들에게 협조문을 돌려, 제품 검사에 반드시 필요한 장비 목록을 신청해 달라고 요청했다. 미래산업은 그 리스트들을 참조해서 각종 검사장비들을 대량 구입했다. 그리고 신청한 업체들에게 신속하게 나눠 주었다. 우리는 해당 업체로부터 납품받는 물건의 결제금액 중에서 매달 일정액을 공제함으로써 업체들의 부담을 줄이는 동시에 현장의 불량률을 줄여 나갔다.

또한 미래산업은 1년에 한 차례씩 500여 개 하청업체 관계자들을 모두 초빙한다. 그 자리에서 미래산업의 비즈니스 플랜, 구매정책, 업체 선정기준 등을 명확하게 설명한다. 그 자리 이외에 미래산업 직원들이 하청업체 관계자들과 직접 만날 수 있는 기회는 없다. 하청업체 관계자와 사적私的인 만남을 가진 사람과 그들로부터 일정액 이상의 식사대접을 받은 사람은 곧바로 징계위원회에 회부된다. 나는 외근 나가는 직원을 만날 때마다 수시로 잔소리를 했다.

"자네가 하는 행동이 곧 내가 하는 행동이야. 모든 권한은 자네한테 있지만, 모든 책임도 자네한테 있다는 걸 명심해."

미래산업은 법인 전환 이후 어음을 발행하지 않았다. 하청업체로부터 부품 납품을 받은 후 다음 달 전액을 현금으로 결제했다. 정부에서는 중소기업을 보호하기 위해 오래전부터 현금결제를 종용하고 있고, 덕분에 어음발행을 자제하고 현금결제를 하는 업체들이 많이 는 건 사실이다. 하지만 납품받은 제품을 짧게는 두 달에서 길게는 반년까지 검수를 미루는 방식으로 결제를 미루는 게 일반적이니 이는 어음발행과 다를 바 없는 셈이다.

나는 은퇴하면서 재무담당 이사에게 당부했다.

"회사가 어려워지는 한이 있어도 반드시 현금결제를 하시오. 하루라도 늦게 지출하는 것이 여러 가지 면에서 도움이 된다고 생각하기 쉽겠지만 그건 아주 어리석은 계산법이오. 어음을 받거나 수금을 못 하고 있는 업체들 입장에서 생각해 보시오. 같은 가격이라면 전액을 현금으로 결제해 주는 업체에 더 신뢰도 가고 정도 갈 테니 제품의 질이 저절로 좋아지지 않겠소? 단순하지만 그게 진리 아니오?"

직관(直觀) 버리기

몇 년 전부터 합리주의 경영이론의 한계를 절감한 서구 학자들 사이에서 '직관경영'이란 개념이 제시되고 있다고 한다. 특히 속도가 생명인 요즘과 같은 기업환경에서는 아닌 게 아니라 리더의 직관력이야말로 집단의 생사를 결정짓는 꽤 중요한 변수일 수도 있겠다.

'직관'이란 개념도 내게는 '우연'이란 개념과 동류다. 일정한 트렌드를 관찰하다 머릿속에 불쑥 떠오르는 어떤 예감, 또는 복잡한 상황을 순식간에 단순화해 실무와 의사결정에 적절히 활용할 줄 아는 사람이 '직관력 있는 사람'이다. 그는 길목을 제대로 지키고 서서 늘 눈을 부릅뜨고 있다. 그래서 자신의 직관에 대한 믿음도 생기고, 그 믿음을 밑천으로 과감한 행동에 돌입할 수도 있는 것이리라.

미래산업이 초기 투자한 업체들 중에서 비교적 성공한 케이스는 보안 솔루션 업체인 S사, 모바일 통신기기 업체인 M사, 그리고 지금은 어느 대형 인터넷 포털업체와 합병한 L사 등 셋이다. 그중에서 S사와 M

사의 증자는 거의 비슷한 시기에 전격적으로 추진되었다. 당시 극소수의 사람들 사이에서 벤처 자금의 '유동성 위기'를 전망하는 우려의 목소리가 있었지만, 대부분의 사람들은 '그래도 얼마간은 더 가겠지' 하는 태도로 벤처 호황에 대한 환상을 차마 깨지 못했다. 그만큼 지나온 몇 년이 벤처들에게는 달콤했던 것이다.

당시의 벤처 상황으로는 제법 군계일학이라고 소문난 이 두 업체의 증자에 많은 투자회사들이 앞다투어 참여의사를 밝혀 왔다. 그때 나는 이번이 '마지막 기회'가 되리라고 예감했다. 내게 별도의 전문적인 헤드뱅크가 있는 것도 아니었고, 그나마 조언을 얻을 만한 금융전문가들은 오히려 나의 '비과학적인' 예감을 비웃었다. 하지만 나는 내 직관을 전문가의 조언보다 더 존중했고 신뢰했다.

나는 오히려 협상 가능한 값의 70% 수준에서 증자를 추진했다. 그 액수가 거품을 제거한 제값이라고 판단했기 때문이다. 그리고 나중에 '어떠한 일'이 생기더라도 투자 측과 증자 측 양자가 상생할 수 있는 수준이라고 생각했기 때문이다. 또한 무조건 거액의 증자만이 벤처의 최종목표가 아니라는 생각과 '거품'이 사라진 이후 투자자들의 원성을 최소화해야 한다는 도덕적 책임감도 있었다. 그리고 무엇보다 '빠르게' 결정지어야 한다고 판단했다. 당시 내 직감으로는 그나마 '제값'도 못 받을 상황이 코앞에 닥쳐 있었던 것이다.

증자를 추진한 두 업체의 CEO들뿐 아니라 모든 직원들이 내 결정을 이해하지 못했고 불만스러워했다. 주주들은 "정문술이 앞장서서 바보 짓 한다"며 원성이 대단했다. 아닌 게 아니라 누가 봐도 '바보짓'임에는 분명했다. '제가 지레 깎는 장사'가 아닌가.

두 회사의 증자를 마무리 짓고 불과 몇 주 되지 않아 청천벽력처럼 벤처의 빙하기가 찾아왔다. '유동성 위기'가 아니라 시중의 벤처자금이 완전히 동결되었다. 수많은 사업계획서가 프레젠테이션 기회도 얻지 못하고 곧장 휴지통으로 들어갔다. 투자자들은 언제 끝날지 모를 복지부동에 돌입하여 다짜고짜 눈과 귀를 틀어막았다.

훗날 '아차!' 하며 무릎을 치거나, '거 봐라' 하고 자위하는 사람들은 아무리 좋은 직관력을 가졌더라도 '행동'하지 않았으므로 아무런 열매도, 성찰도 얻지 못한다. 공부를 많이 한 경영인들이 흔히 겪는 오류다. 궁리가 많고 아는 게 많아서 머뭇거림도 그만큼 많은 걸까.

아무리 훌륭한 정보를 수집했다 하더라도 그것을 적재적소에 적용하고 실천하지 않으면 아무런 의미가 없다. 직관은 집중력에서 생겨나 실천력으로 완성된다. 하지만 모두들 실패가 두려워 행동하려 들지 않는다.

또, 실패를 두려워한다는 말은 '포기'를 두려워한다는 말과도 같다. 확신이 생겼을 때 곧바로 행동에 옮기는 결단력과 실천력뿐만 아니라, '아니다' 싶을 때 본전 생각 않고 과감히 포기하는 과단성까지 합쳐져야 비로소 '직관'은 완성된다.

나는 미래산업 직원들에게 늘 이렇게 당부했다.

"외부와 분쟁이 생기면 그 즉시 포기하세요. 공연히 본전이라도 구하겠답시고 이리 뛰고 저리 뛰다 보면 회사 망합니다. 어찌어찌 노력하여 용케 본전을 되찾았다고 합시다. 본전을 되찾기 위해 쏟아부은 노력과 비용이야말로 진짜 본전이에요. 그건 아무리 노력해도 되찾을 수 없는 겁니다."

　서점에는 처세술 서적과 경영이론서가 넘쳐 나지만, 정작 지혜로운 처세와 합리적인 경영을 몸으로 실천하는 사람을 만나기란 무척 힘들다. 오늘날은 이론과 방법론의 과잉시대다. 하지만 이론과 방법론은 실천 없이는 무용지물이다. 또한 그 실천의 으뜸은 다름 아닌 '포기하는 것'이다.

길목 지키면
우연이 필연으로

━━━

기자들이 내게 '인생살이의 노하우'를 물을 때마다 '글쎄, 내게 노하우라고 할 만한 게 있었던가?' 하고 자문한다.

사무직 공무원이었던 내가 어떻게 최첨단 반도체 분야에서 성공할 수 있었던가. 어떻게 전문 엔지니어들도 풀지 못하는 문제를 문외한이었던 내가 번번이 해결할 수 있었던가. 금융도, 경영도 제대로 배운 적 없는 내가 어떻게 그토록 오랫동안 주식시장의 '이슈 메이커'가 될 수 있었던가. 그 모든 '운'을 만들어 낸 나의 노하우는 과연 무엇이었던가.

남들은 평범하다고 여길지도 모를 '미래산업'이라는 상호 하나를 얻기 위해서 나는 2개월 동안 고민했다. 발음하기에 편하면서도 미래지향적이고 진취적인 상호를 짓고 싶었지만 아무리 고민해도 떠오르는 단어가 없었다.

그러던 어느 날, 경제신문의 기획기사를 읽다가 문장 가운데 숨어 있는 '미래산업'이라는 단어를 발견하고서 나는 무릎을 쳤다. 당시로선 신조어였다.

어떤 기자는 '미래산업'이라는 상호가 그렇게 우연히 결정된 것이라는 이야기를 듣더니 적잖이 실망하는 눈치였다. 그때 나는 이렇게 말해 주었다.

"우연인 건 틀림없지만, 2개월 동안 준비해 온 우연이라고 말해야 정확합니다."

한 가지 일에 끈질기게 집중하면서 긴장을 유지하다가 모종의 조짐이 보이면 곧바로 낚아채어 온전히 내 것으로 만들어 버리는 게 나의 '우연 생산법'이다. 내가 '기술학교 교장선생님'이 될 수 있었던 비결도 바로 거기에 있다.

아무리 사소한 트렌드라 할지라도 반드시 전조前兆가 있기 마련이다. 하다못해 조그만 암시라도 있기 마련이다. 그것을 제때 포착하기 위해서는 늘 긴장하고 깨어 있어야 할뿐더러 무엇보다 '길목'을 제대로 지키고 서 있어야만 한다. 정확한 길목을 지키고 서서 눈을 부릅뜨고 있다 보면 분명 척후병이 포착된다. 척후병이란 곧 '조짐'이다.

나는 워낙 신문을 많이 읽는다. 경영 일선에서 물러나 있는 지금도 마찬가지다. 내가 구독하는 일간지만 해도 12종이다. 거기에다 주간지와 월간지, 계간지까지 합하면 정기간행물협회로부터 공로상을 받아도 될 지경이다.

물론 그 많은 매체를 처음부터 끝까지 정독할 수는 없다. 일단 모든 면을 가볍게 훑어본 후에 관심분야만 골라 집중적으로 읽는 식이다. 그러면서 어떤 사건이나 사물을 접하면 그것의 과거를 떠올리고, 그것이 장차 어떻게 발전할지, 또한 그에 어울리는 나의 대책은 무엇인지를 습관처럼 검토한다.

그러다가 의미심장한 정보를 발견하면 자와 칼을 들고 직접 스크랩한다. 매일매일 스크랩한 문서의 내용 중에서 특히 주목할 만한 부분이 있으면 다시 펜으로 밑줄을 친다. 그러고 나서 도움이 될 만한 부서나 관련 업체에 팩스로 보내 준다. 별다른 멘트나 지시사항을 첨부하지 않아도, 일선 담당자들은 내 의도를 알아채고 곧바로 업무에 반영한다. 결과에 대한 보고는 하지 않아도 된다. 나는 운을 떼었으므로 이후 결과는 고스란히 실무자들의 몫이다. 이것이 내가 실무자들에게 '지시'하는 방법이었다.

길목을 제대로 지키고 있다가 마침내 척후병을 잡아내면, 곧바로 현실에 적용할 수 있는 유용한 정보가 된다. 여기서 내가 이야기하는 '길목'은 특정한 매체나 물리적 공간을 의미하는 것이 아니다. 자신에게 필요한 정보가 주로 흘러 다닐 만한 '요충지'를 뜻한다. 내가 신문의 중요성을 강조하는 이유는 그것이 특정한 분야만이 아니라 사회 전 분야에 걸쳐 요긴한 정보들이 종합적으로 흐르는 길목이기 때문이다.

신문 말고도 길목은 도처에 깔려 있다. 시시껄렁한 주말연속극 속에도, 술자리에서의 대화 중에도 길목은 분명히 존재한다. 물론 긴장과 집중력만 잃지 않는다면 말이다.

'길목'을 지키고 있다가 '척후병'을 잡게 되면, 그때가 바로 '결정'의 순간이다. 하지만 아무리 방대한 정보를 검토하고 심도 깊게 고민한 끝에 결정한 사안이라도, 잠시만 머뭇거리면 주변의 반대와 우려의 목소리들 때문에 마음이 흔들릴 수밖에 없다. 그래서 추진력을 유지하기가 힘들어진다. 그래서 한번 결정한 사안에 대해서는 모종의 결론이 나기까지 귀를 틀어막아 버리는 것이 수다. 또한 '모종의 결론'이 부정적인 쪽으로 판명되면, 내가 언제 그랬나 싶을 정도로 즉시 폐기, 포기해 버리는 게 또한 수다.

미래산업은 1997년에 저궤도위성 통신사업 컨소시엄에 참여해 정보통신 시장에 진출할 계획을 가지고 있었다. 그런데 뒤늦게 불길한 예감이 불쑥 들었다. 아무런 반성 없이 그래프 중심으로만 달려온 우리 경제의 위태한 징후들과 당시 IT업계를 중심으로 일어난 허황할 정도의 거품경기가 못내 마음에 걸렸다. 그리고 통신사업의 표준이 부단히 바뀌고 있다는 점도 개운치 않았다. 내가 포획해 두었던 '척후병들'이 드디어 자기 존재를 알려 온 것이다.

임원들과 주주들의 만류에도 내가 나서서 주도적으로 추진한 사업이었지만, 또한 그들의 만류에도 불구하고 순전히 직감 하나 때문에 과감히 포기했다. 워낙 엄청난 규모의 사업이었기에 준비단계에서부터 이미 적지 않은 비용이 투입된 상태였지만, 만약 그때 포기하지 않았더라면 미래산업은 무無차입경영 원칙이 무너질 수밖에 없는 상황이었다.

곧이어 불어닥친 IT업계 한파를 생각해 보면 지금도 아찔하다. 이미 투자한 돈이 아까워 우물쭈물했다면, 아마도 미래산업은 종내 그 한파를 견뎌 내지 못했을 것이다.

적어도 내게는, 하늘에서 뚝 떨어지는 우연이란 없다. 그리고 그 우연이란 늘 '결정'과 '행동'의 결과였다.

나는 기술자 출신은 아니지만 기술자 이상으로 기술개발의 근원점에 대해 고민했다. 먼저 문제를 인식한 다음 문제 성격을 파악하는 데 주력한다. 해결에 따르는 보상과 실패의 위험이 클수록 치밀하게 살핀다. 회사를 파산에 이르게 할 수도 있는 문제라면 사장 입장에서 기술자보다 더 오래, 깊게 고뇌의 시간을 보낸다. 그런 다음 해결해야겠다는 의지를 갖고 긴장 상태를 지속하는데, 특히 이 단계가 중요하다. 느슨해지려는 마음을 다시 잡는 것이 관건이다. 죽으려 하다가도 시간이 지나면 마음이 흔들리는 것이 인간 아닌가. 긴장해 있는 동안 수많은 경험과 지식이 입력되며, 그러다 보면 어느 순간 돌파구가 보인다.

권력자의
유혹 손길

―――

나는 미래산업을 창업하기 전에 18년 동안 중앙정보부
에서 근무했다고 밝힌 바 있다. 모두가 짐작하겠지만 그 시절 중앙정
보부의 위세는 정말 대단했다. 최상부에서부터 최말단까지 각종 이권
利權 청탁이 끊이질 않는 곳이었다. 물론 그 안에서도 '쏠쏠한' 자리가
따로 있었다. 수완 좋고 배경 좋은 사람들은 그런 자리만 찾아다녔다.

낮은 직급 중에서도 괜찮은 자리가 있었으니, 출입국 보안을 관리하
는 공항 파견부서였다. 당시로서는 이륙한 비행기를 다시 회항시킬 수
있을 정도로 막강한 권력을 지닌 곳이었다. "여행용 가방 하나에 트랜
지스터만 가득 실어 와도 떼부자가 된다"는 말이 있을 정도로 보따리
밀수가 성행하던 시절이었다. 보따리 밀수꾼들이 가장 잘 보여야 하는
데가 바로 '출입국 보안부서'였다.

입사한 지 몇 년 후 나는 '기획조정과'에 배속되었다. 사병 출신에 전
라도 출신, 지방대 출신인 내게는 꿈도 꾸지 못할 '요직'이었다. 그것
은 학연, 지연을 뛰어넘는 나의 꼼꼼한 일 처리 능력이 참작된 인사였

다. 내가 '기획조정과' 부과장으로 있을 때 C라는 친구가 내 밑으로 들어왔다. 앞서 말한 '출입국 보안부서'를 거쳐 또 다른 '요직'을 찾아온다는 게 바로 내 밑이었다. C라는 친구는 그만큼 수완이 좋고 정치감각도 탁월한 인물이었다.

1980년, 신군부가 등장하고 보안사가 득세하자 나는 중앙정보부에서 쫓겨났다. 우리 부서가 언젠가 보안사 조직의 축소개편에 관여했기 때문이다. 말하자면 신 권력의 '보복인사'였던 셈이다. 그 풍파의 와중에서도 C는 용케 살아남았다. 하지만 그는 얼마 후 자기 사업을 하고 싶다며 스스로 공직을 그만두었다. 해고통지서를 받고 눈앞이 아득했던 경험이 있는 내가 보기에는 매우 경솔하고 배부른 처신이었다.

그리고 몇 년이 지난 후, 돌연 C가 파산했다는 소문이 들려왔다. 하지만 나는 별 걱정을 하지 않았다. 허허벌판의 눈밭에 발가벗겨 내놓더라도 살아남을 사람이라 여겼기 때문이었다.

그 후 C의 존재는 까마득히 잊었다. 그리고 몇 년 전 나는 의외의 전화 한 통을 받았다. 바로 중앙정보부 시절의 그 C였다.

"정 과장님!"

과거의 정분을 되살리는 재치 있는 호칭이었다. 물론 나도 몹시 반가웠다.

"제가 그동안 미국에서 몇 년 지냈습니다. 정 과장님이 훌륭한 벤처 사업가가 되셨다는 소리를 거기서 들었어요. 얼마나 기뻤는지 모릅니다."

"아, 그럼 지금 미국에서 전화를 하는 건가?"

"아닙니다. 일 때문에 잠시 들어와 있습니다."

서울 시내의 모 특급호텔 스위트룸에 묵고 있다고 했다. 그동안 무슨 일을 했는지는 몰라도 꽤나 성공한 모양이었다. 어쨌든 내 사무실과 지척이기도 해서 당장 만나 보고 싶어졌다.

"그럼 저녁이나 같이하세. 나도 자네가 보고 싶구먼."

"그렇지 않아도 뵙기 전에 허락부터 구하려던 참입니다."

"우리 사이에 허락이라니 무슨⋯."

C는 당시 대한민국 최고권력자의 안주인과 친척지간이라 했다. 중앙정보부 시절에는 전혀 몰랐던 사실이었다. 그래서 그 '집안일'에 직간접적인 도움을 주고 있는 처지라고 했다. 미국에 체류하고 있던 권력자의 아들이 모종의 구설수에 올랐을 때에도 자신이 기자들과 담판을 지어 깔끔하게 해결했노라 자랑했다. 자신에 대한 '그 집안사람'들의 신임이 대단하다고도 했다. 특히 미국에 사는 아들에 관한 일은 거의 자신에게 맡겨 두고 있다고 했다.

"이번에 제가 그 아이와 같이 들어왔거든요. 제가 데리고 나갈 테니 정 과장님께서 한번 만나 주셨으면 하구요. 후회는 안 하실 거예요."

나는 똑 부러지는 대답은 하지 않고 어물거리며 일단 전화를 끊었다. 이른바 '벤처 붐'으로 '정문술'이라는 시답잖은 이름 석 자가 벤처업계에서는 한창 '스타 브랜드'가 되어 있는 시절이었다. '그 아이'는 자기 장래와 관련하여 몇 가지 상의를 하고 싶다며 나를 '지목'했단다. 나는 잠깐 고민했다. 이게 뭔가. 당대 최고권력자와 '선'을 대주겠다는 소리가 아닌가.

내가 직접 시나리오를 짠다면 '그 아이'를 쓸 만한 벤처 경영자로 키우는 일쯤은 가능할 것 같았다. 별다른 기대 없이 그저 '인재 하나 맡아 키워 준다'고 생각하면 굳이 오명이 될 것 같지도 않았다. 그러나 그 자리는 분명 권력과 연결된 자리였다. 그리고 그렇게 비롯된 일이 내 의도대로 굴러갈 턱이 없었다.

꼭 한 시간 만에 C로부터 다시 전화가 걸려 왔다. 나는 이미 결론을 내린 상태였다.

"아무래도 안 되겠네. 정치판 근처에는 절대로 가지 말자고 작정한 지가 벌써 오래되었네. 자네도 알잖은가. 내가 중앙정보부에서 왜 쫓겨났는지."

"그냥 저녁 한 끼 사주시면 되는 걸 너무 예민하게 생각하시는 거 아닙니까? 조카뻘 되는 녀석한테 인생 조언이나 해준다고 생각하세요."

"싫네."

그는 몹시 서운한 모양이었다. 하지만 내가 일단 아니라고 결정하면 절대 재고하지 않는다는 걸 누구보다 잘 아는 사람이라 더 이상 보채지는 않았다.

"과장님도 참. 융통성 없기는 예나 지금이나 마찬가지네요. 그럼 저 혼자 나갈 테니 밥이나 한 끼 사주세요."

"그거야 언제라도 좋네. 내일 당장 만나지. 어디가 좋겠나?"

다음 날 저녁, 약속시간에 맞춰 사무실을 막 나서려는데 C로부터 다시 전화가 걸려 왔다.

"과장님, 오늘 저녁 약속 잊지 않으셨지요?"

"여부가 있나."

"동석이 있더라도 놀라시면 안 됩니다."

"이 사람도 참! 싫다고 하지 않았나! 저녁 약속은 없던 걸로 하세!"

"아, 알겠습니다. 혼자 가죠. 정 과장님도 참···."

식사를 하는 동안 그는 내내 서운한 심사를 숨기지 않았다.

"도대체 뭔 상관이라고 그러십니까. 기자들이야 어련히 제가 막아
놨을라구요. 별 용건이 있는 것도 아니었습니다. 인생 선배로서 조언
이나 좀 해주시고, 경영 선배로서 노하우나 좀 일러 주시면 되는 걸,
정 과장님도 정말 매정하시네요. 호랑이굴에 들어가도 정신만 차리면
된다는데, 그렇게 정치판과 거리를 두고 싶다면 그 마음만 굳게 지키
시면 될 것 아닙니까."

"미안하게 됐네. 내가 내 마음을 굳게 지킬 자신이 없어 그랬네."

"어른들께서도 아들 장래 때문에 근심이 많으십니다. 다음 주에 아
들 문제를 상의하고자 하시는데, 웬만하면 저랑 같이 한번 들어가시
죠? 아무 부담 안 드리겠다고 제가 약속드립니다."

그가 가져온 선물 꾸러미까지 남겨 놓고, 나는 서둘러 그 자리를 나
왔다.

민망했던
정문술 장관 하마평

———

　　내가 은퇴하기 전에 여당의 한 유력 정치인이 자신의 홈페이지에 직접 게시물을 올리면서 내게도 동일한 내용의 이메일을 보내 왔다. 명목인즉 '미래산업 정문술 대표께 드리는 공개 질의'였다. 국가경제와 정치구습에 관한 공개 토론을 벌이자는 내용의 공개 제안서였다.

　　읽는 순간 얼굴이 화끈 달아올랐다. 내 의지와 전혀 상관없이 누군가의 정치적 행보에 동원된 셈이 아닌가. 나는 곧바로 답장을 적었다.

　　"저는 사업가입니다. 저는 사업 초기부터 지켜 온 원칙이 몇 가지 있습니다. 첫째, 사적인 일로 회사 돈을 유용하지 않습니다. 둘째, 절대 친인척을 회사로 들이지 않습니다. 셋째, 힘 있는 곳을 무조건 멀리합니다. 기업이 연구개발과 판매활동을 통해서 기업의 가치를 키우려 하지 않고 권력과 가까이하여 이권을 챙기려 든다면, 그 기업뿐 아니라 이 사회도 결코 건전한 생산활동을 할 수 없을 것이라 확신하기 때문입니다. 그래서 저는 동창회에도 잘 나가지 않습니다. 또한 평소 잘 알고 지내던 사람이 정치권에서 입신을 하면 아예 연락을 끊어 버립니다. 남들은 결벽증이라고까지 말을 하기도 합니다. 하지만 권력의 향배에 따라 부침하는 수많은 기업들을 지켜보아 온 저로서는 이러한 결벽증이 저 자신과 저희 회사를 지키는 일이라 믿어 의심치 않습니다…."

어느 날 출근을 해보니 책상 위에 웬 세미나 초청장이 놓여 있었다. 그 유력 정치인의 측근들이 주최하는 경제개혁 세미나였다. 내가 참석해야 할 이유도 없었지만 가고 싶지도 않은 자리였다. 그 초청장은 그대로 휴지통으로 들어갔다.

그리고 다시 한 달이나 지났을까. 그이의 정치 주가는 급등세를 타고 있었다. 그로부터 직접 전화가 걸려 왔다.

"저 같은 사람한테 직접 전화를 다 주시고…."

"아시겠지만 제가 요즘 조언과 격려가 절실한 사람입니다. 정 사장님을 한번 꼭 뵙고 식사라도 하고 싶습니다만, 시간 좀 내주실 수 없겠습니까? 현장 경제에 관해 정보도 좀 주시고, 비전도 좀 주세요."

"주변에 훌륭한 전문가들이 많으실 텐데요. 저는 우리 직원들 꼬박꼬박 월급 챙겨 주는 게 유일한 낙인 사람입니다. 멀리서나마 그저 영광으로 알겠습니다."

진심을 이해했을까, 아니면 '건방진 인사'라며 불쾌해했을까. 어쨌든 그와의 인연은 그게 마지막이었다.

돈을 주는 것이든 이름을 주는 것이든 그저 다리품을 파는 것이든 나의 행동반경 내에 정치와 관련된 일은 전혀 없었고 앞으로도 그럴 생각이지만, 비슷한 제안은 지금도 끊이지 않는다.

모 정당의 총재 측에서 연락이 온 적도 있다. 그런 이들의 어법은 늘 똑같다.

"나라를 위해 한 번쯤 쓴소리를 해주십사 … ."

모를 것 빼고는 다 안다는 정치인들이 나같이 무식한 장사꾼한테 듣고 싶은 '쓴소리'가 과연 무엇일까. 그들의 제안을 거듭 거부하는 나를 두고 그들은 바보 취급을 할 게 분명하지만, 나는 그런 유혹 자체가 이미 나를 바보 취급하는 것이라 여긴다.

내 이름이 신문에 자주 오르내리기 시작하면서 정치권의 손짓은 눈에 띄게 잦아졌다. 나와 잘 아는 한 정치인사는 내게 후원회장을 요구하기도 했지만 거절했다. 재계와 정계의 거물들이 모인 동성同姓 모임에서도 총재직을 요청한 적이 있지만 역시 거절했다. 사회적 지위가 높은 분들의 커뮤니티 안에서 내 이름 석 자가 '별것도 아닌 주제에 콧대만 높은 작자'의 대명사처럼 회자되고 있을지도 모를 일이다.

얼마 전, 새 내각의 모 부처 장관인사 최종 물망 4인 중에 내 이름이 올랐다는 일간지 기사를 읽었다. 진위眞僞야 알 수 없었지만, 아무리 파격 인사라 하더라도 '정문술 장관'은 난센스였다. 기대도 하지 않지만 될 리도 만무하고, 만에 하나 진짜 그런 제의가 오더라도 나는 당연히 거절할 것이다.

정작 우스운 것은 지인들의 반응이었다. 그 기사가 난 후로 하루에 수십 통씩 용건 없는 전화가 밀려오기 시작했다. 은퇴 이후 내가 정치 쪽으로 운신運身하는 건 당연한 수순이라는 듯 뒤에서 수군거리고 때론 앞에서 부추기던 사람들이었다. 견디다 못한 나는 아내와 함께 해외여행을 떠났다. 귀찮고 다급한 김에 어느 여행사의 싸구려 패키지를 구매한 것이다. 기껏 그런 정도가 내가 발휘할 수 있는 '정치적 처세술'이었다.

수돗물을 마시는
이유

———

    서울시 국정감사장에서 한 야당 의원이 물병을 손에 든 채 서울시장을 향해 삿대질을 한다. 맞은편에 앉아 있는 서울시장이 그 야당 의원을 노려보며 유리컵에 담긴 물을 마신다. 몇 년 전, 일간지를 뒤적이다 우연히 발견한 보도 사진이다.

  그 무렵 수돗물에서 바이러스가 검출되었다는 보고가 있었고, 한 야당 의원이 "이렇게 더러운 물을 어떻게 먹겠느냐!"며 수돗물을 담아 와 따지자 서울시장은 그 물을 즉석에서 마셔 보이며 "왜 못 먹느냐"며 응수했단다.

  우리 국민들은 수돗물의 안전성을 믿지 않는다. 공무원들이 아무리 카메라 앞에서 '수돗물 마시기 쇼'를 보여 준다고 해도, 국민들은 더욱 코웃음을 칠 뿐이다.

  하긴 우리가 믿지 못하는 것이 어디 수돗물뿐이랴. 우리가 믿지 못하는 것이 어디 정부뿐이랴. 증권사에서 특정 종목 매수를 추천하면 사람들은 거꾸로 매도하기 시작한다. 어느 기업이 '환경캠페인'을 벌이면 사람들은 '어딘가 구린 구석이 있나 보구나' 하고 의심한다. 공무원들이 깨를 심으라면 농민들은 고추를 심고, 마늘을 심으라면 양파를 심는다.

이런 상황이다 보니 늘 생산 비용보다 불신해소 비용이 더 들어간다. 예컨대 정부가 어떤 새로운 정책이나 대책을 발표하려면, 국민들의 습관적인 불신에 대비해 각종 증거자료와 비교자료부터 먼저 챙겨야 한다. 발표에 앞서 각계의 '신뢰할 만한' 전문가 집단도 미리 조직해 두어야 한다. 정책 연구에 소요된 비용보다, 그 정책을 국민들에게 납득시키기 위한 비용이 몇 배나 더 들어간다.

관官의 말이라면 무조건 거꾸로 들으려는 못된 습관이 내게라고 없을까. 하지만 나는 자꾸 '믿자'고 스스로 혼내고 다짐한다. 지나친 불신 세태가 너무 불안하기 때문이다. 양치기 소년의 우화가 마을 사람들의 냉대 앞에서 크게 깨닫고 못된 버릇을 고치는 이야기였던가? 아니다. 그 이야기의 결말은 한 마을의 파멸이다.

신뢰는 공멸을 피하는 처방이다. 어느 시대, 어느 나라에서도 마찬가지다. 정부에 대한 신뢰, 국민에 대한 신뢰, 기업에 대한 신뢰, 시장에 대한 신뢰, 직업에 대한 신뢰, 이웃에 대한 신뢰가 없으면 공동체는 무너진다. 인간의 역사가 증명하는 진실이다.

한국의 기업들이 그토록 허약한 것도 불신이 한 원인이다. 사장은 직원들을 보면서 "일들은 안 하고 늘 제 앞가림만 생각한다"며 혀를 차고, 직원들은 사장을 보면서 "열심히 일해 봐야 저 집안 재산만 불려 준다"며 삐죽거리기에 회사가 자꾸만 망한다.

그래서 나는 수돗물을 마신다. 서울로 이사 온 뒤 30여 년간 줄곧 나는 수돗물을 마신다. 예전에야 물론 수돗물 아니고는 먹을 물이 따로 없었다. 나라고 수돗물의 안전성을 전적으로 신뢰하겠는가? 하지만 못 미더워도 믿어야 하기 때문이고, 믿지 않는 세태에 대한 나름대로의 오기 때문이다.

물론 내가 미래산업에서 일하는 동안에도 직원들은 생수를 먹었다. 내가 수돗물을 먹는다고 해서 직원들에게까지 억지로 강요할 수는 없기 때문이다. 직원들 대부분은 분명히 수돗물을 구정물로 여길 것이고, 그럼에도 불구하고 사장이 수돗물을 강제로 먹인다면 그들의 원망이 오죽했겠는가.

하지만 지금도 내 신념에는 변함이 없다. 수돗물을 믿고 마시는 사람들이 많아질수록 수돗물은 그만큼 안전하고 청결해진다. 수돗물은 허드렛물로만 사용될 뿐 아무도 마시지 않는다는 사실을 너무나 뻔히 아는 당국자들이 어떻게 수돗물 관리에 최선을 다할 수 있겠는가. 자신의 이웃이, 친구가, 친척과 가족들이 수돗물을 마시고 산다면, 수돗물을 다루는 당국자들이 어떻게 수돗물 관리에 소홀할 수 있겠는가.

무조건 믿자고 주장하면 처음엔 그 저의를 의심받을 수도 있겠다. '당국에서 나왔나?' 하고 말이다. 하지만 신뢰가 아름다운 것은 그 특유의 전염력 때문이다. 나는 30년 동안 수돗물을 마시면서도 별다른 잔병치레 없이 건강하게 잘 살고 있다. 그 사실을 잘 아는 내 주변 사람들은 수돗물에 대한 태도를 바꾸기도 했다. 처음엔 틀림없이 "유별나게 군다"며 뒤에서 수군댔을 사람들이지만.

만에 하나 내가 수돗물을 먹다가 몹쓸 병에라도 걸려 죽게 된다면, '이 땅의 신뢰 회복을 위한 순교'라 믿고 명예롭게 여길 것이다. 나는 불신의 세상이 진심으로 걱정스럽다. 그래서 나는 지금도 신뢰 회복을 위한 1인 시위를 하는 중이다. '수돗물'이라는 피켓 하나를 들고서 말이다.

———

제 5 장

벤처정신의
부활을
위하여

토종 벤처인의 꿈

　　몇 해 전까지만 해도 한국 젊은이들에게 가장 존경하는 CEO를 물으면 열의 아홉이 잭 웰치를 꼽았다. 그의 자서전 번역서도 오랫동안 출판가의 베스트셀러가 되었다. 미국의 간판기업 제너럴일렉트릭GE의 전 회장인 잭 웰치는 GE 사상 최연소로 회장에 취임한 후 20년 만에 연매출 5배, 순이익 8배로 자사를 성장시킨 신화적인 기업인이다. 은퇴 전까지 그가 높인 GE의 시장가치가 우리나라 몇 년 치 예산인 3,500억 달러에 이르렀다니, 우리 젊은이들과 언론이 열광할 만도 하다.

　잭 웰치가 탁월한 경영인이었던 것은 분명하고, 그가 처한 상황에서 가장 적절하고 효과적인 경영방식을 도입해 회사를 살려 낸 사람인 것 역시 분명하다. 그래서 우리 기업인들과 예비 기업인들은 모두 잭 웰치를 배우자고 했다. 아니, 외우자고 했다. 잭 웰치를 외우면 우리 기업들이 모두 GE가 될 수 있다고 확신하기라도 한 양.

　언젠가 국내 출판가에서는 소설가 최인호 선생의 대하소설 《상도》

가 뜨거운 바람을 일으켰다. 소설을 각색한 TV 드라마도 대단한 인기를 끌었다. 《상도》에서 주인공인 거상巨商 임상옥은 이런 말을 한다.

"장사는 돈을 벌려고 하는 게 아니라 사람을 벌려고 하는 것이다. 사람을 벌면 돈은 저절로 벌리게 되어 있다."

임상옥과 잭 웰치는 한 가지 점에서 경영전략상의 중요한 차이를 보인다. 웰치가 서양 자본주의의 합리성과 효율 중심주의에 입각해 성공한 경영인이라면, 임상옥은 동양 상도윤리의 인간성과 신뢰의 중요성을 설파한 경영 모델이다. 원칙과 실천이 이렇게 다른데도 사람들은 웰치의 성공담에 감탄하고 임상옥의 인본주의에 감동한다.

사회의 전 영역에서 마찬가지겠지만, 경영'론' 또는 경영'스타일'을 말할 때도 그렇다. 우리는 흔히 인간적이면서도 자상한 임상옥의 모습을 CEO상에 대입하곤 한다. 그러나 합리와 효율, 냉정함과 용의주도함을 체화한 잭 웰치 같은 CEO를 보며 믿음직스러워하기도 한다. 이렇듯 모순적이나마 긍정적인 태도만 존재한다면 별문제가 없지만 동일한 이분법에 근거하면서도 매우 부정적인 태도도 있을 수 있다. 임상옥을 향해 '효율적이지 못하다'고 하며, 동시에 잭 웰치를 향해 '인간적이지 못하다'고 비판하는 것이다.

하지만 우리의 가치관이 정말 이중적이라고 하는 것은 임상옥과 잭 웰치의 공존 때문이 아니다. 오로지 눈앞의 결과에 따라 동일한 근거로 매번 전혀 다른 평가를 내리기 때문이다. '우리 식' 경영론, 경영원칙, 경영스타일이 없는 한, 우리 사회의 모든 기업인들, 모든 직장인들, 그들에게 딸린 모든 식구들이 오락가락할 수밖에 없다.

아무런 내적 모순 없이 임상옥과 잭 웰치를 동시에 바라볼 수 있는 것은 압축 성장을 통해 급작스런 현대화를 거쳐 온 우리의 필연적인 혼란이었다 치자. 그러나 이제는 진짜 '우리 것'을 만들어야 할 때도 되지 않았는가.

초등학교 도덕 교과서에서
찾은 경영비법

———

　　한때 '벤처'는 한국경제의 유일한 대안인 것처럼 여겨졌다. 정부는 파격적인 정책수단을 동원해 가며 벤처 육성정책을 펼쳤고, 증시에서는 연일 '벤처 대박'이 터졌다. 굳이 경제전문지가 아니더라도 모든 신문들은 '벤처 소식지'가 된 듯했고, 주변의 지인들 중 벤처 사업가 한둘쯤 없는 사람을 찾아보기 힘들 정도였다.

　　굳이 과거형을 사용한 이유를 모르는 이는 없을 것이다. 오늘날, '벤처'라는 단어를 희망의 어감으로 말하는 사람은 별로 없다. 심한 경우에 '벤처'는 허황한 창업 붐과 타락한 머니게임을 조롱하는 농담이 되기도 한다.

　　하지만 그토록 시끄럽던 '벤처 게이트'들도 따지고 보면 별일 아니다. 확대 해석하는 것도 문제라는 얘기다. 1970~1980년대 한국경제가 '무역입국'을 기치로 내세웠을 때에도 무역 사기꾼들은 많았다. 무역 사기꾼들이 설친다고 해서 무역입국을 포기하지 않은 것처럼, 벤처 사기꾼들이 설친다고 해서 벤처입국을 포기해선 안 된다. 벤처의 종주

국이라 할 수 있는 미국도 벤처 캐피털이 처음 등장한 이래 수많은 비리 사건을 겪었지만, 그런 단계를 거치며 벤처를 학습하여 오늘날의 실리콘밸리를 일궈 냈다.

몇 년 전, 일본의 한 경제신문이 주관하는 세미나에 참가한 적이 있다. 도쿄에서 열린 이 세미나의 주제는 '아시아의 미래'였다. 인도네시아, 말레이시아, 필리핀 등 아시아 각국의 대통령과 총리가 참가한 대형 행사였다. 이 행사의 하이라이트인 정보통신혁명에 관한 토론회에 NTT 도코모와 차이나닷컴의 최고경영자와 함께 내가 패널리스트로 초청되었다.

그 토론회의 참석자들은 한국의 벤처 현황에 대해 내게 집중적으로 질문을 던졌다. 그들은 한국의 벤처 열기를 매우 부러워하였고, 벤처에 관한 한 일본보다 한국이 한 수 위라고 모두들 인정하는 듯했다.

아닌 게 아니라 부존자원은 없지만 우수한 두뇌자산을 보유한 한국의 상황에서는 벤처만큼 효율적인 산업모델도 없다. 벤처산업의 필요충분조건인 정보통신 관련 인프라도 놀라운 속도로 확대되고 있다. 21세기, 한국경제에 아직도 가능성이 있다면 그건 다름 아닌 벤처에 있다고 확신한다. 한국의 벤처는 아직 성공하지 못했지만 또한 아직 실패하지도 않았다. 포기하긴 아직 이르다는 뜻이다.

정작 문제는 우리 모두의 가슴속에 깊게 자리 잡은 조급증이다. '굴뚝 회귀론'이니 '벤처 포기론'이니 하는 주장들도 있다. 그러나 한국의 벤처는 이제 시작이다. 여전히 새로운 기술로 새로운 시장을 공략하려는 수많은 젊은이들이 인생을 걸고 벤처 비즈니스에 뛰어들고 있다.

당연히 그중에는 까마귀도 있고 백로도 있다. 우리는 혹시 까마귀 떼에 놀라 백로까지 쫓아 버리는 우愚를 범하는 건 아닌가. 우리는 너무 빨리 너무 많은 것을 바라고, 그래서 너무 빨리 너무 많은 것을 버리고 있지는 않은가.

물론 건강한 백로 한 마리를 키워 내는 일은 참으로 어렵다. 하지만 무엇이 희고 무엇이 검은지, 무엇이 바르고 무엇이 그른지에 관한 판단력만 잃지 않는다면 그것처럼 쉬운 일도 없다.

기자들과의 인터뷰 자리에서 "가장 감명 깊게 읽은 책이 무엇이냐?"는 질문을 받을 때가 종종 있다. 처음 기업 경영에 뛰어든 내게 교과서나 바이블 따위는 없었다. 내가 교만했기 때문이 아니다. 사업경험도 전무全無했고, 관련 공부를 해본 적도 없으며, 경제신문에조차 관심을 둔 적 없는 일개 공무원이었기 때문이다. 아는 게 없으니 확신이 있을 턱이 없었다. 덜컥 회사를 만들어 놓으니 무엇인가 잘못 돌아가는 건 분명한데, 그 원인은커녕 사태의 본질조차 모른 채 좌충우돌했다.

그러다가 어느 날 우연히 집어 든 것이 당시 초등학교에 다니던 아들 녀석의 도덕 교과서였다. '더불어 살아야 한다', '약속은 반드시 지켜야 한다', '정직해야 한다', '겸손해야 한다', '성실해야 한다', '솔선수범해야 한다', '희생할 줄 알아야 한다' 따위의 너무나 뻔하고 따분한 경구警句들이 그 안에 잔뜩 나열되어 있었다.

그 하찮은 순간이 내 경영인생의 커다란 전환점이 되었다. 그 이후로 나는 줄곧 초등학교 도덕 교과서가 시키는 대로만 회사를 운영하려고 애썼다. 사람들은 그런 나를 철없는 사람이니, 엉뚱한 사람이니,

융통성 없는 사람이니 갖가지 말로 비웃고 걱정했다. 나의 이런 경영 스타일을 두고 그들은 '거꾸로 경영'이라고 했다. '도덕 교과서에 적혀 있는 것들만 피하면 성공한다'는 것이 예나 지금이나 세상이 우리에게 가르치는 처세술이기 때문이다.

하지만 나는 '확신'을 잃어 본 적이 없다. 스스로 거리낌이 없었기 때문에 무슨 일이든 과감하게 결정하고 추진했다. 교본에서 시키는 대로 해도 실패한다면, 교본이 잘못되었거나 세상이 잘못되었기 때문이지 결코 내 잘못은 아니라는 배짱도 있었다. 낙관과 확신은 나의 '경영 노하우'였다. 낙관과 확신의 근거는 물론 초등학교 도덕 교과서에 있다.

지금도 많은 젊은이들이 벤처의 꿈을 꾸고 있다. 그중에서 나는 드물지 않게 '인물'들을 본다. 진흙탕 속에서도 살아남은 이른바 '벤처 1세대'가 세상에 남겨 놓은 '양질의 유전자'가 꾸준히 증식하는 모습을 본다. 그 유전자가 멸종하지 않는 한, 포기는 아직 이르다.

내가 말하는 '양질의 유전자'란 결코 신개념의 돌연변이가 아니다. 그 염기서열은 벌써 오래 전부터 초등학교 도덕 교과서에 다 밝혀져 있기 때문이다.

온실보다 정글에
가능성 있다

———

　　한때 대한민국은 벤처기업에겐 요순(堯舜)의 태평성국이었다. 그러다 IT업계의 한파(寒波)와 자금유동성 위기를 겪으면서 벤처인들은 한목소리로 정책과 인프라를 탓했다. 하지만 정작 자금이 풍부하고 온 국민이 축복해 주던 시절에, 그들은 기술개발이나 세계시장 개척 등 내적인 역량을 키우지 않고 오로지 주가지수만 바라보았다.

　벤처기업을 정부에서 '지정'하고 뒤를 봐주는 나라는 세계에서 한국뿐이다. 그런 환경에서 '굶어죽지 않았다'고, '지원이 모자라 지금 이 모양'이라고 큰소리치는 건 철부지 대갓집 도령의 칭얼거림에 지나지 않는다. 생존본능을 잃어버리고 모험을 두려워하는 기업을 어찌 '벤처'라 할 수 있을까.

　정부의 벤처 지원정책은 단기적인 지표 상승효과는 나타낼지 모르지만 장기적으로는 오히려 벤처를 죽이는 독약일 수도 있다. 더구나 단기적인 그래프 상승을 노리고 공무원들의 책상 위에서 급조된 지원정책은 국가경제를 왜곡시키는 주범이 될 수도 있다. 그건 벤처 거품이 사라짐과 동시에 자명하게 드러난 사실이기도 하다.

초기의 미래산업은 당연히 은행 신세를 여러 번 져야 했다. 하지만 그 돈을 빌려 쓰기 위해 갖추어야 할 요건이 한두 가지가 아니었다. 때론 필요하지도 않은 돈을 이자까지 물어 가면서 갖고 있어야 하는 경우까지 생겼다. '괘씸죄'에 시달리지 않으려면 정기적으로 관계자들을 '관리'해야 했다. 그래서 나는 돈이 필요할 때 월 2~3%의 높은 이자를 물면서까지 사채私債를 쓰기 시작했다. 손해를 보더라도 말 그대로 '벤처 업무'에만 전념하고 싶었다.

벤처 지원자금도 성가시긴 마찬가지였다. 정책자금 승인을 얻기 위해 온갖 서류를 준비하고 요건을 갖추느라 본업을 뒷전으로 미루는 상황이 반복되었다. 자격심사를 통과했다 쳐도 문제의 지원자금은 유입과 동시에 그동안의 뒷감당으로 온데간데없이 사라져 버리기 일쑤였다. 때론 필요 없는 장비까지 비싸게 구입하면서 승인요건을 갖추어야 하는 경우까지 있었다.

물론 정책자금을 잘 활용해서 자리를 잡은 기업들도 많았다. 예전에도 나는 그들을 몹시 부러워했다. 하지만 정책자금을 용케 잘 받아낸다 싶었던 기업들은 외환위기가 닥치면서 대부분 도산했다. 정책이 보수화되자 곧바로 온실에 구멍이 생겼기 때문이다.

1992년 미래산업은 천신만고 끝에 반도체 테스트 핸들러의 국산화에 성공했다. 그리고는 곧바로 심각한 선택의 기로岐路에 서야 했다. '수입선 다변화 정책' 때문이었다. '수입선 다변화 정책'이란 국산화한 특정 품목을 지정하여 일본으로부터의 수입을 원천봉쇄함으로써 국내 생산업자들을 보호한다는 취지의 정책이었다. 말하자면 대對일본 무역 역조현상을 시정하기 위한 정부의 특단책이었다.

당시 우리는 핸들러의 판로 개척에 고군분투하고 있었다. 국내 최초의 핸들러였지만, 세계시장에서는 브랜드도 없는 후발주자였기 때문이다. 세계시장은커녕 외국의 유수한 제품들이 장악한 국내시장의 틈새를 개척하는 것도 힘에 겨웠다. 국내 반도체 공장에 포진한 것은 거의 대부분 일본제 핸들러였다. '수입선 다변화 정책'만 활용한다면 손쉽게 국내시장을 독점할 수 있다는 계산이 나왔다. 연이은 개발 실패로 도산의 위기까지 몰려 있던 미래산업의 입장에서는 실로 대단한 기회였다.

하지만 나는 그 '특단책'의 수혜자가 될 것을 거부했다. 첫째로, 첨단의 외국 제품들과 경쟁하고 그들을 벤치마킹함으로써 얻을 수 있는 모방학습과 동기부여의 기회를 상실한다는 문제가 있었다. 선진 제품과 경쟁하지 않고 어떻게 선진 제품을 넘어설 수 있겠는가.

둘째로, 국내 반도체 생산업체들이 우리 핸들러만을 사용한다고 했을 때 그들이 감당해야 하는 기회손실비용의 문제가 있었다. 당시 우리 핸들러는 저수준의 초기 모델이어서 일본 제품과 비교하자면 안정성과 효율성이 떨어졌다. 우리 핸들러를 구입한 공장에서 우리 제품의 하자 때문에 생산에 차질이 생긴다면 그 막대한 손실을 어떻게 책임질 것인가.

국내 반도체 업체들이 울며 겨자 먹기로 우리 제품만을 계속 사야 한다면 단기적으로는 미래산업에 득得이 될지 몰라도 장기적으로는 분명 실失이 더 많을 것이라고 판단했다. 위기감과 승부욕 없이 어떻게 기술개발에 전념할 수 있겠는가.

늘, 우리 뒤에는 온실이 있고 앞에는 정글이 있다. 온실은 안락하고 정글은 위험하다. 하지만 온실에는 발전이 없고 정글에는 가능성이 있다. 온실은 자기만족이거나 복지부동이다. 정글은 거칠지만 무궁무진한 모험이자 투쟁이다. 나는 '기꺼이 손해 보는 사람'이라는 세간의 평에 만족한다. 벤처는 뒤를 돌아보는 순간 더 이상 벤처가 아니기 때문이다.

헛폼 잡는 데
돈 쓰는 벤처 수두룩

———

1996년 미래산업을 상장할 무렵, '1만 주를 액면가로 주면 투신사의 펀드매니저들을 동원해서 주가를 잔뜩 올려 주겠다'는 식의 은밀한 제안을 해온 사람들이 많았다. 또 외환위기 시절에는 지분율도 높이고 돈도 벌 수 있는 기회라며 신주인수권부사채BW나 전환사채CB를 발행하자고 부추기는 사람들도 있었다. 외국에 유령회사paper company를 만들어 주가 조작을 해보자는 사람들도 있었다.

이들은 벤처기업 주변에 늘 꼬이기 마련인 이른바 '금융 브로커'들이다. 특히 증시 진출을 전후해서 극성이다. 나처럼 완고하고 고지식한 사람을 다룰 때에는 지인들을 중간에 내세우기도 한다.

"이건 사기가 아니라 금융공학입니다. 형님, 잘 생각해 보세요."

대개는 그 자리에서 호통을 쳐서 돌려보냈지만, 그들의 제안은 내게도 너무나 달콤하고 유혹적이었다.

실로 많은 벤처기업들이 이런 얄팍한 제안과 유혹에 무기력하게 노출되어 있다는 사실을 나는 잘 알고 있다. 신기술을 무기로 투명하고 참신하게 시작한 벤처기업들도 결국은 이런 얄팍한 브로커들 때문에 돈놀이에 맛을 들이게 되고, 마침내는 기술개발과 시장개척은 뒷전으로 미룬 채 오로지 주가등락에만 일희일비하는 머니게이머로 전락하는 경우를 그간 숱하게 보았다.

심지어는 '정치인 모모 씨가 이 사업에 발을 담그고 있으니 믿고 투자하라'는 식의 황당한 투자제안도 참 많았다. 이런 벤처인들에게는 꼭 '그 사업'이어야 할 이유도 없다. 자금만 확보할 수 있다면 '이것'이 아니라 '저것'이어도 별 상관이 없기 때문이다. 그 사람들의 가방 안에는 전혀 상관이 없는 별개의 사업계획서가 몇 가지씩 들어 있기 마련이다. '이게 마음에 들지 않는다면 또 이건 어떠냐?'는 식이다. 이 회사로 잘 안 되면 저 회사를 다시 차려도 그만인 사람들이다.

투자유치와 증권시장 진출이 유일한 목표인 사이비 벤처들일수록 조직체계는 옥상옥屋上屋형이 많고 헛폼 잡는 데 많은 돈을 쓰기 마련이다. 전 직원이 얼마 되지도 않는 회사에 사장이 있고 회장이 또 따로 있다. 사장실은 대기업 회장의 집무실 저리 가라 꾸며 놓고, 차도 대형 외제차로만 끌고 다닌다. 증자에 성공하자마자 골프용품부터 최고급으로 장만한다.

그 돈이 다 누구 돈인가. 장사를 하다가 망하면 옛날에는 자기 집문서가 날아갔지만, 이제는 선량한 투자자들의 집문서들이 날아간다. 벤처는 부단히 기술개발해서 이윤을 확보하고, 그 이익을 주주들에게 합리적으로 돌려줘야 한다. 이는 지극히 기본적인 자본주의 윤리임에도 우리 벤처 자본주의에서는 한동안 찾아보기 힘들었다. 내가 말하는

'윤리'란 도덕적으로 옳은, 이른바 '착한 기업'만이 끝까지 살아남을 수 있다는 개인적 깨달음이자 벤처의 생존전략이다. 내가 벤처 지망생들의 '도덕적 자질'을 가장 먼저 점검하는 이유이다.

오래전 어느 교회 장로님의 젊은 자제가 사업계획서를 들고 나를 찾아 왔다.

"새로운 패러다임을 열어 볼 작정입니다."

"아닌 게 아니라 사업계획은 훌륭하구만."

"아, 그렇습니까? 감사합니다!"

"그나저나 자금은 어떻게 확보하려는가? 적은 돈이 아닌데?"

"제 아이템에 관심을 보이는 투자사들이 좀 있고, 인터넷 공모도 시도해 볼 계획입니다."

"성공할 자신 있나?"

"계획대로라면 2년 안에 코스닥에 진출할 수 있습니다."

"코스닥에 진출하면, 그 규모와 책임에 맞는 이윤을 만들어 낼 자신도 있나?"

"무슨 말씀이신지?"

"계획서상으로는 손익분기점을 3년 후로 잡았는데?"

"그러니까 코스닥이 중요한 겁니다."

"내가 보기에 지금의 벤처 경기는 거품 막바지네. 자네를 아껴서 하는 말이네만, 당장 펀딩에 성공하고 운 좋게 계획서대로 사업이 진행된다 하더라도, 곧바로 이윤을 내지 못하는 한 자네는 틀림없이 사기꾼 소리를 듣게 될 걸세. 코스닥에서도 더 이상 이윤 없는 기업은 받아 주지 않을 것이네. 코스닥도 살아야 할 거 아닌가. 그나저나 지금 다니 는 직장은 어떤가?"

"외국계 벤처기업입니다. 튼튼하긴 하지요 … ."

"당분간 자네에게 훌륭한 인큐베이터가 되겠구만."

"2년째 다니고 있지만 개인적인 비전이 별로 없어서 … ."

"오동나무는 3번 잘라 줘야 하는 법이네. 기를 죽여야 크게 자라지. 비전이 없는 게 아니라 필경 자네 눈에 안 보이는 걸세. 참고 버티게."

그 청년이 돌아간 후, 장로님이 곧바로 내게 전화를 해 '젊은 놈 기를 죽여 보냈다'며 볼 부은 소리를 했다. 하지만 당사자는 요즘도 간혹 나 를 찾아와 '생명의 은인'이라며 익살을 떨곤 한다.

"정 사장님은 점쟁이 하셔도 되겠습니다."

"순리와 필연을 바로 보는 것도 예언이라면, 하긴 못 할 것도 없지."

타락한 벤처인

———

　　열정과 모험도 정도正道 위에 있어야 한다. 요즘 같은 세태일수록 옳은 길과 삿된 길을 구분할 줄 아는 지혜와 안목이 더욱 절실해진다. 우리 사회에는 열정적인 사람은 많지만 실패를 책임지는 사람은 적으며, 모험적인 사람은 많지만 도덕적인 사람은 적다. 열정과 모험에도 자격이 필요한 법이다.

　　요즘은 젊은이들에게 많은 우선권을 주고 있는 시대다. 젊은이들이 특히 배려된다는 것은 사회가 그만큼 젊다는 뜻이기도 하다. 나는 벤처업계에 몸담은 덕택에 젊은이들의 자유분방함과 도전정신을 늘 피부로 느끼며 살아왔다.

　　그러나 한 사회가 오로지 젊은이들의 냄새만 피운다는 건 위험한 일이다. 젊은이들의 거침없는 용기와 늙은이들의 조심스런 지혜가 함께 균형을 이루어야 건강한 사회다. 하지만 언젠가부터 우리 사회의 늙은이들은 너무 조용해졌다. 젊음이 '배려'되는 정도가 아니라, 젊음이 아예 이 사회의 유일한 코드가 되어 버렸다. 늙은이들은 대세大勢의 눈 밖에 날까 봐 전전긍긍한다.

젊은이들은 '앞'만 보고 가지만 늙은이들은 '앞뒤'를 볼 줄 안다. 이건 일종의 역할분담이다. 이 역할분담이 깨지다 보니 젊은이들은 무작정 코뿔소처럼 달린다. 그러다 제지를 당하면 'Why not?' 하며 눈을 부릅 뜬다. '과정'의 의미나 가치는 안중에 두지 않는다. 그래서 요즘의 젊은이들에겐 교양과목도, 군대도, 직장생활도, 모두가 거추장스러운 장애물들이다.

"젊어서 고생은 사서도 한다"는 옛말이 있다. 닳고 닳은 말이지만 얼추 살아 본 사람이면 누구나 절감한다. 헌데 이 말을 해주는 어른들이 너무 없다. 고루한 뒷방 늙은이 대접을 받기가 싫은 것이다. 그래선지 요즘의 젊은이들에게 '고난'이나 '역경'이란 아예 적성敵性 개념이다. 그런 것들은 무조건 소소익선少少益善이란다.

일선에서 물러나 뒤로 숨은 지 벌써 꽤 되었건만, 아직도 벤처 창업에 뜻을 둔 젊은이들이 심심찮게 나를 찾아온다. 나처럼 한물간 늙은이를 찾아 주는 것만도 고마운 일이다. 그럴 때면 나도 무조건 젊은이들의 등부터 두드리며 입에 발린 격려를 늘어놓고 싶은 생각이 굴뚝같다. 적어도 그게 '본전'인 건 분명하다. 하지만 나는 '꼰대' 소리를 들을 각오로 반드시 세 가지를 먼저 묻는다. 대답 역시 대체로 비슷하다.

"군대는 다녀왔나?"

"병역특례업체에서 대충 때웠습니다."

"직장은 얼마나 다녔나?"

"한두 해 되었는데, 별 재미없습니다."

"창업은 무슨 돈으로 할 작정인가?"

"펀딩 받으면 되는 거 아닙니까?"

이런 게 패기라면 정말 요령부득의 패기다.

벤처업계와 관련된 부패와 부도덕이 연일 신문을 장식한다. 한때의 회오리로 끝나는가 했더니, 여전히 잊을 만하면 한 번씩 벤처 스캔들이 터진다. 그 스캔들의 주역은 이른바 '왕년의 젊은 벤처 스타들'이다. 고통스런 자기검증을 거치지 못한 미성숙자들에게 한때 이 사회가 돈과 명예를 한꺼번에 쥐어 주었기 때문에 일어나는 일들이다. 그 요령부득의 패기에 호통을 치지는 못할망정, 오히려 많은 이들이 그 옆에 붙어 입에 발린 격려만 늘어놓았기에 생기는 일들이다. 그래서 나는, 나를 찾아온 젊은이들에게 '고루한' 충고를 늘어놓기 시작한다.

"내 인생에 있어 군대는 꼭 필요한 과정이었네. 말도 못하게 고통스러웠지만, 나는 지금도 그 고통에 감사하네. 군대에서 세상 무서운 것을 배웠고, 세상에 무서울 것 하나도 없다는 것도 배웠으니 말일세. 벤처를 하려면 고통과 고독에 먼저 익숙해져야 하네."

"자네한테서 회사가 본전을 뽑으려면 아마 6, 7년 정도는 더 투자를 해야겠지. 그래야 대충 써먹을 만한 인재가 되지 않겠나. 스스로가 써먹을 만한 사람이 되어야 다른 사람을 써먹을 수 있을 것 아닌가. 등록금 내며 다녀야 할 곳에서 거꾸로 월급까지 내주니 황송해하지는 못할망정, 재미가 없다니 그 무슨 해괴한 소린가."

"채 여물지도 않은 사람이 순전히 남의 돈으로 벤처 하다가 망하면, 그 회사에 투자한 사람들은 어찌 되는가. 자네는 부담 없이 손 털면 그만일지 모르지만 그 손실은 고스란히 사회가 감당하는 걸세. 그래도 당장 일을 벌이고 싶다면 전세금이라도 뽑아서 하게. 그러지 않고서야 사기꾼 아닌가!"

요즘 '벤처가 몰락했다'는 비명이 요란하다. 당사자들은 장기화된 IT 업계의 불황 탓이라고 한다. 벤처 정책의 미숙함 때문이라고 한다. 미국의 실리콘밸리에 비해 벤처 인프라가 너무 열악하기 때문이라고도 한다. 과연 그런가.

한국 벤처가 정말 몰락한 지경이라면, 그것은 바로 '벤처정신'의 타락 때문이다. 벤처 부흥기를 타고 우후죽순으로 생겨난 수많은 벤처기업들은 기술시장보다는 자본시장에서 승부를 하려 들었다. 기술 연구와 비즈니스 모델 개발에 쓰여야 할 고급 두뇌들이 주가 관리니, IR 기법이니, 금융공학이니, M&A 전략이니 하면서 머니게임에 너무 몰두했다. 벤처의 가장 든든한 배경이어야 할 코스닥이 오히려 벤처들 때문에 신뢰를 잃고 무너져 버리는 비극까지 초래되었다.

또 우리 벤처업계에는 학력 좋고 머리도 좋은 인재들이 많았지만, 도덕적으로 미성숙한 이들도 너무 많았다. 벤처기업에는 원래 유혹과 꼬드김이 많은 법이다. 나 역시 미래산업 CEO로 일하는 동안 수도 없는 유혹에 노출되었고, 그때마다 갈등하며 흔들려야 했다. 그러한 유혹을 이겨 낼 수 있는 힘은 도덕과 양심밖에 없다.

'기업의 사회적 책무'란 말이 '코앞의 일확천금'에 비해 까마득히 멀고 아득하게만 들리는 사람은 아직 벤처인의 자격이 없다.

어느 벤처 스타의
고민

———

　　몇 년 전 어느 방송국의 벤처 관련 토론 프로그램에 초대
된 적이 있다. 내가 받은 마지막 질문은 "가장 존경하는 사람이 누구인
가?"였다. 나는 그 자리에서 한 젊은 벤처인의 이름을 앞세웠다. 사회
자는 의외라는 표정을 지었다. 록펠러나 카네기, 아니면 하다못해 잭
웰치쯤 주워섬겨야 격이 맞을 것이라 여긴 모양이었다.

　"어째서 아직 검증되지도 않은 현역의 젊은이를 존경한다고 말씀하
시는 건가요?"

　"모든 행동과 결정에 자기희생을 전제할 줄 아는 사람입니다. 또한
경영에서 공익과 정직을 최고 이념으로 생각합니다. 사람을 구하는 데
능력이나 경력보다는 철학과 태도를 중요시합니다. 그렇게 일단 믿고
받아들인 사람이라면 진정한 동업자로 대접할 줄 아는 사람입니다."

　"그런 이유들이라면 더욱 의외네요. 정 사장님이야말로 벤처업계의
모럴리스트로 유명한 분 아니었던가요?"

　"엄밀하게 말하자면 저희는 실험 세대에 불과하지요. 저는 시간도

많지 않았어요. 뭔가 알 만하니까 벌써 물러나야 할 때가 다 되어 버렸습니다. 반면에 젊은 사람들이 벌써부터 그러한 원칙을 지킬 수만 있다면, 동세대뿐 아니라 우리 같은 늙은이들의 존경도 받아 마땅하지 않겠습니까?"

닷컴 위기설이 곧바로 닷컴 불황으로 연결되고 증시폭락세는 아예 회생할 기미도 보이지 않던 벤처의 암흑기였지만, 그의 회사는 불황에도 흔들리지 않고 급성장을 거듭한 몇 안 되는 우량 벤처 중 하나였다. 그의 이름 석 자만큼 확실한 브랜드는 다시없었다.

자기 주식에서 8만 주를 아무 대가 없이 직원들에게 나눠 주고, 그 때문에 코스닥 진출이 6개월이나 미뤄졌건만 내가 아는 한 단 한 번도 후회하지 않은 사람이다. 그는 벤처를 '경영'할 줄 알았다.

그렇듯 내가 존경하고 아끼는 사람이, 모든 벤처인들의 부러움과 신망 속에서 아무런 걱정이 없을 것 같던 그가, 그것도 '황제주는 따 놓은 당상'이라는 시장의 평가 속에 코스닥 등록을 불과 한 달 앞둔 어느 날, 불쑥 내게 전화를 걸어 우울한 목소리로 도움을 청했다.

"정 사장님께 꼭 좀 부탁드려야 할 일이 생겼습니다."

"신문이나 보며 소일하는 늙은이한테 부탁은 무슨 부탁이오?"

코스닥 등록 후 1년 동안 회사에 재직 중인 사람은 우리사주를 매각할 수 없다는 규칙이 있다. 그 때문에 코스닥 등록과 동시에 벤처기업 직원들이 무더기로 퇴사하는 경우가 많다. 퇴사해야 우리사주를 매각할 수 있고, 그래야 '한창 물 좋을 때' 목돈을 장만할 수 있기 때문이다. 흔하게 볼 수 있는 우리의 '벤처 풍속도' 중 하나다.

그의 고민도 그 딜레마에서 비롯되었다. 아무래도 코스닥 등록과 동시에 직원들이 우리사주를 들고 뿔뿔이 흩어질 것 같다는 얘기였다.

"상황은 이해가 되지만 은퇴한 늙은이가 무슨 도움이 되겠소?"

"저희 회사에 한번 방문해 주십시오."

"가서?"

"저희 직원들에게 한 말씀 해주셨으면 합니다."

"그런 소리 말아요. 한창 꿈 많고 야심 많은 젊은이들을 앞에 놓고, 나라고 무슨 수로 일확천금의 기회를 포기하라고 설득하겠소."

"그렇지 않습니다. 오셔서 한마디만 해주세요. 꼭 와주셔야 합니다. 그럼 다음 주 금요일 오후에 시간 잡아 놓겠습니다."

씁쓸했다. 강연 부담 때문이 아니었다. 국내에서 가장 촉망받는 유망 벤처마저도 저런 딜레마에 빠져야 한다니. 그것은 성장도상의 벤처들이 꼭 한 번씩 겪어야 하는 홍역이기도 했다.

전화를 끊고 나니 과거의 가슴 아픈 기억들이 떠올랐다. 그가 지금 걱정하는 문제는 과거의 내가 고스란히 겪어야 했던 문제였다. 그래서 자신이 없었지만, 그래서 더욱 나는 그의 부탁을 뿌리칠 수가 없었다. 하긴, 이런 일이야말로 늙은이의 몫이 아닌가.

소탐대실한
핵심 기술자 3인

━━

1996년 미래산업이 증권거래소에 등록되자 우리 주식은 연일 상한가를 기록했다. 회사는 축제 분위기였고, 직원들의 의욕도 하늘을 찌를 듯했다. 그런데 어느 날, 천안 본사의 책임연구원 한 사람이 나를 찾아와 불쑥 사직서를 내밀었다. 다른 2명의 엔지니어와 함께 '미래산업 3인방'을 자처하던 패기 있는 녀석이었다. 워낙 유능한 엔지니어였기에 때를 보아 큰일을 맡기리라 내심 작정하고 있던 터였다.

당연히 나는 깜짝 놀랐다. 나는 연구원들에게 웬만한 대기업보다 나은 대우를 해주고 있었다. 회사 분위기도 한창 좋을 때였다. 그는 연전에도 큰 비용을 들여 미국에서 첨단 이미지 프로세싱 기술을 습득하게 하는 등 많은 투자를 한 미래산업의 핵심 기술자였다. 더구나 나와의 사적인 정까지 두터운 사람이었다.

"도대체 이유가 뭔가?"

"분당에 연구소가 새로 생긴 마당에 더 이상 제가 회사에서 할 일이 없을 것 같습니다."

어이가 없었다. 분당에 '미래연구소'를 새로 만든 건 사실이었지만, 그쪽에서는 새로운 사업으로 'SMD마운터'를 집중적으로 개발할 계획이었다. 그가 일하던 본사 연구소에서는 지금까지와 마찬가지로 '반도체 테스트 핸들러'를 담당해야 했다. 분야가 전혀 달랐던 것이다. 서로 겹치고 부딪칠 일은 전혀 없었다.

"오해가 있었던 모양이군. 그쪽에서 앞으로 할 일과 자네가 지금 하는 일은 분야가 전혀 다르네. 갑자기 외부에서 제 2연구소장을 영입했다고 섭섭한 마음이 들었다면 그냥 잊게. 자네가 나가면 도대체 핸들러는 누가 만들겠나?"

나는 그의 오해를 풀어 주려고 노력했지만 그는 끝내 고집을 꺾지 않았다. 아무리 이해할 수 없다 하더라도 막무가내로 나가겠다는 사람을 잡을 방도는 없었다. 회사의 입장을 우선시해야 하는 위치에서 '혹시라도 내가 지금 한 젊은이의 앞길을 막으려 드는 건 아닌가?' 하는 고민도 없지 않았다. 가슴은 아팠지만, 나는 결국 그를 보냈다.

하지만 괴로움은 거기서 끝나지 않았다. 약속이나 한 것처럼 연구소의 '3인방'이 차례로 나를 찾아왔다. 모두가 내가 가장 아끼던 연구원들이었다.

"대덕에서 친구가 새로 사업을 시작했는데 너무 절실하게 제 도움을 원하고 있습니다. 저도 여기서 계속 일하고 싶습니다만 의리상 가지 않을 수가 없습니다. 보내 주십시오."

"조그만 벤처기업을 운영하는 형님이 사람을 구하지 못해 지금 너무 어려워합니다. 집안 살림을 책임지고 있는 저희 집 가장인데 저라도 가서 도와야 하지 않겠습니까? 허락해 주신다면 그쪽 상황이 좋아지는 대로 꼭 다시 돌아오겠습니다."

오랫동안 성심을 다해 키워 온 핵심 기술자 3명을 동시에 잃어야 하는 아픔을 다른 무엇에 비길 수 있을까. 그동안 열에 아홉꼴로 개발에 실패하고 숱하게 돈도 날려 실의에 빠진 적이 한두 번이 아니었지만, 사람을 잃는 상실감은 그에 비할 바가 아니었다. 그중 두 사람은 내가 주례를 서준 각별한 인연도 있었다.

나는 퇴직금만으로는 성이 차지 않아 할 수 있는 모든 혜택을 적용했다. 그들에게 업무용으로 배정되었던 승용차까지 내주었다. 그렇게 그들을 보내고 난 후, 나는 '혹시라도 그들이 다시 돌아오지 않을까' 내심 기다리며 한참 동안 일손을 잡지 못했다.

그러나 세 사람의 속셈은 딴 데 있었다. 그들은 퇴사하자마자 주식을 처분하고 힘을 합쳐 회사를 차렸다. 한 사람당 최소 몇억 원씩은 되었을 테니 창업자금으로는 충분했을 게다. 하지만 그들은 그 정도에 만족하지 않았다. 미래산업의 메카트로닉스 노하우를 모두 챙겨, 곧바로 우리의 경쟁사를 찾아가 투자를 유치한 것이다. 15년 동안 모든 것을 가르치고 키워 온 사람들이 우리의 핵심 기술을 모두 가지고 나가 경쟁사와 동일한 사업을 새로 시작한 것이다.

그들이 가져간 것은 당시로서는 최첨단 기술이었다. 그래서 우리의 타격은 컸다. 하지만 지속적이고 과감한, 때론 무모하기까지 한 연구개발 없이는 금세 낙후될 수밖에 없는 것이 또한 메카트로닉스 분야였다. 더구나 세계 선진국들이 치열하게 경쟁하는 분야였다. 그 기술을 밑천으로 제품개발에 성공했다 하더라도, 각국의 일류기업들이 모두 선점한 시장에서 무명의 신출내기를 쉽게 끼워 줄 리 만무했다.

나는 그들에 대한 이야기를 내게 특강 요청을 한 벤처기업에 가서 밝혔다.

"제가 은퇴하기 직전에, 그 회사가 도산 직전에 몰려 있다는 소식을 들었습니다. 그러니 지금 그 뒷얘기야 알 수 없지요. 돈에 허덕이는 우울한 중년이 되어 있을 그 친구들을 생각하면 서글픈 마음을 금할 수 없습니다. 미래산업에서 계속 일했더라면 지금쯤 훌륭한 간부가 되었거나, 다른 계열사들처럼 스핀오프하여 어엿한 벤처 사장이 되었을 사람들 아닙니까. 만약 그들이 내게 거짓말을 하고 떠나지만 않았더라도 나를 다시 찾아올 수도 있었겠지요. 그랬다면 우리의 여러 공정 중에서 하나쯤 떼어 아웃소싱을 주는 식으로 도움을 줄 수도 있었겠지요. 덧없이 사라져 버릴 당장의 몇 억 때문에 그 녀석들은 미래를 잃은 셈입니다."

좌중은 조용했다. 100여 명의 젊은이들은 그제야 그 '특별강연'의 진짜 목적을 겨우 알아채는 눈치였다. 이쯤에서 강연을 끝내야 할까. 이토록 혈기방장한 젊은이들이 목전의 이익을 포기하고 긴 호흡의 미래를 선택하도록 내가 설득한 것일까.

나는 잠시 혼란에 빠졌다. 내가 벤처 밸리에 그토록 남겨 놓고 싶어한 '양질의 유전자'라는 것은 훌륭한 CEO 몇 사람이 아니라 그들과 함께 일하는 사람들 모두가 공유하지 않고서는 무의미한 것 아닌가.

미심쩍은 박수소리와 함께 퇴장하려다 말고 나는 다시 연단으로 올라가 마이크를 잡았다. 비겁하게 말만 빙빙 돌릴 것이 아니라 좀더 솔직하고 노골적인 이야기를 하고 싶어졌다.

"그 친구들은 꼭 그런 상황이 아니었더라도 언젠가는 다른 기회를 잡아 필경 회사를 뛰쳐나갔을 것입니다. 사실 회사의 입장에서는 결과적으로 잘된 일일지도 모릅니다. 미래를 보지 못하는 사람들을 미래산업은 원하지 않습니다. 그런 사고방식을 가진 사람들이라면 언젠가 내 손으로라도 쫓아내야 했을 텐데 제 발로 걸어 나갔으니 다행 아닙니까? 언젠가 내가 했어야 할 골치 아픈 일거리를 저희들이 알아서 덜어 준 것이지요. 여러분들 중에서는 CEO의 일거리를 대신 짊어지고 혼자서 고통당하는 우매한 사람들이 생겨나지 않기를 바랍니다. 여러분들의 신념과 열정의 총합이 지닌 가치는, 여러분들의 주식의 총합이 지닌 가치보다 백 배, 천 배쯤은 훨씬 값진 것입니다."

비로소 뜨거운 박수소리가 터져 나왔다. 아끼던 후배를 대할 면목은 겨우 세운 모양이었다.

제 6 장

욕망을
버리고
은퇴하다

아버지,
자랑스럽습니다

———

2001년 새해, 내 머릿속에는 '은퇴'라는 한 단어뿐이었다. 오래 전부터 공언해 온 일이었고, 이제는 때가 되었음을 스스로도 알고 있었다. 하지만 막바지에 이르러서까지 그 단어는 내 안에서 수백 번씩 죽다가 다시 살아났다.

가장 포기하기 힘든 것은 바로 '권력'이었다. 미래산업이 내게 어떤 회사였던가. 공직에서 강제 해직되고, 마흔셋의 나이로 무작정 뛰어들어 죽을 고비까지 넘겨 가며 일군 '내 회사' 아니었던가. 미래산업은 차라리 내 목숨이었다.

일선에서는 물러난다 하더라도 회사가 돌아가는 모습을 조금은 더 지켜봐야 할 것도 같았다. 후진들을 못 믿어서가 아니었다. 내게는 아직 그만한 열정과 정력이 남아 있었다. 벤처인으로서의 내 자부심도 남 못지않았다.

'사실 회사에 이만한 안목이 또 어디 있겠는가.'

'자문'이나 '고문'쯤 되는 명함을 찍어 수렴청정垂簾聽政하는 모습도 그려 보았다. 그 정도만으로도 약속은 이행된 셈이니 욕먹을 짓도 아니었고, 멀쩡한 노동력을 썩히지 않아도 좋으니 사회적으로도 의미 있는 일이겠다 싶었다. 괜히 멋 부리느라 너무 일찍부터 은퇴를 말해 온 스스로가 원망스럽기도 했다.

'더구나 직원과 주주들은 아직도 나를 원하고 있지 않은가.'

거기까지 생각이 미쳤다가 다시 아차 싶었다. 늙어 추해지는 게 이토록 순간이구나.

하지만 번민보다 외로움이 먼저였다. 어떤 결론을 내리든 주변 사람들은 내 결정에 무조건 따라 줄 것이었다. 순전히 혼자만의 문제였고, 스스로와의 싸움이었다.

한편으로 아이들에 대한 심경도 복잡했다. '유산은 독약'이고, '회사는 아비 것이 아니라 주주와 종업원들 것'이라며, 회사 근처에는 아예 얼씬도 못하게 한 녀석들이었다. 다섯 아이의 결혼식에도 미래산업 직원들은 오지 못하게 했다. 나는 아이들과 회사를 철저히 '격리'해 왔다. 하지만 마지막 순간에 이르니 결국은 그 아이들이 눈에 밟혔다. CEO 이전에 나 역시 늙은 아비였다.

다른 회사의 말단 직원으로 일하는 동안 추호라도 나를 원망하지는 않았을까. 엄한 체하다 어느 순간 "그동안 고생 많았다!"며 덥석 안아 주길 속으로 바란 것은 아닐까. 어려웠던 집안 사정에 누가 되지 않으려고 일찍부터 제 몫을 스스로 감당해 온 아이들. 그 어려웠던 시절을 씩씩하게 버텨 준 끔찍하고 애틋한 내 새끼들!

경영권이란 아비가 자식에게 물려줄 수 있는 가장 큰 유산일 수도 있었다. 그야말로 부와 명예와 권력이 한꺼번에 갖춰진 최고의 종합선물 아닌가. '은퇴'라는 화두를 붙잡을 때마다 어쩔 수 없이 아이들이 떠올랐다.

2001년 시무식을 하루 앞두고, 나는 점심시간에 두 아들을 음식점으로 불러냈다.

"이제 물러날 작정이다. 너희들 생각은 어떠냐?"

단도직입적이고 갑작스런 질문이었다. 아이들은 놀라는 기색이 역력했다.

"나는 너희들에게 회사를 잘 이끌 수 있는 능력이 없지 않다고 본다. 하지만 미래산업은 아쉽게도 내 것이 아니다. 사사로이 물려줄 수가 없구나."

아이들의 표정이 어두워졌다. 역시 그랬던가 싶었다.

"아비가 너희를 위해 해놓은 게 너무 없구나. 미안하다."

진심이었다. 나는 눈앞의 두 아이에게 한없이 죄스러웠다.

잠깐의 침묵 뒤에 큰 아이가 먼저 입을 열었다.

"결정 잘하셨습니다."

거의 동시에 둘째가 받았다.

"아버님, 훌륭하십니다."

아이들은 내 얼굴을 똑바로 바라보며 좀더 단호한 표정으로 말을 이었다.

"아버님께서는 저희에게 정신적인 유산을 남겨 주셨습니다. 저희는 언제까지나 아버지를 자랑스러워할 겁니다."

어쩌면 나는 아이들로 인해서 약해지기를 바랐던 건지도 모른다. 번복할 용기를 얻기 위해서 아이들을 불러낸 것인지도 모른다. 아이들에게 된통 꾸지람을 들은 기분이었다.

나는 그 자리에서 뜨겁게 덥힌 청주를 거푸 석 잔이나 들이켰다. 낮술에 취해 아이들의 부축을 받으면서 나는 양손으로 아이들의 등을 힘차게 다독였다.

"나야말로 너희들이 자랑스럽다. 그리고 고맙다!"

음식은 상한 다음
남 주는 게 아니다

―

　　2001년 1월 3일, 신정연휴가 끝나자마자 나는 새벽같이 출근했다. 평소 같으면 서너 종種의 조간신문을 꼼꼼하게 훑으며 하루를 준비할 시간이었지만, 그날 나는 불도 켜지 않은 채 내 방에 홀로 앉아 마음을 다잡았다.

　　서울에서 열리는 임원회의에서 퇴임의사를 밝히는 것으로 모든 것을 마무리하고 싶었다. 분당과 천안에서 임원들이 올라오려면 시간이 좀 걸릴 것이다. 그 틈에 나는 조용히 차를 한 잔 마시고 싶었다. 친구에게 선물 받은 좋은 차가 있어 오랫동안 직접 우렸다. 새해 벽두부터 긴급이사회를 소집했으니 임원들은 어지간히 긴장했으리라. 무심한 차향茶香은 은근하고 고요했다.

　　얼마 전 나는 어느 신문 좌담회에 참석했다가 당시 모 대학의 명예교수 L 씨를 만났다. 그의 전공은 정신분석학이었다. 좌담이 끝나자마자 나는 L 교수의 손을 잡고 식사 자리로 이끌었다.

　　"사실은 제가 은퇴를 고려하고 있습니다. 회사를 직원들에게 물려줄 작정입니다. 하지만 제가 꼭 해놓고 가야 할 일이 아직 좀 남아 있습니다. 그래서 이삼 년 정도 더 해야 하나 어쩌나, 이래저래 요즘 고민이 많습니다."

"훌륭한 결심이십니다. 하지만 정 사장님의 은퇴는 지금이나 2, 3년 후에나 그 의미가 똑같을 것 같네요. 효과는 똑같겠지만 후자는 아마도 결행이 더욱 힘들겠지요."

오전 11시. 창업 초기부터 생사고락生死苦樂을 함께한 동지들, 그리고 뒤늦게 합류했지만 미래산업을 일으키는 데 성심을 다한 임원들이 한자리에 모였다. 이 자리에는 참석하지 못했지만 서울, 분당, 천안에서는 지금쯤 수많은 미래인들이 언제나처럼 자기 자리에서 땀을 흘리고 있을 것이다. 그들과 함께한 고난과 헌신과 눈물과 감격들. 이들이야말로 진정한 회사의 주인들이었다.

"이번 연휴에 제 아이들과 밥을 먹었습니다. 부모 덕 보는 것을 너무나 당연히 여기는 세상인데, 참으로 기특한 놈들이지요. 각자 독립해 살면서도 돈 한 푼 달라는 적 없고, 힘 좀 써달라 부탁한 적도 없어요. 언젠가는 큰 녀석 취직을 도와주려다가 외려 혼난 적이 있지요. 그놈들이 엊그제 저를 울렸습니다. 이 인색하고 박정한 아비한테 존경한다고 말해 주지 뭡니까."

난데없는 아들 자랑에 어리둥절할 법도 했지만, 임원들의 표정은 금세 어두워졌다.

"그 아이들한테 얘기했습니다. 이제 그만 은퇴하겠다고 말입니다. 솔직한 마음으로는 그 아이들에게 미안했어요. 아는 분들은 아시겠지

190

만 그동안 사업한답시고 제가 얼마나 식구들을 고생시켰습니까. 하지만 미안해도 할 수 없는 노릇이지요."

말이 끝나기가 무섭게 임원 하나가 내 옆자리로 옮겨 앉았다.

"은퇴하시는 건 좋습니다. 하지만 지금은 아닙니다!"

그렇게 결심을 다져 왔지만 또다시 마음이 흔들리는 건 어쩔 수 없었다. 혹시 내가 비겁한 건 아닌지? 진정한 모험과 도전이 시작되려는 이때, 좋은 이름만 가지고 혼자 도망치려는 건 아닌지?

하지만 이런 순간에 장고長考는 별 도움이 되지 않는다. 한번 결정한 벤처는 장고도, 재고再考도 하지 않는 법.

"미래산업은 지금 다소 부진한 상황에 처해 있습니다. 하지만 항상 심만 잊지 않는다면 우린 곧 다시 도약할 것입니다. 지금도 세계의 기업들은 미래산업의 이름을 경쟁사 목록에 올리고 있습니다. 지금이 바로 세대교체가 필요한 시점입니다. 제가 할 일은 끝났습니다."

나라 전체가 벤처 위기론에 빠져 있고, 세계적인 반도체 경기 악화 때문에 미래산업의 주가도 많이 떨어져 있었다. 하지만 우여곡절 끝에 개발에 성공한 'SMD마운터'는 세계 시장에서 호평을 받고 있었다. 경기는 순환하지만 기술은 축적된다. 경기가 바닥을 치고 있는 시점이야말로 후임자의 부담을 최소화할 수 있는 적기였다. 침체는 물러나는 자의 몫으로 돌리고, 회복과 성장은 새 사람의 몫이길 바랐다.

"음식은 상한 다음에 남 주는 게 아니랍디다."

지난 몇 년 동안 회사는 이미 부사장들을 중심으로 돌아가고 있었다. 시점을 못 잡았을 뿐, 지난 2년 동안 나는 꾸준히 은퇴를 준비해

왔다. 어차피 나는 약간의 결정권을 부여받은 고문일 뿐이었다. 부사장 중 한 사람에게 대표이사 사장 자리를 물려주었다. 은퇴라 하지만 실무자들에게 인계할 만한 사항도 별로 없었다. 오래 전부터 정책결정과 자금운영은 팀별로 자율적으로 이루어지고 있었다.

법인카드 한 장을 반납하는 걸로 퇴임절차는 끝이었다. 그것을 넘겨주는 대신, 재무팀으로부터 내 인감과 통장을 돌려받았다. 집을 담보로 사업자금을 융통하던 시절부터 아예 경리과에 맡겨 둔 채 잊고 있던 물건들이었다. 내게는 기업인에서 자연인으로 돌아가기 위한, 일종의 패스포트이기도 했다.

죽음이란, 태어나서 자라고 늙는 것과 마찬가지로 인생의 한 과정이다. 미국의 한 목사는 죽음을 삶의 정점으로 파악하고 차라리 축제로 받아들이라고 권한다. 은퇴 역시 사회인으로서의 죽음이지만 자연인으로 돌아가는 축제가 아닐까.

딱하게 보이는
속 좁은 부자

━━

　　내가 미래산업의 경영권을 종업원들에게 물려주고 은퇴
한다는 발표를 하자마자 매스컴들은 대서특필했다. 하지만 주식회사
란 사장의 개인소유물이 아니므로 언제라도 사장은 바뀔 수 있다. 하
물며 2세에 경영권을 넘길 권리라는 게 도대체 사장에게 있을 턱이 없
다. 나는 지극히 상식적인 행동을 했건만 주변은 오히려 소란하다. 모
두들 나의 결정이 비상식적이라고 느꼈기 때문은 아닌가. 우리 사회에
그만큼 비상식이 보편화되어 있다는 반증이 아닐까.

　애달캐달 모은 재산을 자식들에게 물려준다고 해서 비난받는다는
건 부당하다. 문제는 자기 재산이 아닌 것을 자식들에게 나눠 주려는
데 있고, 일시적으로 위탁된 권력을 가문의 권력인 양 착각하는 데 있
다. 권력자의 아들이나 사돈들이 무소불위無所不爲의 권력이라도 쥔 양
행세하며 이권놀음을 하고, 재계의 거목들은 병석에 누워서까지 후손
들의 부귀영화를 위해 속셈을 한다. 하물며 큰 교회의 성직자들은 마
치 가업이라도 되는 양 자식들에게 교회를 물려준다.

하지만 역사가 가르치듯이 '세습 권력'은 대부분 실패한다. 우리나라의 창업주들 중에는 입지전적인 인물들도 많고, 그만큼 세인의 존경을 받는 이들도 많다. 그러나 그들에게 회사를 물려받은 2세들이 선대先代의 신화를 성공적으로 재현한 경우는 많지 않다. 안목 없는 사세확장 등으로 부실경영을 반복하다가 이도 저도 안 되면 편법으로 가산 불리는 일에나 골몰하는 경우도 많다. 선대의 훌륭했던 점은 다 버리고 탐욕과 아집만을 대물림하는 꼴이다. 창업주가 전문경영인 체제를 세우고 물러났지만 2세들이 못나게 굴어 선대의 청명한 이름에 먹칠을 하는 경우도 있다.

우리는 '모든 부자'를 욕한다. 오랜 세월 심화되고 고질화된 이 사회의 빈부격차가 만들어 낸 서글픈 습관이다. 정직하게 축재한 사람들은 그런 소리를 들을 때마다 억울하다. 자식들만은 고생시키지 않겠다는 아비들의 소박한 염원이야말로 우리 인생의 원동력 아니었던가. 하지만 모든 건 정도가 문제다. 이 사회의 '세습'은 징그러울 정도로 집요하고 범죄적이다.

어느 날인가 무심코 TV를 보다가 기겁한 적이 있다. 당시 시청률 1, 2위를 오르내린다는 주말연속극이었다. 한 재벌가의 배다른 아들딸 사이에 알력이 한창인데, 상대적으로 열세에 놓인 딸이 아버지에게 대뜸 말했다.

"아빠, 다른 건 다 포기할 테니 신문사는 나 줘요!"

새삼 드라마 작가나 방송국의 몰상식을 따지고 싶은 마음은 없다. '경영권'이란 것이 우리 사회에서 어떻게 인식되는가를 단도직입적으로 보여 주는 것 같아 간담이 서늘할 뿐이다.

　은퇴 얼마 후 사석에서 모 대기업 간부를 만났다.

　"정 사장님, 요즘 칭송들이 대단합니다. 큰 모범을 보이셨어요."

　"순리대로 행동한 겁니다. 과찬이십니다."

　"그래, 자제분들이 섭섭해 하지는 않던가요?"

　"제 것 아닌 걸 얻지 못했다고 섭섭해 한다면 자식이 아니라 도둑놈들이지요."

　"원, 말씀도 과격하게 하십니다. 자식들이 똑똑하다면야 그것도 괜찮은 일 아닙니까?"

　"똑똑하다는 판단은 도대체 누가 합니까?"

　"보고 자란 게 있을 테니 리더십이 아무래도 남들보단 낫겠지요. 어려서부터 차근차근 경영훈련을 시키는 경우도 있고 …."

　"자질이 그렇게 뛰어나다면 아비가 신경 쓰지 않아도 어디서든 좋은 리더가 되겠지요."

　"로열패밀리라는 낙인 때문에 기회를 박탈하는 것도 역차별 아닙니까?"

　"공정한 경쟁에는 아무도 욕하지 않습니다. 주주나 직원들을 바보 취급하니 문제지요."

　일상적인 덕담으로 시작한 자리가 결국 어색한 침묵으로 끝나고 말았다.

　대기업의 경영권 세습은 우리 사회에서 거의 상식에 가까운 일이라 이제는 누가 뭐라는 사람도 없다. 자본주의 사회에서 사재私財를 물려

준다는 데 누가 뭐랄 것인가. 하지만 그 '경영권'으로 관계사들의 자산까지 이리저리 돌려 사재로 만들고 상속까지 한다면 그건 정말 옳지 않다. 게다가 법률과 세제稅制 전문가들을 동원해서 증여세 대책까지 세운다니 그것 또한 문제다. 법의 틈새를 찾아 절세絶稅한 것이 무슨 잘못이냐고 말할 수도 있다. 그러나 그 정도 기업이라면 자신의 규모와 지위에 걸맞은 배포와 책임감이 있어야 한다. 법은 최소한의 기준일 뿐, 도덕적 책임감은 법의 테두리를 넘어서는 것이니 말이다. 결코 부자들을 욕하는 게 아니다. 부의 세습을 욕하는 것도 아니다. 부자라면 부자다운 그릇과 도량이 있어야 한다. 진정 큰 부자는 존경을 받는다. 100개를 가지고서 1개도 제대로 쓸 줄 모르는 속 좁은 부자들이 나는 참으로 딱하다.

내가 왜
회장인가?

———

"육십이이순六十而耳順"이라 했다. 인물이 순후해진다는 그 예순에 맞춰 은퇴를 작정했었다. 나름대로 소박한 멋을 부리고 싶었던 게다. 하지만 싱거운 욕심이었다. 마침 미래산업의 나스닥 진출과 시점이 맞물려 버린 것이다. 그래서 별 수 없이 2년이 늘어졌다. 더는 미룰 수 없었다.

집요한 만류에도 불구하고 내가 은퇴를 기정사실화하자 임원들은 대안을 제시했다. 당장 '명예회장'이란 단어가 튀어나왔다. 나는 그 자리에서 핀잔을 주었다.

"이 사람들아! 평소에 회장도 하지 않겠다는 사람더러 명예회장이다 뭔가!"

"그럼 고문이나 자문역이라도⋯."

나는 지금까지 스스로를 최고경영자라고 자처한 적도, 전문경영인이라고 생각한 적도 없다. 그저 직원들이 신나게 일할 수 있는 놀이터를 만들어 주고, 그 놀이터를 지켜 주고, 그들이 방해받지 않도록 외풍을 막아 주고, 심부름이나 해주는 게 내 역할이라 여겼다. 그게 이른바 '관리직'의 고유업무라 여겼다. 그래서 함부로 간섭하지 않았고, 그들이 지치지 않도록만 애썼다.

하지만 임원들의 집요함도 이해 못 할 바는 아니었다. 창업주에 대한 예의였고, 함께 고생한 이들끼리의 동지애였다. 또 갑자기 시장에 던져질 충격에 대한 현실적인 우려도 있었다. 정문술이라는 '브랜드'를 아직은 폐기할 상황이 아니라는 계산도 있었을 것이다.

나 하나 편하자고 회사에 부담을 줄 수는 없는 노릇, 결국 나는 '비상근 상담역'이라는 다소 기형적인 직함을 받아들였다. 하지만 '정책결정에 끌어들이지 말 것'과 '절대로 업무보고를 하지 말 것' 등 몇 가지를 다짐받았다.

"며느리에게 곳간 열쇠를 넘겨주고 나서 사사건건 잔소리를 하는 시어미가 있다고 칩시다. 정말 꼴불견이겠지요?"

몇 해 전, 세계 정상의 반도체 제조장비 회사인 스위스의 에섹 연구센터를 견학한 적이 있다. 그곳을 둘러보며 나는 첨단의 연구환경과 복지환경을 갖춘 초일류 연구센터를 직접 만들겠노라 결심했다. 그 후 2년여 동안 에섹뿐만 아니라 미국의 GM 연구소, 크라이슬러 연구소와 핀란드의 노키아 등 세계적으로 이름난 첨단 연구소들에 설계팀을 보내 견학을 시켰다. 그러는 한편 경기도 기흥에 1만 4백 평의 넉넉한 대지를 마련해 두었다. 그렇게 시작해서 만들어진 미래연구센터는 말하자면 내 '필생의 역작'이자 '꿈의 공간'이었다. 하지만 아쉽게도 나의 은퇴는 완공일보다 일찍 이뤄졌다.

퇴임하고 얼마 되지 않아 미래연구센터 건립팀장이 나를 찾아왔다. 약간의 설계변경을 상의하기 위해 설계도면과 관련 자료를 준비해 온 것이다. 건립팀장은 이제 막 내 눈앞에서 '내 꿈'의 현황을 펼쳐 보이려 하고 있었다. 물론 나 자신도 진입로에는 어떤 종류의 나무를 심고, 로비에는 누구의 작품을 걸 계획인지까지 모조리 궁금했다.

하지만 정신을 차려야 했다. 이게 뭐 하는 짓인가. 스스로를 향했어야 할 호통은 애꿎은 건립팀장의 코앞으로 떨어졌다.

"이게 뭐 하는 짓이오!"

나의 갑작스런 역정에 그는 당황하여 어쩔 줄을 몰라 했다.

"회사 일에 대해서는 아무것도 보고하지 말라 하지 않았소!"

"다른 건 몰라도 이 건에 대해서는 아무래도 회장님께 …."

"다시는 이런 용무로 찾아오지 마시오!"

그는 막 펼치려던 자료를 황망히 다시 챙겨든 채 엉거주춤 일어섰다.

"그리고 그나저나 내가 왜 회장인가!"

그는 꽁무니가 빠져라 달아났다.

그런 일이 있은 후 오래지 않아 준공식이 잡혔다. 알고도 모른 척했지만 나 역시 마음이 들떠 있었다.

미래산업 사장이 내게 전화를 했다.

"사장님. 준공식 때만은 꼭 와주셔야 합니다."

"싫소."

"다른 뜻이 아닙니다. 사장님께서 물러나신 후로 직원들이 많이 의 기소침해졌습니다. 오셔서 한 말씀만 해주세요. 제게 힘도 좀 실어 준다 생각하시고 …."

"싫소."

"사장님 … 너무하십니다."

"내가 식언食言하는 모습을 그렇게도 보고 싶소?"

요즘 우리 부부가 사돈댁과 함께 자주 찾는 골프장이 하필이면 기흥에 있다. '미래연구센터'가 있는 곳이다. 그 앞을 지날 때마다 나는 운전기사에게 '저기 한 번만 들렀다 가세' 하며 속으로 외친다.

귀 닫고
눈 감고

—

　　　나의 은퇴는 벌써 옛일이 되었다. 하지만 지금도 지인들의 취직 청탁은 물론 심지어 정원 관리, 공장 청소에 이르기까지 온갖 청탁이 끝도 없이 밀려온다. 은퇴했다고 아무리 설명해도 막무가내다. '그래도 오너는 오너'라는 식이다. 이러저러한 일에 '신경 좀 써달라'는 식의 당부도 골치 아프다. 간접적이되 훨씬 부담스러운 청탁들이다.

며칠 전 고등학교 동창생에게서 전화가 걸려 왔다.

　　　"요즘 미래산업에 별일 없나? 들리는 말로는 마운터 해외 판로가 만만치 않아 고전이라던데 … ."

　　　"나보다 자네가 더 훤하구먼."

　　　"자네 요즘 회사 일에 도통 관여 안 하나?"

　　　"회사 떠난 지가 언젠가."

　　　"보고도 안 받나?"

　　　"보고하는 사람도 없네."

"그래도 자네 회사 속사정 좀 알아봐 줄 수는 없나? 요긴해 할 사람이 있어서 말야."

"미래산업이 왜 내 회사인가?"

"그럼 누구 회사인가? 우리끼린데 꼬장꼬장하기는 …."

"전화 끊게."

나는 결국 짜증을 내고 말았다.

이런 식의 통화에는 이제 진절머리가 난다.

또 이런 예도 있다.

"요즘 미래 주가 많이 떨어졌지?"

"뭐 그런 모양일세."

"어쩌나 …. 자네 재산 많이 줄었을 텐데."

대놓고 떠보는 거다. '다 알고 있는데 무얼 자꾸 딴소리냐'는 거다. 아무리 친한 사이끼리라지만, 조용히 살려는 사람에게 너무 괘씸한 작태들 아닌가. 그럴 때마다 "난 주가 잘 모르는데 …" 하고 대충 얼버무린다. 하지만 아무도 믿으려 하지 않는다.

신문을 볼 때마다 나도 주식란을 보고 싶은 마음이 굴뚝같다. TV 뉴스 마지막에 시황정보가 흐르면 나는 눈을 질끈 감고 아예 채널을 다른 곳으로 돌려 버린다. 이유는 간단하다. 내가 미래산업의 주식 변동을 알게 되면, 대주주로서 주가를 관리하고 싶어질 게 뻔하지 않은가. 전임 사장으로서의 '주가 관리'란 곧 '경영 참여'다. 알량한 아이디어가 떠오를 때마다 경영진에 조언을 해주겠다며 앞뒤 없이 나설 게 분명하다. 자꾸 잔소리나 할 바에는 애초에 은퇴도 하지 않았을 것이다.

"이번에 우리 막내가 자네 회사 연구소에 들어갔네. 기특하지 뭔가. 정직한 회사에서 정직한 길을 가보겠다는구먼. 내가 특별히 권한 바도 없는데 말야."

"아, 그런가. 참 잘되었네."

대놓고 표현은 못 해도 '그래도 자네가 실세일 테니 신경 좀 써달라'는 말이다. 너나들이할 만큼 가까운 지인들마저 나의 은퇴를 곧이곧대로 믿어 주지 않는다. 그게 이른바 이 사회의 '상식'이기 때문이다.

어느 날 미래산업 사장이 전화로 면담을 요청했다. 무조건 피하려 했으나 그날따라 통화 분위기가 심상치 않았다.

"꼭 뵙고 말씀드려야겠습니다."

"음⋯ 그럼 한번 들르시게."

사장은 다음 날 나를 찾아왔다. 하지만 내 앞에 앉은 그는 실없이 안부나 챙기며 횡설수설했다. 마침내 성미 급한 내가 자진해서 미끼를 물었다.

"그래, 뭔 얘긴가?"

"천안 1공장은 이제 필요가 없습니다. 2공장이면 충분합니다."

"팔았으면 좋겠나?"

"어떻게 생각하십니까?"

"이 사람아, 아직도 날 모르나? 전임 사장 심기까지 배려할 정도로 한가한가. 그 정도로 여유가 있으면 팔지 말게."

"죄송합니다."

천안 1공장은 미래산업의 발원지이자 내 벤처 인생의 고향집이었다. 창업한 지 꼭 11년 만에 미래 식구들이 처음으로 갖게 된 '내 집'이었다. 나는 그곳에서 일어났고 미래산업 역시 그곳에서 일어났다. 그곳은 나의 '첫 작품'이자 자랑이었다.

정문술과 미래산업의 상징이요 자존심을, 그것도 심각한 상황도 아닌 시점에 단지 '효율이 떨어진다'는 이유만으로 처분하겠다는 말이다. 아마도 임원들은 '과연 누가 고양이 목에 방울을 달 것인가'의 문제로 고심했을 것이다. 결국 대표가 된 죄로 그가 나를 찾아왔을 것이다. 천안 1공장을 팔겠다는 건, 추억과 자존심밖에 남은 것이 없는 늙은이의 앙상한 목에 비수를 들이대며 용도폐기를 선언하는 일일 수도 있었다.

내가 후임자 하나는 제대로 세워 둔 모양이다. 나는 그들에게 서운하면서도 감사했다. 그가 돌아간 후로도 꽤 오랫동안 나는 서글펐고 뿌듯했다.

5천 원짜리 칼국수
한 그릇의 행복

───

평생직장이라 여겼던 공직에서 강제 해직된 때가 떠오른다. 그 막막함이라니. '앞으로 무얼 먹고 사나?'보다는 '무얼 하고 사나?'가 당장의 고민이었다. 출근할 필요가 없는 아침나절은 죽음과 같은 시간이었고, 혹시나 찾아 주는 이 없을까 하고 전화만 주시하는 저녁은 사무치는 고독의 시간이었다. 우리 집의 전화벨은 오랫동안 울리지 않았다.

그로부터 20여 년이 지난 후에 다시 찾아온 한가함은 역시나 낯설고 당황스러웠다. 다만 20년 전의 상황과는 비교할 수 없을 정도로 평온하다는 게 다르다면 달랐다. 더불어 귀찮을 정도로 나를 찾는 사람이 많다는 사실도 그때와는 다른 점이었다. 주변인들은 "부인과 함께 여행이나 다니는 게 어떠냐?"는 권고를 많이 한다. 하지만 '평일에 쉰다'는 개념을 내 몸은 여전히 납득하지 못한다. 나는 당분간 개인사무실로 출근하기로 했다.

언제나처럼 새벽밥을 먹고, 5종의 조간신문을 훑어본 후에, 개인사무실에 나가 또다시 7종의 신문을 읽는다. 점심시간부터는 찾아오는 손님들을 만나고, 격려나 조언을 바라고 찾아오는 후배 벤처인들과 대화를 나눈다. 온갖 핑계에도 아랑곳없이 쳐들어오는 기자들도 가끔씩은 상대한다. 그 대신 퇴근시간을 앞당겨 오후 3~4시면 집으로 돌아가 아내와 등산을 하거나 마당을 돌본다.

아내는 하루에 두 끼는 꼭 자기 손으로 밥상을 차려 주겠단다. 평생을 남편 뒷바라지하느라 고생한 고령高齡의 아내에게 여전히 밥 수발을 시키는 것이 미안하기 그지없다. 그만두라고 해도 아내는 고집을 꺾지 않는다. 그러다 마음의 부담감이 조금 덜어졌는데, 어느 장수 전문가의 이야기를 들으니 여성의 요리 행위가 복합적 사고와 노동을 요구하므로 심신 건강에 좋다는 것이다. 메뉴 선정에서부터 재료 구입, 조리 등 여러 과정이 간단치 않아 두뇌 활성화에 도움을 준단다.

이렇듯 하루의 사이클은 은퇴 전후가 크게 달라지지 않았으나, 바쁘지 않고, 복잡하지 않으며, 무엇보다 홀가분하다는 점은 큰 변화다. 그러다 보니 '맛집 순례'라는 한가한 취미가 다 생겼다. 나처럼 토종 맛에 중독된 위인에게는 맛집이라 해봐야 선풍기 돌아가는 설렁탕집이나 칼국숫집 따위가 고작이긴 하다. 하지만 5천 원짜리 칼국수 한 그릇을 먹더라도 나는 꼭 맛집을 찾는다.

나는 위장이 별로 좋지 않은 편이다. 조금이라도 과식을 하면 소화제를 2알쯤 먹어 둬야 비로소 속이 편해진다. 속이 불편해서 고생할 때마다 다시는 과식하지 않겠노라 다짐을 한다. 물론 소용없는 다짐이다. 입에 맞는 음식만 보면 결국 참지 못하고 또 과식을 하고 만다.

은퇴 발표를 조금 앞두고, 아내와 함께 횟집을 찾아간 적이 있다. 마침 생선의 물이 좋아 또 과식을 하고 말았다. 이번에는 소화제도 별 무소용, 이틀간 내리 배앓이를 하고 말았다. 스스로 생각해도 너무나 한심했다. 한두 번도 아니고 이른바 '만물의 영장'이 이렇게 어리석을 수가 있는가 말이다.

만사 80%만 추구할 일이다. 100%에 도달하기가 쉽지도 않거니와, 100%를 추구하는 많은 이들은 기껏 쌓아 온 것들마저 탕진하거나 하다못해 세인의 빈축을 산다. 섭생攝生이 그렇고, 치부致富가 그렇고, 권력이 또한 그렇지 않은가. 만족할 줄 아는 욕망이란 없다. 하지만 '자족自足이 곧 천국'이라는 가르침은 세태 앞에서 공허하다. 아무도 80%에 자족하려 하지 않는다. 오히려 '80%부터가 진짜 시작'이라며 이를 악물고 눈에 불을 지핀다. 그런 이들이 스스로를 망치고 세상을 망치는 것은 아닌가.

미래산업의 회계 파트너이자 감사이기도 했던 K 씨가 찾아왔다. 나와는 비슷한 연배라 종종 선후배처럼 어울리며 식사를 같이하곤 했다. 그는 곧 있을 미래산업 주주총회에서 '감사보고서'를 읽는 것으로 감사로서의 임기가 끝난다고 했다.

"막상 그만둘 생각을 하니 요즘 잠이 잘 안 옵니다. 기껏 감사 자리가 뭐라고, 아쉽고 섭섭하고 심란하고 뭐 그러네요."

"연임을 하셨으니 미래산업에 미운 정 고운 정 다 드셨을 테고, 섭섭한 마음이야 당연하겠지요."

"그깟 감사 자리 하나 놓기도 이렇게 속이 쓰린 판에, 그리고 보면 정

사장님도 보통 독한 분이 아니에요. 지금도 정말 후회 안 하십니까?"

같이 웃고 말았지만, 넌지시 속내를 떠보려는 그 짓궂은 심사를 모르는 바도 아니어서 한편 서운한 감정도 들었다. 내가 고요히 살자면 내 안의 자족을 세인들에게 검수 받아야 하나.

내가 갑자기 은퇴를 선언하자 서울, 분당, 천안에 있는 미래산업 식구들은 며칠 동안 눈물바람이었단다. 사랑받는 사장이었다는 사실을 깨닫게 해준 '미래인'들에게 다만 감사할 뿐이다.

벤처농업인과
함께 공부하며

─

       산골 마을에서 유소년 시절을 보낸 이후 도시생활이 몸에 뱄으나 내 마음의 고향은 늘 대자연 산하山河이며 농촌이었다. 벤처사업을 벌이다 보니 뜻밖에도 벤처농업대학이라는 곳의 학장이라는 직책을 맡은 적이 있다. 물론 비상근, 무보수인 자리였다.

    '금사모'라는 모임을 먼저 소개해야겠다. 금사모는 '금산을 사랑하는 사람들의 모임'의 약칭이다. 그 모임에는 특이하게도 충남 금산錦山 출신 인사들이 아무도 없단다. 이 모임을 주창한 삼성경제연구소 이언오 박사는 다음과 같이 말했다.

    "오늘날 도시인 대부분은 실향민이나 다름없기에 금산을 제2의 고향으로 삼아 더욱 소중히 아끼고 사랑합니다. 저는 그곳의 자연에 '눈이 삐었다'고나 할까요. 설악산처럼 화려하진 않지만 우리 금수강산, 우리 시골의 모습이 고스란히 남아 있는 곳입니다."

    그러면서 나에게도 금산에 관심을 가져 달라고 말했다. 금사모 회원들 덕분에 충남 금산군은 독특하게 변하고 있다고 한다. 무분별한 성장보다는 향토의 아름다움과 공동체의 따듯함을 지켜 낸다는 것이다.

금사모의 열성 회원인 전용수 교수(인하대 경영학부)도 금산을 제2의 고향으로 삼은 이유를 털어놓았다.

"현대인은 저도 모르게 남을 찌르는 '가시'를 갖고 있고 서로에게 상처를 줍니다. 금산에 가면 그런 가시를 모두 벗어던지게 된답니다."

금산은 충남에 속해 있지만 전라도, 경상도와도 가까워 개방적인 정서가 돋보인다. 금산을 대표하는 명산품은 인삼으로 전국 인삼 생산량의 15~17%를 차지한다. 금산 인삼은 '백제삼'으로 뛰어난 품질을 인정받는다. 약초도 금산의 명물이다.

금산을 지키는 든든한 외지인들의 모임인 금사모 회원들은 식목일에는 느티나무나 무궁화나무 등을 심어 조경造景을 돕고 인삼축제 등 지역 축제에 발 벗고 나선다. 보육시설인 '향림원' 등 지역복지시설에도 후원금을 낸다. 무엇보다 가장 큰 역할은 금산의 보존과 발전을 위한 아이디어를 내고 이를 추진하는 데 힘을 보탠다는 점이다.

이언오 박사가 금산 땅을 처음 밟은 때는 1998년 12월이었다. 김행기金行基 금산군수가 삼성경제연구소에 금산 개발에 관한 조언을 구한 것이 계기였다. 1999년 3월부터 주말마다 금산을 방문하기 시작한 이 박사는 곧 금산에 흠뻑 빠져들었다고 한다.

"서울로 올라오는 차 속에서 다른 지역 산들이 너무 밋밋하게 보이더군요. 다음날 출근하자마자 조경을 전공하는 연구원에게 조경학에서 말하는 아름다움의 조건이 무엇인지 물었는데, 놀랍게도 그 조건들이 금산의 자연 풍경과 모두 일치하더군요."

그 후 이 박사는 지인들을 금산에 데려가며 금산을 홍보하는 '전도사'가 되었다. 많을 때는 관광버스 2대를 빌릴 정도였다. 그러다 1999년 6월 초 금강에 놓인 다리 위에서 지인들과 술잔을 기울이다 '금산을 사랑하는 사람들의 모임'을 결성했다.

금사모에는 회칙, 회비, 가입 절차가 없다고 한다. 금사모는 외지인 모임이지만 지역 발전을 꾀하려 금산군청과 긴밀히 협력했다. 양자의 협력 덕분에 금산은 '농촌 경제의 새로운 모델'로 떠올랐다. 금사모와 금산군청은 금산이 자연환경, 농업, 전통문화를 잘 보존하면서 부가가치를 창출하는 것을 목표로 잡았다.

금사모는 금산군 제원면의 한 폐교에 농업벤처대학을 마련했다. '농업도 벤처'라는 기치를 내걸고 '신 농업'의 불을 지핀 농업벤처대학은 전국의 '신 농업인'들이 거쳐 가는 필수 코스가 되었다.

나는 이 대학의 학장을 맡아 달라는 간곡한 요청을 받고 무척 망설였으나 농촌에 벤처 열풍을 전파한다는 사명감에서 수락했다. 김성훈, 김동태 전 농림부장관을 만나 대학발전 문제를 상의했더니 민간 차원의 이런 과정이 필요하다며 격려해 주셨다.

농업벤처대학의 산파역을 맡은 농업정책 전문가 민승규 박사는 창의적인 아이디어가 풍부한 인물이다. 일본 도쿄대학에서 농업경제학으로 학위를 받은 민 박사는 벤처농업인들이 활동하는 일본 농촌에 자극을 받아 한국에도 이들을 양성하기 위해 이미 '한국벤처농업포럼'을 결성해 활동했다.

금사모의 핵심 멤버인 민 박사는 벤처농업의 필요성에 대해 다음과

벤처농업대학 졸업생들과 함께

같이 말했다.

"그동안 한국 농업은 정부주도형, 개발성장 모델이 주를 이루었습니다. 그러나 이젠 시대가 바뀌었습니다. 농업에도 노동, 토지 등 물적 요소보다는 아이디어와 기술, 창의력, 디지털경제, 고객만족 등을 도입할 필요가 있습니다."

벤처농업대학에서는 월 1회 수업시간에 교수, 마케팅 전문가, 법률가 등 각 분야 전문가를 모셔서 농업전반의 마케팅전략과 경영기법에 관한 강의를 진행했다. 토 · 일요일에 집중해서 강의와 토론, 발표가 이어졌다. 1년제인 이곳에서 1기생은 87명이 등록해 21명, 2기생은 91명 중 41명만이 졸업장을 받을 정도로 과정이 녹록지 않았다. 졸업식장에서 졸업생에게 수료증을 주고 사각 학사모를 쓴 그들과 기념촬영을 하니 나 자신도 작은 성취감이 느껴졌다.

특히 졸업생 가운데 '스타 농민'이 줄지어 탄생해서 큰 보람으로 여졌다. 금산 인삼을 활용한 '인삼 초콜릿', 조선의 궁중술을 상품화한 '가야 곡왕주', 경남 김해의 '5도씨 이온쌀' 등이 대표적이다.

미래산업에서 손을 뗀 후 한동안 벤처농업대학에서 농민들과 함께 공부하는 재미를 붙였으나 완전한 은퇴를 위해 김동태 전 농림부장관을 학장으로 모시고 나는 물러났다.

제7장
———

어디에
돈 쓸지도
고민

보람 있는
돈 쓰기도 벤처

——

　　의외로 한국에는 규모 있는 자선단체들이 꽤 있다. 대부
분 대기업이 세운 공익재단들이다. 비율로만 보자면 한국 기업이 미국
기업보다 기부를 더 많이 한다고 한다. 물론 그 때문에 배려 받는 세금
감면액의 규모도 만만치 않다.

　상황이 이러하다 보니 한국 기업들은 공익재단을 만들려는 의욕이
대단하다. 이에 기부문화를 장려해도 모자랄 정부가 앞장서서 기업들
의 왜곡된 기부과잉을 막으려는 법률을 제정하려다가 사회단체들의 반
발에 부딪혀 포기한 적도 있다.

　그러니 이 땅에서 제대로 된 사회사업이나 자선을 하자면 제법 연구
가 필요하다. '노블레스 오블리주'란 말이 부자들의 최우선 덕목이 되
어 있는 사회에서는 많은 돈을 번 사람들이 노년에 이르러 자연스럽게
자기 재산의 일부를 사회로 환원한다. 미국의 카네기와 록펠러처럼 말
이다. 그들은 산업사회가 만들어 낸 '기부모델 1세대'다.

　《베풂의 기술》이란 저서를 내기도 한 '기부왕' 기업가 폴 마이어는

아예 자선을 위해 사업을 한다. 사회에 보탬을 주려면 돈이 필요하고, 돈을 벌려면 장사를 해야 한다는 단순명쾌한 논리다. 그래서 그는 자선사업을 위해 이익사업을 한다. 잉여로 하는 자선이 아니라 자선 자체가 경제행위의 1차 목적인 셈이다. 그는 후기 산업사회가 만들어 낸 '기부모델 2세대'다.

은퇴와 동시에 나도 그들처럼 내 재산을 사회에 돌려주겠다고 결심했다. 하지만 난데없이 본전 생각이 들었다. 세상은 늘 '결핍'이고 앞으로도 그러할진대, '길 막고 퍼주는 자선'이란 곧 '밑 빠진 독에 물 붓기'와 같은 뜻이 아닐까. 좀더 근원적이고 의미 있는 환원 방법은 없을까.

남아도는 쌀을 북한으로 보내는 것도 좋지만 '슈퍼 옥수수' 종자를 북한에 전해 주는 한 과학자의 노력이 내겐 오히려 반갑다. 배고픈 사람들에게 밥을 사주는 일은 일회성 자선이다. 눈앞의 갈급渴急은 채울 수 있을지언정 미래에 대한 기약이 없으므로 따지고 보면 소모적인 자선이다. 그들의 결핍은 결코 그들의 유전자나 팔자 때문이 아니다. 더욱 근본적인 처방은 장기적이고 거시적인 사회 인프라에서 나와야 하지 않을까.

나는 내 알량한 돈이나마 '잘' 쓰고 싶었다. 그것도 '썩' 잘 쓰고 싶었다. 현상이 아닌 본질에 부응하는 자선을 하고 싶었다. 유태인의 지혜가 그득한 책 《탈무드》가 말하는 '물고기 잡는 법'에 입각하고 싶었다. 나의 마지막 벤처 프로젝트는 '3세대형 기부'였다. 카네기의 말대로 '부자인 채로 죽는 것은 너무나 부끄러운 짓'이다. 하지만 부자를 탈피함에도 나름의 취향이 있고 기질이 있을 법하다. 나는 벤처인이다.

은퇴할 시점을 고르는 한편으로 나는 '돈 쓸 궁리'를 시작했다. 나는 벤처기업이야말로 차세대 한국경제의 근간이 되리라 판단했다. 평소 가깝게 지내 온 교수가 나의 '돈 쓸 궁리'를 듣고 제안을 했다. 먼저 충분한 재원을 확보한 '벤처지원센터'를 설립하자는 것이다. 그리고 유망한 벤처기업 몇 군데를 선발하여 집중적으로 자금을 지원해 준다. 파격적인 자금지원을 받은 1기 벤처기업들 중에서 성공하는 기업이 생겨나면, 2기를 선발하여 1기가 축적한 자금으로 지원한다. 마찬가지 방법으로 2기는 3기를 지원한다. 말하자면 피라미드 형식의 연쇄투자 시스템이다. 그 연쇄고리 안에서 혹시 생겨날지 모르는 균열이나 공백은 '벤처지원센터'에서 메우고 보완한다. 투자 회수를 하지 않고 오히려 확대해 나간다는 점에서 흔히 말하는 '벤처 캐피털'과는 다르다.

그러나 벤처를 경영해 본 나의 경험에 비추어 볼 때 이 구상은 실효를 거두기 어려울 것 같았다. 특히 한국에선 수익보다 위험의 강도가 더 큰 데다 불안요소가 많아 안정적인 재원을 유지하는 게 쉽지 않다. 또 혜택을 받은 기업들이 추후 다른 기업들을 지원해 준다고 해도 그 시기나 의지를 정확히 예측하기 힘들다는 점도 간과할 수 없었다. 이상적인 시스템임은 분명했지만 자생적으로 정착시키는 것이 결코 쉽지 않은 게 사실이었다.

그래서 나는 자주 조언을 구하던 또 다른 교수를 찾아갔다.

"현재 우리 사회의 선결과제는 정치개혁입니다. 벤처 지원도 좋습니다만, 더 근본적인 지원을 필요로 하는 것은 정치 쪽입니다. 지금은 정치판 전체를 물갈이해야 할 시점입니다. 일본의 마쓰시타 정경숙松下政

^{經塾} 같은 곳이 한국에도 필요합니다. 건강한 차세대 정치인을 육성하는 사업을 정 사장님께서 해보시면 어떨까요?"

우리 사회에 필요한 것을 정확히 짚어 내는 제안이긴 했다. 그러나 이왕 돈을 내놓을 바에야 나의 지나온 삶에 부합하는 분야를 택하고 싶었다.

"잘나나 못나나 저는 벤처인입니다. 저는 벤처업계에서 벤처인들의 도움을 받으며 살아온 사람입니다. 정치는 제 몫이 아니지요."

하지만 그와의 만남 이후 나는 '인재 육성'이라는 새로운 키워드를 붙잡았다. 전도가 유망한 첨단기술 분야를 선택하여 그 분야의 인재를 집중적으로 키우는 방식은 어떨. 장차 이 나라를 먹여 살릴 만한 탁월한 소수 인재를 뽑아 교육비와 연구비, 생활비까지 모든 것을 책임지는 전폭적인 장학 시스템도 의미 있을 것 같았다.

그러나 문제는 '선택'과 '집중'이었다. 과연 '무엇'을 선택하고 '어디'에 집중할 것인가. 그날 이후로 나는 해외 선진국들이 주도하는 첨단기술 현황을 조사하기 시작했다. 그중에서도 우리가 특히 잘할 수 있는 '틈새'를 찾아내는 일에 몰두했다. 새로운 벤처사업을 다시 시작하는 기분이었다.

죽음이 목전에 닥쳐서야 떨리는 손으로 뭉칫돈을 내놓는 일은 정말 하기 싫었다. 많지 않은 내 재산의 사회환원도 열정적으로, 미래지향적으로, 무엇보다 '한창 때' 하고 싶었다. 누가 뭐래도 나는 아직 벤처인이었다.

노욕(老慾) 버리기

　　돈을 잘 써보겠다는 일념에서 '자선 공부'를 시작했지만 막상 결정하기가 쉽지는 않았다. 바야흐로 '첨단과학의 21세기'가 아닌가. 아직 한국에서 손을 못 대고 있는 '첨단'은 너무나 많았다. 아무려나 그중에서 하나를 선택해 볼까도 싶었지만, 후발주자로 뛰어들어 선진국들이 쌓아 놓은 기술과 노하우를 따라잡기까지가 요원해 보였다.

　남들이 안 하는 것을 내가 하고, 내가 못하는 건 남들에게서 구하면 된다. 그것이 글로벌 시대의 경제학이자 아웃소싱의 기본개념이다. 그러므로 남들이 안 하는 것, 또는 모두가 출발선에 가까이 있는 것을 선택해야 한다는 것이 나의 생각이었다. 하지만 아무리 머리를 싸매고 연구해 봐도, 그들과 대등한 위치에서 경쟁할 만한 분야는커녕 선발주자들이 놓치고 있는 틈새를 찾는 것조차 쉬운 일이 아니었다. 이제 필요한 것은 그야말로 안목이었다.

　'장차' 세상에서 필요로 할 만한 무엇인가를 찾아 '지금'부터 투자를 하는 것이 유일한 방법이었다. 문제는 다시 원점으로 돌아왔다. 과연 무엇을 선택하고 어디에 집중할 것인가.

　그러저러한 공부와 갈등으로 날을 보내던 중, 분당의 연구소에 새로 입사한 젊은 연구원과 면담 자리를 갖게 되었다. 현역으로 일할 때에는 현장 직원들이 개별미팅을 신청해 올 때가 종종 있었다. 개인적 고민을 털어놓을 때도 있고, 회사의 비전에 관해 진지한 제안을 해오기도 했다. 새로운 기술이나 아이디어를 들고 오는 사람들도 있었다.

　"사장님. 바이오테크의 시대가 오고 있습니다."

　"앞뒤 없이 무슨 소리요? 자세히 좀 설명해 보시오."

　"생명공학과 정보기술, 기계기술, 나노테크놀로지가 만나는 융합기술이야말로 21세기를 관통할 핵심 키워드가 될 것입니다."

　"그런 정도의 이야기라면 나도 여러 번 들은 적이 있소만 … ."

　"장기적인 안목으로 보자면 미래산업도 새로운 패러다임에 대비해야 합니다. 사장님께서 허락해 주신다면, 바이오테크놀로지에 관해서 제가 좀더 자세한 보고서를 만들어 보겠습니다."

　흔한 미팅이었다. 패기만만한 신입사원이 사장 앞에서 당돌한 배포를 시위하고 싶었을 게다. 그래서 대충 격려해 보내고 말았다. 하지만 나중에 곰곰이 생각해 보니 그냥 흘려들을 이야기만도 아니었다. 원론적인 이야기였지만 틀림없는 안목이기도 했다. 보고서가 실제로 작성될지는 알 수 없었으나, 나는 나대로 바이오테크놀로지와 관련해 본격적으로 자료 수집을 시작했다.

　생명공학 분야에서도 단연 미국이 최고였다. 영국이나 일본, 이스라엘, 중국 등 후발국가에서도 집중적으로 그 분야를 육성하는 상황이었다. 하지만 한국은 이 분야에 관한 한 아직 초보단계에 머물러 있었다. 바이오 분야의 성장지표처럼 언급되는 염기서열분석기를 한국은 200여 대 보유하고 있다. 반면 미국에서는 일개 기업에서만 무려 400대를 보유한 경우까지 있다. 누구 말마따나 한국은 '새로운 패러다임'에 적응하지 못하고 있거나 그럴 여력이 없다는 사실이 분명했다.

나는 차라리 기술 간, 학제 간 융합지점에 주목했다. 예컨대 IC집적기술의 발전양상만 따져 보더라도, 실리콘으로는 더 이상 감당이 안 될 시점이 조만간 도래할 것이다. 그때가 되면 동물의 단백질 또는 그에 상응하는 생명물질과 첨단의 전자나노기술이 만나게 될 수밖에 없을 것이다. 그러한 연구는 이미 의학계에서도 조심스레 시도되고 있다. 하지만 이 분야는 세계 각국이 공통적으로 초보 수준에 머물러 있는 실정이다. 순수과학이나 생명공학 분야에서 뒤처진다고 해도 기계와 전자 등의 융합기술인 메카트로닉스 분야에서는 우리도 어느 정도 경쟁력을 갖추고 있다는 판단이 들었다.

미국이 2000년에 확보한 지식축적량을 한국이 추월하는 데에는 향후 50년이라는 세월이 필요하다고 한다. 정작 50년 후에는 미국과의 지식축적 격차가 지금보다 더 심각해질 게 분명하다. 한국이 과학기술 연구개발에 투자하는 비용은 국민총생산GDP의 3%도 채 안 된다. 물론 세상은 넓고 돈 쓸 곳은 많다. '나라의 살림이 그만하니 그만큼 쓰는 것 아니겠느냐'고 한다면 나도 할 말이 없다. 다만 나라에서 못 한다면 민간에서라도 그 격차를 줄이는 데 힘을 보태야 하지 않을까.

KAIST에 300억 원을 기부한 것에는 나름대로 이런 계산속이 있었다. 기부를 결심하면서 나는 KAIST와 정부 과학기술부에 직접 두 가지를 요구했다. 생명과학과 정보기술 및 기계기술을 서로 융합하여 학제 간 연구를 할 수 있는 첨단학과를 신설해 달라는 것, 그리고 교수와 시설, 기자재의 유지관리에 필요한 예산을 국가에서도 일부 보조해 달라는 것이었다. 바이오테크 분야의 고급 인재를 키우려면 향후 10년만 따져 보더라도 대략 교수 80여 명과 학생 500여 명 정도의 인원이 필요하다. 그들에게 첨단의 연구환경을 제공하려면 나 혼자의 힘만으로는 역부족이었다.

다행히 나의 당돌한 제안은 받아들여졌다. KAIST에서는 '바이오시스템학과'(현 바이오 및 뇌공학과)를 신설하는 한편, 나의 기부금을 재원으로 바이오테크 연구동을 신축하겠다는 계획을 내놓았다. 과학기술부장관은 내 제안을 환영하면서 기획예산처와 관련 예산을 협의해 보겠다고 약속했다.

학술지원재단을 만들어 KAIST에 필요한 자금을 일정하게, 장기적으로 지원하는 방식도 생각해 봤지만, 결국 일시불 전액기부로 마무리 짓고 말았다. 급한 성정 탓도 있지만, 대체로 '재단'이란 것들이 이 사회에서 하는 일들을 살펴보니 그쪽은 아예 생각하기도 싫었다.

2002년, KAIST '바이오 및 뇌공학과'는 IBM이 전 세계 대학을 대상으로 선발해서 주는 공동연구 프로그램 'SUR^{Shared University Research} 상'의 수상자로 선정되어 80억 원 상당의 슈퍼컴퓨터 시스템을 기증받았다. 또한 IBM과 공동으로 연구 프로젝트도 수행하기로 협약을 맺었다. 한국 최초였다.

KAIST에서 바이오 및 뇌공학과 신설과 함께 신축한 정문술 빌딩

정문술 빌딩 로비에 놓인 필자의 동상

제7장. 어디에 돈 쓸지도 고민

225

2003년 초에는 KAIST 학사과정 학생들의 진학 희망학과 조사에서 그동안의 유력 학과들을 제치고 '바이오 및 뇌공학과'가 1위를 차지했다고 한다. 나는 기뻤다. 내가 한 일이 자랑스러워서가 아니다. 내 '안목'을 공인받았다는 느낌 때문이었다. '벤처'의 득의감이란 그런 것이다. 그러니 기쁨이라기보다는 일종의 안도감인 셈이다.

2003년 10월 30일에 열린 KAIST의 11층짜리 '정문술 빌딩' 준공식에 참석해 달라는 초청장이 왔지만 나는 불참했다. 마땅히 돌려줄 것을 돌려준 곳에 가서 축사하고 꽃다발까지 받을 이유가 내게는 없다.

이제는 차라리 솔직해지고 싶다. 매스컴들은 나를 두고 '아름다운 퇴진'이니 '진정한 부자'니 떠들썩하게 칭찬했지만, 사실 추하지 않게 늙어 가며 남은 인생을 평안하게 살아 보겠다는 또 다른 노욕老慾의 발로였을 뿐이다.

버림은
소유의 절정

─────

　얼추 밥값은 한 듯하여 이제야 마음이 겨우 편안하다. 사실 그동안은 너무 쫓기듯 살아왔다. 차라리 내줄 것을 내주고 나니 모종의 경계선을 넘어 비로소 안식처로 돌아온 느낌이다.

　'이 자리'에 서보니, 일단 재물에 대한 태도부터 달라짐을 느낀다. 돈이라는 물건, 처음에는 없어서 고통스러웠고 골치였다. 나중에는 있어서 좋았지만 또 있어서 문제이기도 했다. 그러고 보면 늦깎이로 사업을 시작하면서부터 지금까지 줄곧 내 모든 번뇌의 근원은 다름 아닌 '돈'이 아니었던가.

　KAIST에 300억 원을 기부하기로 약속한 것이 2001년 7월 19일이었다. 애초 약속한 내용은 '2개월 안에 기부한다'는 것이었다. 그러나 그 '기일'이 또 나를 불안하게 만들었다. 그래서 될 수 있는 한 서둘러 주식으로 액수를 맞춰 기부를 마무리 지었다. 대충 20일 만이었다.

　반도체 불황이 길어진 탓에, 주가는 이미 많이 떨어져 있었다. 시간을 두고 기다렸다가 주가가 다소 회복된 다음에 내놓는 것이 여러모로 현명하지 않겠느냐고 조언하는 사람도 있었다. 주가가 좋지 않을 때 주식으로 그만큼 내주는 것은 '손해'라는 것이다. 그런 말을 들을 때마다 나는 속으로 웃었다.

'손해 따질 놈이 기부는 뭐 하러 하겠나.'

사실, 기부처를 물색하는 동안 내 머릿속에는 평생 모은 재산을 헐어 내야 한다는 상실감과 허전함이 가득했었다. 하지만 막상 기부를 결정한 다음부터는 그런 호사스런 느낌이 온데간데없이 사라졌다. 오히려 '혹시 약속한 2개월 안에 주가가 완전히 폭락해서 내 주식들이 전부 휴지조각이 되어 버리는 건 아닐까', '천재지변이 생겨 전 재산이 모두 잿더미가 되어 버리면 어떻게 하나', '만에 하나 그런 일이 생겨서 약속을 지키지 못하게 되면 내 꼴은 또 뭐가 되나' 등 기우가 꼬리에 꼬리를 물었다. 약속을 지키지 못할지도 모른다는 강박감과 스트레스는 돈을 잃는다는 상실감보다 훨씬 더 지독했다.

너무 앞당겨 기부금을 건네준 사실에, 또한 주식이라는 '잠재적 가능성'까지 얹어 준 사실에 놀라고 탓하는 사람들을 만날 때마다 나는 "그냥 줘버렸어!"라는 표현으로 얼버무리고 만다. 그건 빈말이 아니다. 정말 내 머릿속에는 '얼른 줘버리고 편히 살자'는 생각밖에 없었기 때문이다.

어린 시절, 나는 방과 후에 가끔 장남 노릇을 한답시고 지게를 지고 뒷산에 올랐다. 삭정이가 모자라면 톱을 들고 나무 위로 기어올라 죽은 가지들을 잘라 냈다. 어린 나이에 땔감 모으기가 쉽지만은 않았다. 지게 한 짐을 다 채우려면 별 수 없이 산길을 여기저기 돌아다닐 수밖에 없었다. 당연히 등짐은 갈수록 무거워지고 구슬땀이 흘렀다. 하지만 멜빵이 뻐근히 조여 올수록 느껴지는 뿌듯함이 좋기도 했다. 그러면서도 만에 하나 발이라도 잘못 디뎌 애써 모은 나뭇짐이 기슭으로 쏟아져 내리면 어쩌나 하는 불안감도 떠나지 않았다. 그렇게 성취감과 조바심 사이를 오락가락하다 겨우 집 앞마당에 도착해 나뭇짐을 부려 놓으면, 그때 느끼는 청량감이란 이루 말할 수 없었다. 이마에 흐르는 땀을 닦으며 마당에 잠시 서 있노라면, 산에서 내려오는 초저녁의 미풍이 부드럽게 온몸을 감싸곤 했다.

돌이켜 생각해 보면, 내게 '돈'이라는 물건은 꼭 그 시절의 나뭇짐과 같았다. 모이면 모일수록 더 모아야 한다는 욕심이 끊이질 않았고, 모인 돈이 하루아침에 사라져 버리지 않을까 늘 노심초사했다. KAIST에 기부한 후 내가 느낀 해방감은, 그 시절 집 앞마당에 나뭇짐을 부려 놓던 순간의 느낌과 너무나 똑같았다.

"나는 용궁에 갔다 온 사람이다"라는 말을 자주 한다. 촌스럽고 진부하지만, 내가 한때 경험한 절망의 나락을 표현할 수 있는 다른 비유를 아직 찾지 못했기 때문이다. 나는 '없음'의 극한을 경험해 보았다. 짐 부리고 난 뒤의 청량감이 이토록 절실하고 소중하게 느껴지는 건 오히려 '없음'의 기억 때문일 것이다.

돈 때문에 죽을 고비까지 넘겨야 했던 나는 언젠가 반드시 '그놈의 돈'을 극복해 보겠다는 일종의 보복 심리를 지니며 살아온 것 같다. 사기와 배신이 아니라 신의와 의리로 여봐란듯이 성공해 보겠노라, 그렇게 번 돈을 또한 아낌없이 포기하는 모습을 세상에 보여 주리라, 그래서 인간이 그까짓 돈보다 얼마나 우월하고 귀한 존재인지를 끝내 증명해 보이리라, 이를 악물고 맹세해 가며 오늘까지 버텨 온 것 같다.

어느 정도 복수가 되었는지 어쨌는지 나는 알 수 없다. 이제는 그런 오기조차 왠지 남의 일 같다. 사업을 하는 동안 크게 욕먹을 짓은 하지 않았고, 쓸 만한 인재들도 제법 키워 냈고, 권력이고 돈이고 모두 제자리에 돌려주었으니, 적어도 내 이름 석 자가 세인들의 안줏감이 되지는 않겠구나 싶어 자못 안심한다.

비록 그리 길지는 않았으나 '돈을 버는 즐거움'은 나름대로 충분히 누려 봤다. 진짜 부자들이 들으면 웃을 소리인지 몰라도 내 배포 안에서는 그마저도 과했다는 느낌이다. 어쨌든 이제는 '버리는 즐거움'을 누려 보고 싶다.

돈을 포기하고 나니, 더 가져야겠다는 욕심과 지켜야 한다는 초조감, 가지고 지키기 위해 사람들을 속이고 이용해야 한다는 자괴감 등의 온갖 번뇌까지 말끔히 사라졌다. 지금까지 살아오면서 자기가 먹은 것과 남에게 대가 없이 준 것들만이 진짜 자기 재산이라는 말이 있다. 누구도 빼앗아 갈 수 없는 것들이기 때문이다. 이제는 '진짜 내 재산'만 꼭 품고 살다 가고 싶다.

버림은 소유의 끝이 아니라 소유의 절정이다.

나에게
사회환원이란

앞서 소개한 바와 같이 KAIST는 내가 2001년 기부한 300억 원으로 교내에 정문술 빌딩을 짓고 국내 최초의 융합학과인 바이오 및 뇌공학과를 개설하였다.

2014년에는 여기에 215억 원을 추가로 기부하기로 했다. 현금 100억 원과 부동산 115억 원인데, 현금은 즉시, 부동산은 5년 기한 유증遺贈 형태로 냈다.

KAIST는 이 기부금과 2001년에 기부한 금액 중 남은 140억 원을 합쳐 제2정문술 빌딩을 세우고 바이오 및 뇌공학과에 '뇌 인지과학' 프로그램(대학원)을 신설할 계획이라고 한다. 또 미래전략과 과학저널리즘, 지식재산권 프로그램을 통합 관리하는 '문술미래전략대학원'을 독립적으로 확대 발전시키기로 했다.

2014년 1월 10일 오전 11시 30분 서울 강남구 리츠칼튼호텔 금강홀에서 발전기금 약정식이 열렸다. 쑥스러워 나가지 않으려 했으나 이 프로젝트를 주선한 이광형 KAIST 교수의 강력한 요청에 따라 행사장

2014년 1월 KAIST 발전기금 약정식에서 필재(왼쪽)와 강성모 KAIST 총장

에 얼굴을 내밀었다. 이 자리에서 강성모 KAIST 총장은 다음과 같은 요지의 축사를 하셨다.

이번에 정문술 이사장께서 또 다시 큰일을 해주셔서 학교가 큰 힘을 받았습니다. 기부자의 뜻을 받들어 미래전략 분야와 바이오 및 뇌공학 연구에 더욱 정진토록 최선을 다하겠습니다. 특히 미래전략대학원이 국제관계와 경제·산업·국방·과학기술 분야의 장기 전략을 제시해 미국 하버드대학의 케네디스쿨 같은 '싱크탱크'로 발전할 것으로 기대합니다.

KAIST에 신축 중인 제2정문술 빌딩

　나는 답사答辭를 고사하다가 예의가 아닌 듯하여 다음과 같은 요지로
발언했다.

　1차 기부로 국내에 융합기술이라는 낯선 학문을 도입, 선도했고 이 학문
이 널리 퍼져 크게 기뻤습니다. 그때 왜 더 많은 돈을 화끈하게 기부하지
못했나 하는 아쉬움을 갖고 지냈습니다. 큰 재산은 없지만 평소에 부富를
대물림하지 않겠다는 다짐을 했고, 이를 주변에 자주 얘기했습니다.
　이제 나이도 지긋해 미래전략대학원에 기부하면 학교 발전과 우리나라
장래에 많은 도움이 될 것 같아 기부했습니다. 우리나라에 미래에 대한 혜
안과 인품, 자격을 갖춘 지도자가 그 어느 때보다도 필요한 때입니다. 이
싱크탱크가 기본이 잘 다져진 빼어난 지도자를 선발하고 교육·양성해 주
길 바랍니다.
　별로 많은 돈을 기부한 것도 아닌데 약정식에 와주셔서 감사합니다. 기

부하고 살 수 있는 처지를 향유할 수 있었던 것에 대해 무한히 감사하게 생각합니다. 앞으로 훌륭한 총장 이하 교수진과 학생들이 힘을 합해 이 뜻을 꽃피워 주시면 감사하겠습니다.

어느 날 초등학교에 다니는 아들이 어머니의 화장대 앞에 편지를 써두었다고 한다.

"오늘 아침에 아빠 구두 닦은 값 500원, 지난달 산수 시험 100점 맞은 값 천 원, 어제 엄마 심부름한 값 500원, 합쳐서 2천 원 주시기 바람."

이 맹랑한 아들 녀석의 책상 위에 어머니는 답장을 쓴다.

"너를 열 달 동안 뱃속에서 키우며 고통 받은 값 무료, 지금까지 너를 먹이고 입히고 공부시켜 준 값 무료, 지난주에 네가 야구공으로 깬 옆집 유리창 변상한 값 무료, 앞으로 네가 독립할 때까지 뒷바라지해 주는 값 무료, 아들아 사랑한다."

아들과 어머니의 관계는 곧 기업과 사회의 관계와 같다. 기업은 자신이 수많은 사람을 먹여 살리고 세금을 냄으로써 사회를 부양하고 있다고 생각한다. 그래서 기업은 늘 사회를 향해 무엇인가를 더 내놓으라고 보채기만 한다. 맹랑하다. 100개 받은 걸 잊고 1개 준 값 내놓으란다. 기업에 필요한 인재와 자본, 기업행위에 필요한 모든 인프라는 사회가 길러 주고 조달해 주는 것 아닌가.

이 사회가 지금껏 나를 먹이고 입히고 가르쳐 왔으므로, 떠나기 전에 어떤 식으로든 보답을 해야겠다고 다짐하며 살았다. 이 보잘것없는

234

2014년 1월 KAIST 발전기금 약정식에서 필자(오른쪽)와 이광형 KAIST 문술미래전략대학원장

사람이 기업하게 해주고, 돈을 벌게 해주고, 보람을 느끼게 해주었으므로, 언젠가는 보은도 해야겠고 효도도 해야겠다고 생각해 왔다.

단순하나마 이것이 내가 생각하는 '사회환원'의 의미다.

진짜 아깝지
않으세요?

———

　　내 막내딸은 1남 1녀를 두었다. 큰아이는 초등학교에 다니는 계집애고 그 아래는 유치원에 다니는 사내놈이다.

　어느 날 막내딸 식구들과 저녁을 먹는 자리에서 애 엄마가 막내아이에게 친절히 설명해 준다.

　"지난번에 유치원에서 선생님이 신문기사 읽어 주셨지? 어느 회사의 사장님이 평생 땀 흘려 번 돈을 자식들에게 물려주지 않고 사회에 기부했다는 얘기 말야."

　"응. 어떤 친구는 아깝겠다고 그랬어. 어떤 친구는 훌륭하다고 그러고."

　"그 할아버지가 바로 여기 계시는 원지동 외할아버지야."

　"정말?"

　"정말이지 그럼. 우리 할아버지 너무 훌륭하시지?"

　조그만 사내아이는 금세 팔짝팔짝 뛰며 내게 안겨 왔다. 그런데 가만히 앉아서 밥을 먹던 큰아이가 다짜고짜 내게 묻는다.

"할아버지. 진짜 아깝지 않으세요?"

난 순간적으로 당황했다. 뭐라고 대답해야 좋을까. 식사와 함께 마신 반주가 어지간히 된 상태에서 갑자기 날아온 아이의 총알 같은 질문에 어떻게 대처해야 할지 몰랐던 나는 껄껄 웃으며 대충 얼버무렸다.

그날 아이들이 돌아간 후 깜빡 초저녁잠에 빠졌던 나는 자정이 조금 지나 잠이 깼다. 그리고 뜬눈으로 밤을 꼬박 새웠다. 아깝다. 아깝다. 아깝다. 평생 모은 재산을 내 자식도 아닌 남의 자식들에게 내어 준 나는, 정말 아깝지 않은가. "진짜 아깝지 않으세요?" 이 무시무시한 질문에 나는 뭐라고 대답했어야 하나.

만약 내가 "하나도 아깝지 않다"라고 대답했다면, 과연 그 아이가 믿었을까. 만약 그 아이가 믿지 않는다면 할아버지는 위선자가 되어 버리는 꼴 아닌가. 반대로 "아깝기는 조금 아깝지"라고 대답했다면, 과연 그 아이가 만족했을까. 하지만 내 자신을 납득시킬 수 있는 대답이었을까.

은퇴하고 기부까지 끝낸 이후에도 내게는 크고 작은 시련이 있었지만, 힘들 때마다 나를 위로해 준 것은 '아깝지 않다'의 효과였다. '나는 세상에서 가장 멋진 저금을 한 사람 중 하나이다. 나보다 부자인 사람이 얼마나 있겠으며 나보다 행복한 사람이 얼마나 있겠는가.'

"아깝지 않다"고 대답하면 아이의 단순하고 순진한 마음속에서 위선자가 되어야 하고, "아깝다"고 대답하면 그동안 나를 격려하고 위로해 온 충일감과 행복감을 위선으로 만들어 버려야 한다. 그 자리에서 즉답을 안 한 것은 잘한 일이었다.

날이 새자마자 나는 딸네 집에 전화를 걸었다.

"에미야. 큰아이한테 내가 해줄 말이 있다. 지금 바꿔 줄 수 있겠냐?"

"아버지도 참. 다들 자고 있지요."

"그렇겠구나. 그럼 내가 하는 말을 그대로 전해 줘라."

"예, 아버지, 말씀하셔요."

"나는 청지기와 같은 사람이다. 이 세상에 존재하는 재화 중 일부를 잠시 관리했던 사람이다. 내 것 아니었던 것을 도로 내놓았으니 이제 홀가분할 뿐이다. 내 것 아닌 것을 내놓았다고 아까워하는 건 옳지 않다. 나는 전혀 아깝지가 않구나."

유산은 자식의
행복권을 뺏는 독약

———

　　대학생들에게 "가장 닮고 싶은 사람이 누구인가?"라는 질문을 했더니, 한 대기업의 2세 총수를 1위로 꼽더라는 내용의 신문 기사를 읽었다. 아니 1위뿐 아니라 5위까지가 이른바 '대기업 2세'들이었다.

　　성공적으로 기업을 경영하고, 그를 통해 막대한 부富를 이룬 재계의 거인을 존경하고 본받고 싶어 하는 젊은이들의 태도는 십분 이해가 간다. '이왕 세상에 태어난 바에야 그 정도 성취는 이루고 죽겠다'는 젊음의 패기도 읽히는 듯하여 한편으론 기특한 마음까지 든다.

　　하지만 조금만 달리 생각하면 요즘 젊은이들의 사고방식이 두렵게 느껴진다. 부모를 잘 만나서 아예 처음부터 '재계의 거물'로 태어난 사람들을 '가장 닮고 싶은 인물'로 꼽는다니, 우리 대학생들이 '부모 잘 만난 것'을 가장 부러워한다는 뜻도 되지 않는가.

　　몇 년 전 딸들이 우리 내외에게 저녁 대접을 하겠다고 나섰다. 외손주들의 재롱에 그간 적적했던 우리 내외는 오랜만에 마음껏 웃었다.

분위기가 한창 무르익을 즈음, 일곱 살 난 외손주 하나가 제 엄마의 옷
자락을 잡더니 대뜸 이런다.

"엄마, 엄마. 여기서 누가 젤 부자야?"

어린 녀석의 당돌한 질문에 어른들은 하나같이 폭소를 터뜨렸다. 하
지만 나는 어쩐지 뒤통수를 된통 얻어맞은 느낌이었다. 철없는 머릿속
에 어찌 그런 궁금증이 다 들어 있을까. 도대체 어떤 대답을 듣고 싶었
던 것일까. 부자라는 게 어떤 의미인지 제대로 이해나 하고 있을까. 이
아이가 자라면 과연 누구를 가장 닮고 싶어 할까. 하긴, 애 어른 할 것
없이 우리 사회의 재물에 대한 태도가 대개 이렇지 않던가. 모처럼 흥
겨웠던 자리라 내색은 할 수 없었지만 내 기분은 오랫동안 씁쓸했다.

비슷한 시절을 거친 거의 모든 이들이 그랬듯, 나도 젊어서는 빈털
터리였다. 군대 휴가 중에 군대 동료의 소개로 만나 첫눈에 반한 여자
와 제대하자마자 결혼까지는 했지만, 집은커녕 최소한의 가재도구를
마련할 돈조차 없었다. 단칸 사글셋방 하나를 얻고, 옷 담고 이불 넣을
궤짝 하나 들여놓은 것이 당시 내 능력으로 할 수 있는 전부였다.

결혼하고 1년이 지나서야 겨우 내가 번 돈으로 첫 세간을 들여놓을
수 있게 되었다. 장롱은 아니었지만 튼튼한 철제 캐비닛이었다. 물론
볼품없이 작고 초라한 물건이었지만, 당시 우리 내외의 눈에는 캐비닛
의 엉성한 무늬까지 그렇게 예쁘고 대견해 보일 수가 없었다. 신혼 초
부터 줄곧 사용해 온 나무궤짝을 버리고, 그 안에 담겨 있던 옷가지를
하나씩 꺼내 캐비닛 안에 옮겨 넣는 일도 우리 부부에게는 마치 성스러
운 의식 같았다.

1970년에는 근무지가 바뀌어 올망졸망한 5남매를 데리고 서울로 이사를 해야 했다. 다행히 그때까지 저축한 돈과 얼마간의 빚을 합쳐 처음으로 내 집을 장만할 수 있게 되었다. 대지 38평에 건평 18평짜리 아담한 단독주택이었다. 이사하던 첫날 밤, 아내는 이불 속에서 소리 없이 한참을 울었다. 감격은 나 역시 마찬가지였다. 누군가 내게 '가장 행복했던 순간'을 물으면 부지불식간에 그 시절의 어려움과 소박한 성취들이 떠오른다.

자식들에게 유산을 많이 남겨 주는 부모는 자식들의 행복권을 남김없이 앗아 버리는 못난 부모가 아닐까. 자식들이 자신의 운명을 스스로 개척할 기회를 빼앗는 잔인한 부모가 아닐까. 나는 늘 내 아이들에게 '유산은 독약'이라고 가르쳤다. 그 말은 내 스스로를 향한 다짐이기도 했다.

스스로 겪어 가며 배워야 할 것들이 너무나 많은 세상이다. 정도正道를 걸으며 역경을 통해 얻는 기쁨과 성취감은 물질적 유산보다 수백 배 더 값진 것이다. 많은 것들이 준비된 상황에서 시작하는 인생은 혹시 지레 늙어 버린 인생이 아닐까. 부자 부모를 둔 레디메이드를 닮고 싶어 하는 대학생들 또한 조로早老한 젊음들이 아닐까.

들판에서 자란
아이

─

나는 어린 시절 거친 들판에서 뛰어놀며 키운 독립심, 호기심, 창의력, 모험심, 의협심이야말로 내가 평생 알아야 했던 전부라고 믿는다. 그 이후에 습득한 것들은 모두 '정보'였을 뿐이다. 정보란 체화體化의 대상이 아니라 관리의 대상일 뿐이다. 그리고 정보란 내가 아니라 남에게, 책 속에, 또는 하드디스크 속에 있어도 그만이다.

나는 내 아이들을 '기획'하고 싶지 않았다. 그래서 아이들을 제멋대로 풀어 길렀다. 자유롭게 자라면서 저마다 역경과 극복을 경험하기를 바랐다. 아이들이 한창 학교에 다닐 무렵, 서울 남단南端 청계산 자락에 있는 우리 집 주변은 온통 논밭이었다. 지금은 등산로 입구여서 등산복 가게, 음식점 등으로 제법 번화하지만 당시는 봄이면 모내기하느라 동네가 온통 떠들썩했고, 여름, 가을이면 개구리며 풀벌레 소리에 귀청이 떨어져 나갈 지경이었다. 자녀교육이며 직장 등을 핑계로 모두들 변두리 생활을 기피하던 시절이었다.

나는 이 촌 동네에서 아이들이 마음껏 뛰어놀도록 했다. 다른 부모들처럼 극성스럽게 아이들을 볶아댈 만한 마음의 여유도 없었고 돈도 없었다. 그때도 과외열풍이 대단했지만, 나와 내 아이들은 꿈도 꾸지 못했다. 오히려 틈나는 대로 밖으로 내몰아 텃밭 가꾸는 일과 정원수 다듬는 일을 같이하고자 했다. 초기에는 서울시내로 나가는 버스가 1시간에 하나 있었다. 아이들이 아침 등교시간에 이 버스를 놓치면 1시간 지각하는 셈이었다.

그렇게 자란 5남매는 모두 자신들의 힘으로 대학을 나와 스스로의 길을 개척했다. 이제는 모두 가정을 꾸려 제 분수와 능력껏 행복하게 살고 있다. 모두 스스로 깨닫고 스스로 결정한 방향대로 자라 주었다. 경쟁과 시간표 없이 들판에서 제멋대로 큰 덕분이라고 나는 믿는다. 내가 한 일이 있다면 무엇이든 '억지로' 시키지 않았다는 것뿐이다.

부모들이 자녀를 자기 뜻대로 재단하고 다그치는 것은 자녀에 대한 믿음이 부족하기 때문이다. 아이들을 못 믿기 때문에 항상 자신의 시야視野 안에만 잡아 두려 하고, 자신의 계획대로만 움직이게 하는 것이다. 그건 아이와 부모 모두에게 더 없는 비극이다. 부모의 인생마저 송두리째 아이들에게 붙잡혀 버리는 꼴 아닌가.

요즘 아이들은 공부는 방과 후 학원에서 하고 잠은 학교에서 잔단다. 집안 사정은 아랑곳없이 '학교 수업만으로는 모자라다'며 학원 등록을 조르는 아이들도 많다고 한다. 그 어린 것들이 '교육이 모자라다'며 보채다니 감탄할 일인가, 개탄할 일인가.

'있는 집'에서는 영어유치원이 아니라 아예 영어 쓰는 나라로 아이를 보낸다. 하지만 조기유학으로 탄탄한 장래를 보장받은 아이들이 얼마나 되는가. 언어 차이 때문에 학교에 적응하지 못하고 방황만 하다가 잘못되는 경우가 또 얼마나 많은가. 한국인으로서의 기본적인 생활습관과 가치관도 형성되기 전에 낯선 이국땅에서 홀로 새 인생을 시작해야 한다는 건 아이들에게 또 얼마나 가혹한 형벌인가.

1993년, 미래산업은 부천에서 천안 제2공단으로 이사했다. 당시 직원 137명 중 136명이 회사를 따라 천안으로 이주했다. 퇴사할 수밖에 없었던 1명은 노부모와 절대로 떨어질 수 없다던 4대 독자였다. 한 회사가 지역 이주를 하려면 상당수 직원의 퇴사를 감수해야 하는 게 통례다. 그러고 보면 이 또한 미래산업의 대단한 '실적'이었다.

이 '사건'을 두고 어느 신문에서는 '천안 대이동'이라 했다. 하지만 천안 이주를 놓고 회사 내에 불만이 전혀 없었던 건 아니다. 직원들이 가장 걱정한 건 바로 자녀들의 교육 문제였다.

그때 나는 직원들을 모아 놓고 이렇게 말했다.

"아이들은 벌에도 쏘여 보고 지렁이도 죽이면서 바람을 맞고 커야 하는 법입니다. 이 학원 저 학원으로 쉼 없이 몰아쳤지만 아이들이 그만큼 똑똑해졌습니까? 그건 교육이 아니라 사육입니다. 아이들은 짐승이 아니에요. 현명치 못한 사랑은 아예 폭력이지요."

며느리도
회사 구경 못 해

———

　한국의 아버지들은 가엽다. 사욕私慾 없이 평생을 민주
화에 헌신한 정치인들이 차례로 고개를 숙였다. 아들들 때문이다. 아
버지가 아들에게 아비 대신 여기저기 나서라고 가르쳤을 리 만무하다.
그들의 주제넘음을 알면서도 심약한 부정父情 때문에 어쩌지 못했을 뿐
이다.

　권력자는 주변인들에게 "내 아들을 무시하지 말라"고 훈시하지 않는
다. 다만 아랫사람들이 '아드님'을 알아 모실 뿐이다. 회사에서도 마찬
가지다. 오너는 직원들에게 2세의 진로를 부탁하지 않는다. 오너가 가
만히 있어도 '아드님'이 저 알아서 나서고, 직원들은 그것을 알아 모실
뿐이다. 오만방자해지는 건 당연하다. 리더가 측근 단속에 냉정하고
가혹하지 못하면 그렇게 된다. 그렇게 모든 것이 망가진다.

　한국의 다른 아버지들처럼, 나도 자식들을 끔찍하게 사랑한다. 그
래서 사실은 냉정하고 가혹하게 굴 자신이 없다. 우리 식구들이 회사
근처에 얼씬도 못 하도록 한 것도 나의 한계를 누구보다 내가 잘 알기

때문이다. 자신이 없어 원천봉쇄한 셈이다.

"눈에 넣어도 아프지 않을"이라는 표현이 있다. 내게는 며느리들이 그렇고 손주 녀석들이 그렇다. 아내는 늘 내게 "정이 없고 무심하다"고 불평을 한다. 스스로 생각해도 나는 아내와 아들딸들에게 무척 인색한 편이다. 하지만 며느리들과 손주들에게는 무엇이든 다 해주고 싶어 안달을 하니 나도 참 많이 늙었다.

어쨌든 그토록 귀한 아이들이지만, 때론 눈물을 머금고 매정하게 굴수밖에 없을 때도 있다. 막 시집 온 며느리의 애교와 어리광에 꼼짝 못하던 시절이었다. 어느 날인가 이 며느리가 다짜고짜 내 팔짱을 끼고 찰싹 들러붙는다.

"아버님, 회사 구경 한 번만 시켜 주세요."

아직 나를 잘 몰라 철없이 하는 소리겠거니 싶어 다정히 타일렀다.

"아가, 느이 신랑도 아직 우리 회사에는 못 와봤단다."

"어머, 정말요? 말도 안 돼요!"

"사장 식구들이 회사에 자꾸 들락거리는 건 별로 좋은 일이 아니란다."

"아이, 아버님. 그러시지 말고 딱 한 번만 구경시켜 주세요."

"안 된다."

"남들도 맨날 들락거리는 회산데…. 아버님 정말 너무하세요…."

"가족이라서 더 안 되는 거다. 네가 나랑 회사구경을 갔다 치자. 이렇게 크고 멋진 회사가 아버님 거라니, 우리 집은 정말 부자구나 하는 생각이 자연스럽게 들지 않겠냐? 회사는 그렇게 망하기 시작하는 법이

246

다. 그래도 꼭 가야겠냐?"

새 며느리의 어리광을 대번에 물리쳐야 하는 내 마음도 좋을 리는 없었다. 하지만 나는 창업 초부터 사장이나 간부의 친인척이 회사 근처에 얼씬거리는 것을 엄금해 왔다.

오래 전, 아내가 막내 남동생의 취직을 내게 상의해 온 적이 있다. 하지만 나는 호통을 치며 아내의 말문을 막았다. 며칠 후에는 큰처남한테 전화가 걸려 왔다. 큰처남은 회사가 어려웠던 시절에 큰 도움을 준 은인이기도 했다. 하지만 역시 냉정하게 거절했다. 외환위기 때는 두 사위가 실직을 하고 곤경에 처한 적도 있지만, 나는 아내의 원망스런 눈초리를 모른 척하며 그 일에 대해 일언반구一言半句도 하지 않았다.

두 아들은 대학을 졸업하자마자 공채를 거쳐 다른 기업의 평사원으로 들어갔다. 그랬다가 두 아이 모두 다니던 직장을 그만두고 외국에서 공부를 하고 왔다.

평생직장이라 여겼던 곳을 그만두고 뒤늦은 유학을 떠날 수밖에 없었던 것도 따지고 보면 '불신' 때문이다. 직장에 다니던 시절 작은아이가 어느 날 내게 이런 말을 한 적이 있다.

"아버지, 회사 사람들이 저를 진정한 동료로 여기는 것 같지 않아요."

나는 깜짝 놀랐다. 수재 소리를 들을 만큼 공부를 잘하지는 못했지만 정직하고, 부지런하고, 대인관계 원만한 자식들이야말로 늘 나의 자랑이었다.

"경험 삼아 남의 직장을 잠깐 다녀 보는 걸로 생각하는 모양이에요. 정리해고다, 팀 해체다 해서 동료들 몇몇이 퇴사한 후로는 저를 보는 눈들이 더 이상해졌어요.”

“그게 무슨 해괴한 소리냐? 정리해고랑 너랑 무슨 상관이길래 … .”

“일전에 아버지께서 저희 회사에 강연 오신 이후로 제가 아버지 자식이라는 걸 다들 알게 된 모양이에요.”

그렇지 않아도 아들이 다니는 회사여서 강연 요청을 고사했지만, 하도 청탁이 완강하기에 응낙한 강연회였다. 가슴이 아팠다. 나름대로 열심히 노력해서 얻은 첫 직장에서, 대단치도 않은 아비의 이름값 때문에 내 아들이 따돌림을 당해야 하다니. 그들은 필경 이렇게 수군대고 있을 것 아닌가.

“멀쩡한 자기 회사 놔두고 여기 와서 뭐 하는 거야?”

그들은 ‘미래산업’과 ‘정문술’과 ‘아들의 이름’을 똑같은 의미로 여긴 것이 아닐까.

인연과
연줄은
다르다

그림 수집 취미

—

　　갈수록 각박해지는 세상에서 인연만큼 소중한 건 없는 것 같다. 다만 우리 사회에서는 그 인연과 텃세의 끈이 너무나 질겨 공사公私가 모호해지고 정도正道가 무시되므로 문제가 되는 것이다.

　나는 '유난스럽게 군다'는 미운 털이 어지간히 박혀 있는 사람이다. '깨끗한 척은 혼자 다 한다'는 뒷소리도 꽤나 들어 왔다. 이에 이 자리를 빌려 '나의 비리'를 고백하려고 한다. 뒷소리를 듣는 것보다는 차라리 솔직해지는 게 낫다 싶어서다. 중앙정보부에서 공직생활을 할 때 일이다.

　1977년 봄, 당시 나는 국내 젊은 화가들과 폭넓게 교유했다. 함께 바다낚시도 다니고 술도 자주 먹었다. 한창 그림 보는 재미에 맛을 들이던 시절이었다. 조금이라도 여유 있는 주부들 사이에서는 병풍계가 성행할 정도로 당시엔 한국화韓國畵가 붐이었다. 나와 교유하던 인물들 중에도 한국화가들이 상당수 있었다. 대부분 근대 한국화 2세대들로, 요즘 국내 화단에서는 원로 대접을 받는 이들이다.

그 시절, 안면은 없었지만 한국화가 중에서 나는 K 화백의 작품을 특히 주목하고 있었다. 그의 행보는 한국화단에서도 특별했다. 당대의 선호도나 트렌드는 아예 신경도 쓰지 않고 이미 한국적 추상화에 전념하고 있었다. 전통 한지를 이용해 여백의 질감을 극대화한 추상 작품들이었다. 당시로서는 단연 파격이었다.

K 화백은 한국의 정신이 한지의 질감에 있다고 보고 소예素藝, 즉 백색의 마티에르에 집착하고 있었다. 다작多作이었는데도 당연히 가난했다. 평단으로부터는 늘 이단아로 외면 받는 처지였다. 하지만 나는 젊은이에게서도 보기 어려운 그의 도전정신과 고집을 멀리서나마 흠모하고 있었다.

하루는 평소 절친하게 지내던 화가 한 분이 전화를 걸어 왔다.

"존경하는 화가가 한 분 계십니다. K 선생이라고 …."

"아, 그분이라면 저도 잘 압니다. 작품도 몇 점 본 적이 있구요."

"그렇다면 얘기가 더 수월하겠네요. 다름이 아니라 제가 정 과장님한테 청이 하나 있어서요."

"무슨 …?"

"K 선생이 시류에 연연하지 않고 자기 세계를 꾸준히 지켜 올 수 있었던 것은 다름 아닌 그분 동생의 덕입니다. 조그만 중소기업을 운영하면서 K 선생의 생활을 전적으로 책임지고 있지요.

그 동생 분에게 외아들이 하나 있어요. 얼마 전 군대에 갔는데 최전방에서 죽을 고생을 하고 있나 봅니다. 그런데 면회만 가보면 죽어 버리겠다느니 탈영을 하겠다느니 통곡을 해대는 통에 부모들 속이 시꺼

252

먼 모양이에요.

　그런데 그걸 보고 K 선생이 더 못 견뎌 하는 겁니다. 동생 내외로부터 일방적으로 도움만 받아 온 처지에, 아무런 도움이 못 되는 자기 처지가 한심스럽다며 매일 술타령입니다. 그 양반이 원래 화풍에 어울리잖게 마음이 참 여린 사람이에요. 보다 못해 제가 정 과장님한테 전화를 한 겁니다."

　당시 내 직책은 중앙정보부 조정과 부과장이었다. 어느 누구도 3개월 이상은 못 버틴다는 자리였다. 하지만 '3개월로 충분하다(?)'는 자리로 유명하기도 했다. 그만큼 스캔들이 생기기 쉬운 자리였고, 실력자들의 경쟁 또한 치열한 자리였다. 나는 그런 자리에서 자그마치 10년을 버틴 것으로 또한 유명했다. 이권 개입이나 뇌물 수수 등의 스캔들이 없었고, 섣부른 트집에 흔들리지 않을 정도의 업무 수행력은 갖추고 있었기 때문이다. 하지만 나는 그분의 조카 문제를 해결해 보겠노라 즉석에서 대답했다. 일면식도 없는 사이였지만, 그렇게라도 그분의 고단한 예술혼에 기여하고 싶은 순진한 마음에서였다.

　업무상 접촉이 빈번했던 모 정보부대 간부에게 조심스레 전화를 걸었다. 문제는 그렇게 해결되었다. K 화백의 조카를 조금 편한 곳으로 차출해 준 것이다.

　그 일이 있고 얼마 후, K 화백으로부터 직접 연락이 왔다. 조촐하나마 저녁 대접을 하고 싶다는 것이었다. 몇 번이고 사양했지만, 서운해하는 티가 역력해서 결국 받아들이지 않을 수 없었다. 내심으로는 흠모하던 인물을 직접 보고 싶은 마음도 없지 않았다.

초대되어 간 그의 집은 사당동 예술인 마을에 있는 허름한 미완성 단층 주택이었다. 조선시대 목가구나 신라 토기 등을 수집하는 호사취미가 한국화가들에게 유행처럼 번지던 시절이었지만, 그 집에는 자신의 작품 한 점 걸려 있지 않았다. 집안에 구경시킬 것이 너무 없다 싶었는지, K 화백은 저녁이 준비되는 동안 나를 지하 작업실로 안내했다. 액자까지 직접 만들 수밖에 없는 처지라며 어지러이 흩어져 있던 대패며 톱을 한쪽으로 치우고 나서, 그는 한창 작업 중이던 작품들을 내게 친절히 설명해 주었다. 여기저기를 가리키는 그의 손은 영락없는 막노동꾼의 그것이었다.

고기도, 술도 없는 조촐한 밥상이었지만 나는 진심으로 두 내외에게 감사했다. 돌아오는 길에 K 화백은 내게 작품 한 점을 선물했다. 합판에 한지를 뜯어 붙여 작업한 10호짜리 소품이었다. 처음에는 펄쩍 뛰었지만 계속된 강권에 결국은 받아 들고 말았다. 워낙에 소품이다 보니 큰 부담이 없기도 했다.

K 화백을 대신해 그분의 조카 문제를 '청탁'해 왔던 화가가 나중에 내 집에 놀러왔다가 거실에 걸려 있는 그 작품을 보더니 한마디 했다.

"그 양반, 정 과장이 어지간히 마음에 들었던 모양이네요. 이거 유명 미술잡지 표지로 나왔던 작품이에요. 그 양반이 무척 아끼는 거라고 들었는데 …."

나의 공직비리를
고백한다

———

이듬해 초여름, K 화백이 개인전을 연다는 소식을 접했다. 개인전이 끝나면 파리로 건너가 10여 년 체류할 계획이라고 했다. 그분과의 소박한 인연도 이 정도로 끝이려나 생각하니 아쉽고 서운한 마음이 들어 전시장을 찾아가 보기로 했다. 그토록 소중한 작품을 선사받은 데 대해 감사의 마음도 전해야 할 것 같았다.

관람객이라곤 나를 포함해 두세 명이 고작이었고, 당연히 작품 한 점 팔릴 것 같은 분위기가 아니었다. 내 딴에도 속상했지만, 당시 내 형편으로는 제값 주고 그분의 그림을 사줄 수 있는 처지도 아니어서 더욱 민망했다. 나 역시 상여금을 모아 1년에 겨우 그림 한두 점씩 사 모으는 형편이었다.

"곧 파리로 가신다구요?"

"예, 공부 삼아 나가 보기로 했습니다."

"일전에 주신 작품이 선생님께서 제일 아끼던 작품이라는 얘기를 뒤늦게야 들었습니다. 그렇게 함부로 받아 올 게 아니었는데 ⋯ . 제 안목이 이렇습니다.”

“아, 부담 갖지 마세요. 조카 일로 신경 써주신 것도 감사하려니와, 모처럼 제 화풍을 이해해 주는 분을 만난 기념으로 기꺼이 드린 겁니다.”

“몸 둘 바를 모르겠습니다. 그나저나 고별 전시회인 셈이라 제가 작품 한 점이라도 사드려야 될 텐데 보잘것없는 공무원 신세라 주머니 사정이 빤합니다.”

“별 말씀을요. 이렇게 와주신 것만 해도 감사할 따름이지요.”

“이거 얼마 안 됩니다만, 여비에라도 보태 주시면 … .”

나는 K 화백의 추레한 국민복 주머니에 억지로 봉투 하나를 집어넣고 도망치듯 전시장을 빠져나왔다. 봉투에는 5만 원이 들어 있었다. 당시의 내 처지로는 꽤나 거금이었다. 득의작得意作을 알아보지 못한 문외한의 사과였고, 더구나 자격도 없이 넙죽 받아 온 뻔뻔함에 대한 사죄였다.

그 후로 나는 K 화백을 다시 만나지 못했고, 국외에서 활동하는 동안 변변한 소식도 듣지 못했다. 그리고 몇 년이 지나 미래산업을 창업한 후, 신제품을 개발해 반도체 제조장비 시장에서 겨우 자리를 잡았지만, 능력 이상의 개발계획 덕분에 도산 직전까지 몰리는 처지가 되고 말았다.

당시 나는 돈이 될 만한 것은 무엇이건 팔아 개발자금에 쏟아부었다. 공직 시절 월급을 쪼개어 틈틈이 수집한 미술품들의 신세도 마찬가지였다. 미술상을 집으로 불렀더니, 집안 곳곳에 걸려 있던 미술품들을 순식간에 걷어 상자 몇 개에 넣어 차에 실어 버렸다. 그리고 나를 보며 한다는 소리가 "더 없소?" 한마디였다.

"그게 다요. 얼마나 되겠소?"

"3천 드리리다."

젊은 날의 추억이자 내 인생의 유일한 사치품들의 시세가 겨우 3천만 원이었다. 하지만 당장 막아야 할 사채 이자며 직원들 월급, 켜켜이 쌓여 있는 부품대금 청구서까지 생각하면, 그 자리에서 따지고 흥정할 여유가 내겐 없었다.

"얼른 가져가쇼."

나는 쫓아내다시피 미술상의 등을 떠밀었다. 그러나 아뿔싸. 뒤늦게 알고 보니 그 상자 속에는 K 화백이 선물한 작품도 섞여 있었다. 좀 더 침착했더라면 그것만은 빼놓았을 것을, 스스로에 대한 연민과 자조에 취해 미처 그 생각을 하지 못한 것이다. 그분의 진심 어린 호의를 그깟 돈 몇 푼에 팔아 버리다니…. 쥐구멍에라도 찾아 들어가고 싶은 심정이었다.

다음 날 오후, 일찌감치 회사 일을 처리하고 허둥지둥 화랑을 찾았다. 그곳에는 내가 판 다른 그림들과 함께 그 작품도 같이 걸려 있었다. 하지만 나는 그것을 되사 올 수 있는 처지가 아니었다. 이미 내게는 한 푼도 남아 있지 않았다. 화상畵商이 아니라 작품의 진가를 아는 애호가에게라도 팔았다면 그토록 부끄럽지는 않았을 것이다.

미래산업 대표직에서 물러난 직후, 늘 마음속에 얹혀 있던 몇 가지 매듭을 이제는 풀어 버리고 싶었다. 이를테면 혼자만의 은밀한 '한풀이'를 하고 싶었던 것이다. 그 '한풀이 리스트'의 맨 꼭대기에는 K 화백의 그림이 있었다. 나는 수첩을 바꿀 때마다 잊지 않고 다시 적어 두곤 했던 화상의 전화번호를 찾아 수화기를 들었다. 격세지감, 전화를 받은 이는 가게를 물려받은 그 화상의 아들이었다. 하긴 어느새 20여 년의 세월이었다.

자초지종을 설명한 후 내가 조심스레 물었다.

"혹시 그 그림을 찾아 줄 수 있겠소?"

"창고에 아직 있을지도 모르겠습니다만, 장담은 못 드리겠네요."

"상례가 아닌 줄은 알지만, 만약 그 그림을 사간 사람이 있다면 제게 좀 알려 주시오. 선생께는 절대 욕 안 돌아가도록 하리다."

일주일 후에 다시 전화가 왔다. 다행히도 그림이 아직도 창고에 있더라는 것이다.

"그걸 내게 되파실 수 있겠소? 요즘 그런 작품의 시세가 얼만지는 모르겠지만 시세보다는 좀더 드리리다."

"그러믄요. 이것도 인연이라면 인연인데, 그냥 시세대로 주시죠."

도착한 그림을 살펴보니, 색도 많이 바래고 몇 군데 얼룩까지 생겨 있었다. 그 오랜 세월 동안 창고에 처박혀 있었으니 그럴 법도 했다. 그게 또 죄스러웠지만, 이렇게라도 다시 찾을 수 있었던 게 천만다행이다 싶어 감개무량한 심정으로 거실 벽에 걸었다. 25년 전의 바로 그 자리였다.

얼마 전, K 화백의 기획전이 열린다는 단신을 신문에서 읽었다. 이제는 좀 떳떳한 심정이 되어 그곳을 찾아가 보았다. 예나 지금이나 전

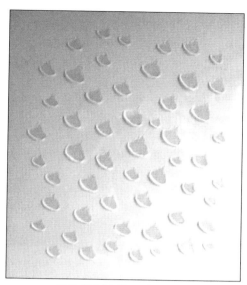

25년 만에 돌아온 K 화백의 그림

시장은 썰렁했고, 그분도 자리에 없었다. 마주친다 해도 알아보기 힘든 세월이었고, 하긴 일부러 아는 체하는 것도 어색할 사이다. 그분이 '정문술'이라는 이름을 기억할 수 있을지조차 자신이 없었다.

나는 그곳에서 가장 마음에 드는 작품 하나를 찍어 놓고 화랑 주인을 불렀다. 역시 패널 위에 한지로 작업한 100호짜리 대작이었다. 그림 값을 묻자, '설마 진짜 사랴' 싶었던지 대꾸가 심드렁했다.

어쩌면 별스럽지 않을 수 있는 인연이었음에도 불구하고 K 화백에 대한 나의 죄의식은 특별했다. 애초 그분과의 인연은 문제의 '청탁' 때문이었다. 엄밀하게 말하자면 그것은 분명한 '공직비리'였다. 하지만 그 단 한 번의 외도를 나는 '비리'라고 여기지 않았고, 당연히 부끄러워하지도 않았다. 고단하되 뜨거운 한 예술혼을 향한 숭배자의 순수한 호의이자 예의라고 생각했던 것이다. 그러곤 작품을 선물로 받았다.

보잘것없어 보였기에 부담을 갖지 않았고, 작가가 가장 아끼던 작품이란 소리를 나중에 들었을 때는 그 정성에 감격할 따름이었다. 하지만 나는 그 작품을 경제적 이유로 팔아 버렸다. 바로 그 순간에 그 작품은 '뇌물'이 되고 나는 '비리 공무원'이 되어 버린 것이다. 화랑 주인에게 군소리 없이 거액을 지불한 건, 내 뒤늦은 복권復權의식이었다.

세월이 흘러 요즘 내게 남은 몇 점 그림을 감상하는 게 취미다. 류경채 화백의 그림들을 보노라면 우주 생성의 신비를 캔버스 위에 형상화한 그의 예술혼에 경의敬意를 표할 수밖에 없다.

여기 그간 모아 둔 그림 몇 점을 여러분과 공유하고자 한다.

문신(1923~1995), 〈무제〉, 1987, 브론즈, 125×68×43cm

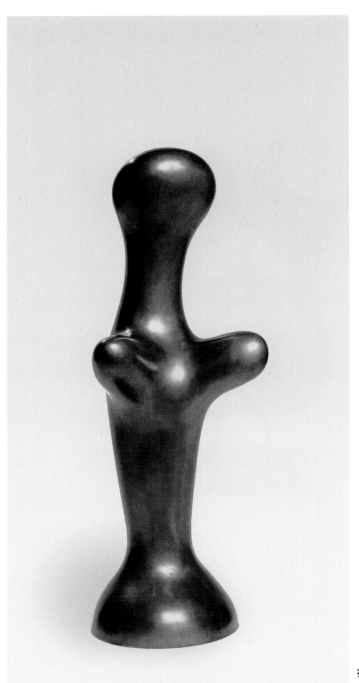

**장 아르프(Jean Arp,
1886~1966)**
〈신화의 인물〉
(Figure Mythique), 1950,
브론즈, 112×38.5×35cm

권진규(1922~1973)
〈지원〉, 1967, 테라코타,
45×34×25cm

권진규(1922~1973), 〈마두〉, 1967, 테라코타, 35×57.5×19cm

백남준(1932~2006), 〈Tribute to Dean Winkler〉, 1995, 혼합매체, 210×153×53cm

장욱진(1917~1990), 〈까치와 나무〉, 1986, 캔버스에 유화, 40.9×31.8cm

최영림(1916~1985), 〈우화〉, 1978, 캔버스에 혼합재료, 116.8×91cm

안병석(1946~), 〈바람결〉, 1990, 캔버스에 유화, 97×162.2cm

유영국(1916~2002), 〈산〉, 1976, 캔버스에 유채, 60.6×72.7cm

유영국(1916~2002), 〈산〉, 1977, 캔버스에 유채, 53×65.1cm

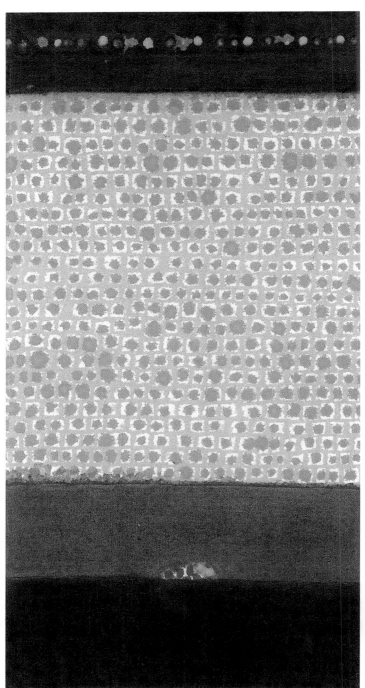

김환기(1913~1974)
〈15-VII-70 #181〉,
1970, 캔버스에 유채,
73.5×36.5cm

박서보(1931~)
〈묘법 No.010821〉, 2001,
한지에 혼합재료,
162×130cm

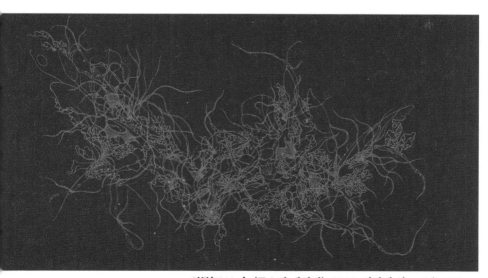

이불(1964~), 〈몬스터 페인팅〉, 2003, 비단에 안료, 96×172cm

이우환(1936~) , 〈조응〉, 2003, 종이에 수채, 57×76cm

이우환(1936~),
〈조응〉, 2003,
캔버스에 안료,
162.2×130.3cm

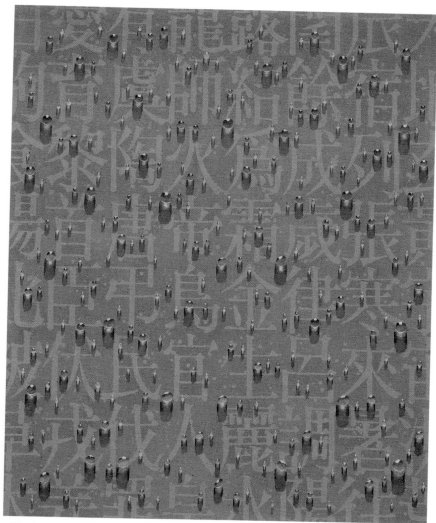

김창열(1929~), 〈회귀 SA2000〉, 1998, 마포에 유채, 162.2×130.3cm

권옥연(1923~2011),
〈토기에서〉, 1964,
캔버스에 유채,
100×80.3cm

문학진(1924~), 〈연주자들의 합주〉, 1979, 캔버스에 유채, 112.1×162.2cm

명예박사 학위
사양도 어려워

———

　　나는 회사가 아무리 어려운 지경에 처했을 때라도 섣불리 직원을 해고해 본 적이 없다. 직원들의 능력이 늘 흡족했기 때문은 아니다. 또한 지금껏 거래해 온 은행도 줄곧 하나다. 거래하는 증권회사도 변함없이 하나다. 특별히 조건이 좋은 거래처였기 때문은 아니다. 심지어는 처음 내게 골프를 가르쳐 준 사범이 일산 신도시로 옮겨 간 후에도 나는 강남에서 그곳까지 찾아다니며 레슨을 받는다. 지도력이 탁월해서도 아니고 유명 골퍼여서도 아니다.

　　나는 누구 못지않게 인연을 소중하게 여기는 사람이다. 하지만 내가 생각하는 인연이란, 모든 것을 그 관계 안에서만 풀고 해결하려는 막무가내의 '연고' 또는 '인맥'과는 다르다. 내게 '인연'이란 관계에 대한 성실함이자 사람에 대한 예의다. 내가 소중하게 여기는 것은 그 성실과 예의다.

　　미래산업 CEO로 일하는 동안에는 무수한 청탁 때문에 피곤했고 괴로웠다. 온갖 모임에서 회장이니 고문이니 하는 감투까지 맡겨 대는 통에 거절하느라 진땀깨나 빼야 했다. 원칙을 앞세워 무쭉 자르듯 처신할 자신이 없을 때 나는 차라리 자리를 피하곤 했다. 물론 그 덕분에 '매정하고 독한 사람'이란 소리도 숱하게 들어야 했다.

은퇴 후 고향의 모 대학에서 연락이 왔다. 명예박사 학위를 수여하겠다는 내용이었다. 이미 교육부에 신고까지 해놓은 모양이었다. 그러고는 다짜고짜 가운을 맞추자는 것이다. 모교는 아니었지만 특별히 마다할 이유가 없는 명예행사다 보니 당연히 수락할 것이라 확신한 모양이었다. 아마 거절당한 경험도 없었으리라.

나는 정중히 거절했다. 내 인생이 학술적인 것과는 너무나 어울리지 않는다는 것이 첫째 이유요, 그 학교나 해당 분야에 아무런 기여도 한 바 없이 명예나 탐할 수는 없다는 것이 둘째 이유였다. 하지만 그 대학에서는 포기하지 않고 경영대 학장을 서울로 보냈다. 인사 삼아 인연을 따져 보니 나와 고등학교 선후배 사이였다. 일부러 서울까지 올라와 나를 찾아 준 성의도 있는 데다 꼼짝 못할 지연, 학연까지 얽혀 있는 터였다.

지금도 송구스러운 마음이지만, 나는 그 귀하고 반가운 손님을 식사 대접도 없이 서둘러 돌려보내고 말았다. 애초 생각한 바를 지켜 낼 자신이 없었기 때문이다. 그 후로도 비슷한 일들이 연달아 다섯 차례나 반복되었다. 모르긴 몰라도 KAIST 기부 이후라 내게 바라는 것들도 있겠다 싶었지만, 하도 겪다 보니 내게도 점차 '거절의 노하우'란 것이 생겨났다.

"일전에 모 대학교에서 명예박사 학위를 주겠다는 제안이 왔는데 자격이 모자란 듯해서 정중히 거절한 적이 있습니다. 그때는 거절해 놓고 어떻게 이번에는 받을 수 있겠습니까?"

새로 시작하는 학교법인의 이사장을 맡아 달라는 부탁도 있었다. 사단법인 총재, 심지어는 대학교수 제안까지 있었다. 하지만 나는 벤처인의 얼굴로 공적인 삶을 이미 마감한 사람이다. 그중 어느 것 하나 내게 합당한 감투는 없었다.

이른바 '자수성가'한 사람이 가장 먼저 기분을 내고 싶은 곳, 그건 두말할 것도 없이 고향과 모교일 것이다. 그래서 성공한 사람들은 흔히 그 성공을 고향에서 먼저 인정받고 싶어 하고, 그렇게 자신만의 고단했던 과거를 보상받고 싶어 한다. '금의환향錦衣還鄕'이란 말이 그래서 생겨났을 것이다. 하지만 인지상정人之常情일지언정, 그 소박한 수구초심首丘初心이나마 경계해야 할 사회다. 고향을 따지고 출신학교를 따지는 것이 한국형 연고주의와 지역감정의 시작이기 때문이다.

나는 현역 때나 지금이나 동향인, 동창과의 대면을 일부러 더 피하는 편이다. 청탁을 거절할 자신이 없기 때문이다. 그래서 '절교 당한' 인연도 꽤 있다. 가급적 고향 갈 일을 줄이느라 부모님 묘소까지 다른 곳으로 이장하고 말았다. 마침내 '후레아들놈'이라는 욕까지 들었다.

고향에 있는 학교도 아니고 더욱이 모교도 아닌 곳에 300억 원씩이나 기부했다며 욕하는 사람들은 또 어찌 없었을까. 하지만 나는 그렇게라도 연고주의라는 이 땅의 옳지 않은 순환고리를 끊고 싶었다. 도대체 우리는 언제까지 이러고 살아야 한단 말인가.

의도하건 그렇지 않건 간에, 살면서 맺어지고 맺어야 하는 인연이란

2007년 2월 2일 KAIST에서 열린 명예박사 학위수여식. 좌측부터 박병준 뷰로 베리타스 회장, 닐 파팔라도 미국 메디테크 회장, 이종문 미국 암벡스 회장, 필자.

꼬리에 꼬리를 물고 이어지는 법이다. 그 끝없는 인연의 고리들 속에서 부끄럽지 않은 한 좌표를 차지하기가 참으로 쉽지 않은 세상이다.

몇 차례 명예박사 학위를 사양한 끝에 2007년 2월 2일 KAIST에서 명예공학박사 학위를 받았다. 면구스럽기 짝이 없는 일이었으나 KAIST 관계자들이 학교 발전을 위해서라면 이런 의식儀式도 필요하다면서 강권하기에 수락하고 말았다. KAIST가 명예박사 학위를 수여하기는 1971년 개교 이후 처음이라고 했다.

이종문 미국 암벡스 회장, 닐 파팔라도 미국 메디테크 회장, 박병준 뷰로 베리타스 회장 등 혁신적인 벤처기업인들도 그날 함께 학위를 받

276

KAIST 명예공학박사 학위를 받은 직후 그려진
필자의 캐리커처. 최남진 화백 작.

앉다.

그날 오후 2시 KAIST 노천극장에서 열린 학위수여식에서 박사 모자
를 쓰고 가운을 입으니 나의 '벤처 인생' 장편 드라마가 몇 초 사이에 빠
른 속도로 지나가는 듯했다. 내 능력이 닿는 한 한국의 미래를 위해 더
기여해야겠다는 사명감이 생겼다.

다금바리가
맛이 없는 사연

———

언젠가 어느 경제단체 세미나에 연사로 초청된 덕에 3박 4일 동안 제주도 여행을 한 적이 있다. 첫날 저녁, 숙소로 잡힌 호텔 식당에 아내와 함께 들렀더니 주방장이 달려와 아는 척을 했다.

"아, 정 사장님! 이 먼 곳까지 찾아 주시다니 영광입니다!"

"주방장님도 주식깨나 하는 모양이올시다. 나를 다 알아보니."

"웬걸요. 호텔 식당에 있다 보니 손님들 모시느라 경제신문도 많이 읽는 편입니다. 그나저나 마침 잘되었습니다. 다금바리 8킬로그램짜리가 막 들어왔거든요. 다금바리란 게 워낙에 크면 클수록 맛있는 횟감입니다."

제주도 다금바리라면 나도 익히 들어 알고 있었다. 깊은 바다에 사는 다금바리는 잡자마자 피를 뺀 후에 냉장고에 넣어 몇 시간 숙성시킨 것을 최고로 치며 값도 무척 비싸다고 했다. 주방장은 그 귀한 다금바리를, 그것도 좋은 부위만 골라 접시에 담아 왔다. 아니나 다를까 입에서 씹히는 맛과 녹는 맛이 기가 막혔다. 내가 첫 젓가락에 감탄을 하자

278

옆에서 반응을 살피던 주방장도 희색이 만면했다.

하지만 사람 욕심이라, 나는 이왕 주방장과 안면을 튼 김에 입 호사나 한번 제대로 해보리라 마음먹으며 넌지시 물었다.

"내가 듣기로 제주도에서는 다금바리도 좋지만 그보다 나은 게 북바리요, 북바리보다 나은 게 또 솔치라 합디다. 내가 여기서 사흘 정도 묵을 예정인데 맛이라도 한번 보게 해주실 수 있겠소?"

"북바리나 솔치는 잘 잡히지가 않아서 여기 사람들도 구경하기 힘든 생선입니다. 저희 호텔이 제주 전역에 공급망을 두고 있으니 한번 수소문은 해보겠습니다만, 지나친 기대는 마세요."

다음 날 강연을 마치고 나서 잠시 쉬고 있자니, 절친한 친구 내외가 휴게실로 찾아왔다. 여름휴가를 맞아 제주에 왔다가 내 소식을 듣고 찾아왔노라 했다. 뜻밖의 만남은 반갑기 그지없었다.

"잘됐네. 저녁이나 같이하세. 내가 묵고 있는 호텔에서 마침 귀한 생선을 구해 놨다는데 혼자 먹기 망설여지던 참이네. 오늘 저녁 때 동부인해서 오게나."

그날 저녁, 식당 테이블에는 다금바리, 북바리, 솔치의 세 종류 회가 각각 커다란 접시에 담겨 나왔다. 주방장의 생색이 대단했다.

"제주에서 최고로 치는 생선 세 종류를 한꺼번에 맛보신다는 건 대단한 행운입니다. 이곳 사람들도 누리기 힘든 호사지요."

나는 급한 마음에 셋 중에서도 단연 으뜸이라는 솔치회부터 한 점 입에 넣어 보았다. 복어회처럼 쫄깃하면서도 씹을수록 배어 나오는 풍미가 대단했다. 과연 헛소문이 아니었다.

다음으로 북바리를 한 점 입에 넣었다. 다금바리보다 훨씬 맛있다는 북바리회가 어째 맛이 영 시답잖았다. 나는 갸웃거리며 다금바리도 한 점 먹어 보았다. 하지만 그것도 별로 대단치 않았다. 혹시나 싶어 청주로 입을 헹군 후에 다시 북바리나 다금바리를 먹어 보았지만 맛없기는 마찬가지였다.

아차 싶었다. 회를 먹는 순서가 잘못된 모양이었다. 가장 좋은 생선부터 손을 댔으니 그보다 못하다는 횟감들이 성에 차지 않는 건 당연하지 않은가. 급하고 경솔한 마음에 모처럼의 입맛을 망친 셈이었다.

간혹 회사로서는 벅찰 수밖에 없는 엄청난 대우를 요구하는 입사 지원자들이 있다. 충분히 그럴 만한 가치가 있는 인재들일뿐더러, 요즘 세상에는 자신의 가치를 제대로 홍보하지 못하는 사람은 인재 축에도 들지 못한다니 십분 이해가 되는 태도다. 하지만 그런 인재들을 만날 때마다 나는 그들을 설득한다. 사주의 욕심 때문만도 아니고, 인력시장에 흔하다는 '협상 수법'도 아니다. 인재를 진정으로 아끼는 마음 때문이다.

"자네가 지금까지 말한 것처럼 진정으로 우리 회사를 신뢰하는 마음에서 입사를 지원한 거라면 당장의 욕심을 조금만 버려 주게. 꿈으로 남겨 두어야 할 몫까지 처음부터 한꺼번에 요구하는 것은 회사뿐만 아니라 자네에게도 별로 득이 될 게 없네. 억지로 미래를 앞당기면 마음도 그만큼 빨리 늙기 마련이네. 믿게. 미래산업은 절대로 자네 몫을 가로챌 마음이 없네. 다만 그 순서를 지키고 싶을 뿐이네."

우리 나이쯤 되면, 골프를 칠 때에도 점수에만 급급해한다. '모로 가도 서울만 가면 된다'는 식이다. 간혹 주변인들 보기에도 민망할 정도로 우스운 폼으로 골프채를 휘두르는 사람들이 있다. 반면에, 이래저래 엉성하긴 하지만 배운 대로 정성껏 자세를 교정하려는 사람들도 있다. 이 두 그룹이 골프를 치면 항상 전자가 이긴다. 그래서 후자 그룹이 점점 사라지게 된다.

골프는 고급 스포츠다. 그러니 사치는 하지 않더라도 자기 분수껏 맵시 있게 차려 입고, 자세도 우아한 편이 가급적 좋다. 내 골프 친구들 중에 '후자 그룹'은 이제 나 하나 남았다. 장작 패듯이 스윙하는 친구들에게도 매번 패하기 때문에 놀림감이 된 지 이미 오래다. 하지만 어딜 가도 "폼 하나만은 그럴 듯하다"는 소리를 듣는다.

조롱이 분명하지만 나는 그 소리가 싫지 않다. 늙어서 비록 더디긴 할지라도 '바른 순서대로' 가고 있다는 뜻이기 때문이다.

꽃나무 도둑도
벤처인?

———

내가 1983년 직원 6명과 함께 미래산업을 창업해 반도체 핸들러를 국산화하여 비로소 '반도체 제조장비업체'의 반열에 올려놓은 것이 1990년대 초의 일이다. 그 10년 가까운 시간 동안 미래산업은 무척 어려웠다. 몇 번의 개발 실패가 계속되자 나는 엄청난 빚더미에 올라앉을 수밖에 없었다.

집안 형편이야 말할 것도 없었다. 하지만 그 어려운 시절에도 아내는 집 앞마당의 금송, 고려영산홍, 일본 철쭉, 주목 등을 아이들과 함께 정성 들여 가꿨다. 도심에 있던 집을 팔아 청계산 골짜기로 이사할 때 생긴 약간의 여유자금으로 들여놓은 관상수들이었다. 빚에 쪼들리던 당시 사정으로야 사치임이 분명했지만, 그만한 것에라도 식솔들이 정을 붙이고 기쁨을 얻을 수 있는 것만도 다행이라 여겼다.

1988년 어느 월급날, 경리직원이 은행 앞에서 날치기를 당하는 사고가 터졌을 때 나는 울고 있는 직원을 위로하며 괜찮다고 호기를 부렸지만 사실 그날은 더 이상 사무실에 버티고 앉아 있을 수가 없었다. 아침부터 친구로부터 갖은 수모를 당하면서 빌려온 마지막 사채였다. 눈앞이 캄캄했다.

　일찌감치 퇴근한 나는 멍한 상태로 마당을 한참이나 서성였다. 얼마나 지났을까. 아무래도 뭔가가 이상했다. 꽃나무가 무성해야 할 자리에 듬성듬성 구덩이가 패어 있는 게 아닌가. 가뜩이나 심기가 불편했던 나는 아내를 불러 버럭 역정을 내었다. 그날 아내는 내 앞에서 아무런 대꾸 없이 울었다. 그깟 꽃나무 한 그루씩 팔아 가며 연명해야 하는 세월이 아내에겐들 오죽했을까.

　차차 형편이 좋아지면서 다시 신경을 쏟다 보니, 이제는 제법 볼 만한 정원이 되었다. 은퇴한 후로 부쩍 한가해진 요즘의 두 늙은이에게는 다시없는 소일거리이기도 하다. 그런데 2002년 6월 중순, 난데없는 일이 벌어졌다. 우리 집 마당에서 제일 그럴듯했던 일본 철쭉 한 그루의 허리께가 무참히 잘려 나간 것이다.

　궁핍했던 시절에도 팔지 않고 그냥 두었더니 근년에는 화려하고 무성한 꽃사태로 보답하는 애틋하고 기특한 놈이었다. 만일 거칠게 꺾여 있었다면, 우리 집 앞마당이 등산로와 연해 있는 터라 술 취한 등산객의 주정쯤으로 짐작할 수도 있었다. 하지만 철쭉의 허리를 자른 것은 분명히 톱이었다. 안타깝기도 했지만 어쩐지 섬뜩했다. 원한 가진 사람이 아닌 다음에야 남의 멀쩡한 꽃나무에 톱질이라니.

　다시 8월 중순, 각지에 비 피해가 극심했다. 우리 집에도 수해가 있지 않을까 싶어 비옷을 입고 집 안팎을 돌아보았다. 헌데 기가 막힌 일이 또 벌어져 있었다. 볼썽사나우나마 허리가 꺾인 채 그대로 두었던 나무가 온데간데없이 사라져 버린 것이다.

뿌리째 뽑혀 나간 구덩이 주변엔 발자국이 어지러웠다. 아무리 반 토막이지만 우리 집 관목들 가운데 무성했던 놈 중 하나였으니, 뿌리까지 온전히 챙겨 가려면 장정 한 사람의 힘으로 어림도 없으련만 발자국은 분명 한 사람의 것이었다.

아내는 펄쩍 뛰었다. 내 속도 이렇게 쓰리건만 꽃나무에 얽힌 추억과 애환이 남달랐을 아내임에랴. 아내는 눈물까지 글썽이며 발자국을 쫓아 범인을 꼭 잡아 오라며 내 등을 떠밀었다. 아내의 성화에 못 이겨 비 내리는 산길을 건성으로 오르내리는 동안, 내 머릿속은 꽤나 복잡했다. 도대체 어떤 작자가 이런 이상한 짓을, 그것도 2번씩이나 했을까.

청계산 자락에 있는 우리 집에는 담이 없다. 그저 조밀한 관상수들이 울타리 구실을 하고 있을 뿐이다. 그래서 꽃이 한창인 계절이면 등산객들이 자연스레 앞마당까지 들어와 사유지인 줄도 모르고 꽃나무 앞에서 사진을 찍고 김밥도 먹는다. 정원 한쪽에 아예 돗자리를 펴고 자리를 잡는 사람들까지 있다.

아마 범인도 그런 등산객들 중 하나였으리라. 우연히 그 화려하고 이국적인 꽃나무를 발견하고 감탄을 했으리라. 돈을 주고서라도 가져가고 싶은 마음이 굴뚝같으나, 물건의 자태로 보아서는 아예 말도 못 붙이게 하리라는 짐작도 했을 것이다. 그렇다고 포기하자니 발길이 안 떨어졌을 것이다. 집으로 돌아가서도 자꾸 그놈이 눈에 밟혀 생 몸살을 했을 것이다. 결국 등산을 핑계 삼아 또다시 우리 집 마당을 찾아와 기웃거렸을 것이다. 그리곤 결국 이를 악물었을 것이다. 훔쳐 가자.

하지만 저토록 가지가 무성하고 덩치 큰 관목을 어떻게 통째로 가져간단 말인가. 차라리 반 토막을 내서라도 훔쳐 가자는 독한 마음을 먹지 않았을까. 뿌리만 성하다면 싹이야 다시 틔우면 되고, 근본이 어디 가지 않으니 오래잖아 화려한 꽃도 다시 피리라 자위하지 않았을까.

하지만 꽃이 좋아 욕심을 내는 사람이, 꽃이 한창인 나무에 톱을 대는 짓만은 차마 할 수 없었을 것이다. 그래서 꽃 지는 6월이 되어서야 톱과 삽을 들고 나섰을 것이다. 하지만 막상 톱질을 하고 나니 겁에 질려 삽질까지는 못하고 그대로 줄행랑을 쳤을 것이다.

아쉬움과 안타까움 속에 한두 달이 지나고, 장마철이 되자 아마도 다시 용기를 냈으리라. 장마철에는 등산객이 드물고, 주인집에서도 바깥에 신경을 쓰지 못할 것이며, 땅이 무를 테니 변변한 삽질 없이도 뿌리를 쉽게 떠낼 수 있지 않겠는가. 그는 다시 한 번 완전범죄를 꿈꾸며 빗속에 삽을 챙겼을 것이다.

우리 동네 사람은 분명 아니다. 이런 정도의 꽃나무라면 어디에 심더라도 금세 남의 눈에 띌 것이니 그렇고, 사전조치부터 마무리 결행까지의 시간 간격이 너무 길기 때문이다.

전문적인 관상수 절도단의 소행도 아니다. 우리 마당에는 안목 있는 애호가들이 좋아할 만한 나무들이 꽤 있었음에도 유독 일본 철쭉 한 그루만, 그것도 훼손한 상태로 훔쳐 갔기 때문이다.

푼돈을 바란 좀도둑의 소행 또한 아닐 것이다. 꽃나무는 원래 좋아하는 사람들끼리야 부르는 게 값일 수도 있겠지만, 정작 시장 가격이라는 것은 대수롭지 않기 때문이다. 멀쩡한 상태로 내놔도 몇십만 원이 고작이었을 물건을 허리까지 꺾어 놨으니 사자는 이가 나설 리도 만무했다.

어쨌든 4, 5개월에 걸친 장시간의 수고로움으로 얻은 게 기껏 나무뿌리 하나라니. 더구나 발각되었을 때 감수해야 할 망신까지 염두에 두자면 얼마나 어리석은 도둑인가 말이다. 아내는 경찰서에 신고라도 해둬야 하는 것 아니냐며 잔소리였지만, 나는 그 황당한 도둑을 용서하기로 했다. 공범을 동원할 주변머리도 없어 하필 비 오는 날 그 무거운 것을 혼자 껴안고 끙끙댔을 그를 상상하면 오히려 안쓰럽다는 생각까지 들었다.

한편으로는 그의 엉뚱함이 귀엽게 여겨지는 바도 있었다. 그는 우리 집 마당의 수백 그루 화려한 꽃나무 중에서 자신의 마음에 꼭 드는 '하나'만을 선택했다. 또 가지를 먼저 잘라 내고, 나중에 다시 밑동을 뽑아 가고, 그리고 어딘가에 심어 다시 꽃을 볼 수 있을 때까지의 시간을 염두에 두자면 최소 '3년짜리 프로젝트'라 할 만했다.

줄기를 잘라 낸 후에 다시 장마철을 기다리는 용의주도함도 제법이었다. 이른바 '타이밍'을 고른 게 아닌가. 게다가 마을 입구에 차를 대고 훔쳐 간 것도 아니다. 발자국으로 보아서는 자신이 직접 둘러메고 일부러 산을 빙 돌아 반대편 기슭으로 내려간 것이 분명했다.

나는 어쩌면 꽃나무 도둑으로부터 '나'를 발견하고 너그러워진 것인지도 모른다. 내가 기술개발에 중독되어 손익계산마저 잊고 20년을 숨 가쁘게 달려 온 것과 마찬가지로, 그 역시 자신을 사로잡은 꽃나무 한 그루만을 생각한 채 오랫동안 고위험을 감수한 셈이다. 그러면서도 나름대로의 용의주도함을 잃지 않고 시점을 골라 가며 과감한 결행을 했다는 점에서도 나와 닮았다. 그에게서 나 자신을, 또한 벤처정신을 보았다면 과잉해석일까.

이 나이가 되었어도 나는 여전히 열정과 위험을 사랑한다. 그 아름다운 무모함을 죽는 날까지 곁에 두고 싶다. 벤처인이 벤처인에게 그깟 꽃나무 한 그루쯤 못 떠줄까. 나는 차라리 이 땅에 꽃나무 도둑들이 넘쳐 났으면 좋겠다. 모험을 진정으로 사랑하는 사람들로 온 나라가 가득해졌으면 좋겠다.

촌 동네가
이리 귀하게 될 줄이야!

———

혹자들은 나더러 참 운이 좋은 사람이라고 말한다. 그 점에는 나도 동의한다. 나는 늘 운이 좋았다. 다만 그 '운'이란 것에 대한 내 개념은 좀 특별하다. 내게 있어 '운'이란 지독한 집중으로 일궈내는 '필연'이다.

중앙정보부 시절에 우연히 본 서양화 한 점에 매료된 이후, 나는 형편껏 그림을 수집했다. 개인적으로 친분이 있었던 대학교수나 화가들을 따라다니면서 그림을 보는 안목도 키웠다. 한편으로 트렌드를 이해하고 따라잡기 위해서 각종 미술잡지들을 놓치지 않고 구독했다.

그때에 곤혹스러웠던 것은 내가 좋아하는 작품이 작가나 전문가들이 좋아하는 작품과 늘 일치하지는 않는다는 점이었다. 하지만 나는 내 취향을 섣부르게 내세우지 않고 그들의 안목을 존중하고 경청했다. 그것이 문 밖에서 문 안으로 들어가기 위한 기본적인 예의이자 태도라고 여겼다.

그럭저럭 그림에 대해 어느 정도 자신감이 생겨나자 나는 화랑을 돌았다. 하지만 명망 있는 작가들의 것이라 해서 무턱대고 그림을 사 모으지는 않았다. 그럴 만한 재력도 없었다. 다만 재능 있는 화가들에게도 절정기는 따로 있는 법, 충분히 무르익은 작가가 득의작을 내놓는 시점을 골랐다. 그럴 때면 나는 오프닝 전날 미리 전시장을 찾아가 누구보다 먼저 꽃을 달았다.

순수한 예술 애호가들에게는 욕을 먹을지 몰라도, 나는 그림을 수집하면서 투자의 의미도 배제하지 않았다. 결국 내가 모은 작품들은 미래산업이 한창 어려웠던 시절에 모두 팔려 나갔다. 미적 안목을 키우기 위해 바쳤던 그 시절의 끈질긴 노력이 없었다면 아마도 미래산업은 초반 위기에서부터 그나마 숨통도 틔우지 못하고 무너져 버렸을지도 모를 일이다.

어쨌든 그림을 팔 때에도 그런 말을 들었다. 이렇다 할 재산가도 아닌 사람이 어떻게 그런 좋은 작품들만 골라서 수집할 수 있었느냐고, 비非전문가치고는 참 '운이 좋은 사람'이라고 말이다.

요즘도 나는 날씨가 좋은 계절이면 곧잘 친구들 내외를 집으로 초대하곤 한다. 청계산과 맞닿아 있는 뒷마당에서 고기를 굽고, 텃밭에서 나온 상추며 쑥갓, 풋고추를 곁들여 벗들과 함께 사는 얘기를 나누는 재미가 그럭저럭 괜찮다. 산속이나 다름없으니 공기 좋은 것이야 말할 것도 없고, 산자락에서 흘러내리는 계곡물이 마당 구석을 가로지르니 그 소리를 듣고 보는 운치도 제법이다.

그런데 요즘은 친구들이 놀러오기를 꺼리는 눈치다. 아내들로부터 한결같이 "그동안 당신은 뭐했느냐?"는 지청구를 듣는다는 것이다. 20

제8장. 인연과 연줄은 다르다   289

2014년 1월 6일, 청계산 입구에
자리 잡은 필자의 자택을 방문한
이광형 KAIST 교수와 함께.

여 년 전 내가 원지동 촌구석에 집을 마련하겠다고 하자 친구들은 내게
한입으로 말했다.

"이 친구 정신 나갔군!"

1970년대에 나는 3번에 걸쳐서 외국여행을 했다. 중앙정보부 기조
실에서 일하는 동안 해외공관들을 감사하는 업무가 종종 있었기 때문
이다. 이른바 '선진국'들을 다녀 보니, 좋은 집들은 예외 없이 산중턱
에 있거나 호수를 끼고 있었다. 오히려 도심지의 집들은 모두 슬럼화
되어 있었다. 나는 한국의 사정도 바뀌리라 여겼다. 오래지 않아 자연

친화적이고 한적한 교외가 각광받으리라고 예감했다.

물론 당시의 내 안목에 동의하는 친구들도 없지는 않았다. 그런 친구들 몇몇은 나와 함께 호젓한 산동네를 두루 답사하기도 했다. 하지만 실제로 행동에 옮긴 것은 오직 나 하나였다. 내가 그들보다 넉넉한 여유자금을 가졌던 것은 아니다. 나는 다만 행동했고, 그들은 머뭇거렸다.

교외로 이사하겠다는 나의 결정을 비웃거나 행동으로 옮기지 못했던 친구들은 요즘 내게 이렇게 말한다.

"이 촌 동네가 이리 귀하게 될 줄이야 누가 알았겠나. 자넨 정말 운이 좋은 친구야."

통 큰 아내의
아름다운 낭비

———

지하도 입구에서 어느 남루한 어미가 젖먹이를 안고 구걸하고 있다고 치자. 그 춥고 배고픈 손바닥 위에 나는 동전 한 닢 내려놓지 못한다. 그들에게 한 닢 동전이 얼마나 요긴할 줄 잘 알면서도, 죽을 날이 가까워 하나님께 바치는 아부만 같아 나는 그대로 지나치고 만다. 그리고 그 심란한 광경을 뇌리에서 잊기 위해 다른 관심사를 애써 찾는다.

아내는 그런 점에서 나와 닮았다. 생색나는 일, 아니 '생색내는 것처럼 보일 수 있는' 모든 일을 잘 하지 못한다. 하지만 나와 결정적으로 다른 점은, 고통 받는 사람들이 있음을 두 눈으로 보고 알면 절대로 가만있지 못한다는 것이다. 자기 혼자 오래 두고 속을 끓이는 성격이다. 그리고 결국은 다른 곳에서 '큰일'을 내고 만다.

은퇴하고 난 후 한번은 아내가 제법 큰돈을 내놓으라며 졸랐다. 은퇴하기 직전까지만 해도, 매달 내놓는 200만 원 생활비 말고는 돈 달라는 소리 한번 없던 순둥이 아내였다. 하루는 밥상머리에서 눈을 내리간 채 내게 대뜸 이런다.

"저도 이제 쓰면서 살아야겠으니 돈 좀 줘요."

"갑자기 무슨 돈?"

"글쎄, 여러 말 말고 해줘요. 필요한 데가 있으니."

"얼마나?"

"5억만 해줘요."

나는 눈이 휘둥그레질 수밖에 없었다. 그렇게 큰돈을 앞뒤 없이 달
랄 사람이 아니었기 때문이다. 내가 벌린 입을 미처 다물기도 전에 아
내는 단호하게 못을 박는다.

"이달 말까지 제 통장에 넣어 줘요."

놀란 마음을 진정시키고 잠시 생각해 보니, 사실 그 정도는 무리한
요구가 아니었다. 식구들 뒷바라지에 평생을 바친 아내, 먹고 살 만해
진 후로도 나는 얼마나 아내에게 인색했던가.

"그렇게 큰돈은 당장 나도 없어요. 어떻게 해볼 테니 좀 기다려 보구
려."

나는 더 이상 따지지 않았다. 난생 처음 아내의 요구대로 해주기로
결심했다. 은퇴한 후로 마음에 여유가 생기면서 뒤늦게 아내에 대한
정이 각별해진 탓도 있었다. 갑자기 거액을 마련하느라 애를 먹기는
했지만 월말 기한은 겨우 맞출 수 있었다.

그러곤, '어쩌나 보자'는 심정으로 조용히 아내를 관찰했다. 금붙이
나 보석 나부랭이를 장만하는 눈치는 아니었다. 옷이나 구두, 핸드백
따위의 명품들을 사 모으는 눈치도 아니었다. 놀러 다니는 기미도 없

었다.

거금을 삼킨 할망구치고는 너무나 태연했다. 혹시나 출가한 딸들 집 안에 무슨 일이 있는 건 아닌가 싶어 슬쩍 떠봤지만, 그것도 아닌 모양이었다. 시간이 지날수록 궁금증은 병이 될 지경이었다.

용처에 대해 묻지 않으리라던 결심을 깨고, 두어 달 지난 어느 날 밤 나는 결국 아내에게 물었다.

"일전에 가져간 돈 어디에 썼소? 달 말까지 꼭 내놓으라고 했던 걸 보면, 그저 가지고 있을 돈은 아니었겠고 … ."

지나가는 말처럼 묻긴 했어도, 매사에 급한 내 성격을 모를 리 없건만 아내의 대답은 건성이었다.

"뭐, 급하게 필요한 데가 생겨서 썼어요."

"벌써? 얼마나?"

"다요."

"그걸 다 써? 어디다?"

나도 모르게 언성을 높이자 아내의 목소리는 더 높아졌다.

"아니, 허구한 날 신문에 이름 나는 부잣집 마나님이 그깟 돈도 한번 마음대로 못 써요!"

이러다간 본전도 못 건지겠다 싶어 답답한 채로 입을 다물고 말았다.

그리고 다시 한 달이나 지났을까. 몸살 기운이 있어 오후 일찍 집으로 돌아오니 아내는 시장을 갔는지 보이지 않았다. 거실 탁자 위에는 미처 정리되지 않은 우편물 뭉치가 어지럽게 놓여 있었다. 심상하게 뒤적이다 보니 개봉된 편지 하나가 눈에 띄었다. 육필로 정성 들여 쓴 편지라 더 관심이 간 것 같다.

"20년이 넘도록 저희 맹인선교사업을 물심양면으로 도와 오신 정성을 주님의 이름으로 감사드립니다. 수술비가 없어 백내장 수술을 받지 못하는 사람들의 수술비로 30만 원씩 1차로 우선 200명을 선정했습니다. 기부하신 돈으로 총 660명을 시술할 계획입니다. 회원님의 뜻에 따라 수혜자들에게는 '익명의 기부자'라고만 밝혔습니다. 말씀하신 대로 언론 보도자료도 생략했습니다 … ."

남을 위해 무슨 일을 하건 신神과 내가 알면 그뿐이다. 아내는 나에게까지 비밀로 부쳤으니 실로 지독한 마음가짐이다. 그나저나 나머지 3억 원은 또 어디 썼을까. 심통까지 부려 가며 내 주머니를 털어 남몰래 보시를 하다니, 엉뚱하다는 점에서 아내는 나를 닮았다.

병(病)도 친구

—

　　천안에서 근무할 때는 직원들과 함께 매년 종합검진을 받았다. 하지만 회사를 그만둔 이후로는 귀찮다는 이유로 종합검진을 계속 걸렀다. 그 때문에 들어야 하는 아내의 잔소리가 갈수록 귀찮게 여겨지던 즈음, 못 이기는 척 병원을 가기로 했다. 하지만 핑곗김에 나는 아내를 물고 넘어졌다.

　　"글쎄, 왜 자꾸 나만 가라는 거요? 같이 늙어 가는 처지에 병원을 가도 같이 가야지."

　　아내는 아마도 나를 보내겠다는 일념으로 따라나섰으리라. 나는 만성위염 진단을 받았다. 평소 알고 있던 지병인 데다 상태도 별로 대수롭지 않아서 한 귀로 흘려듣고 말았다. 그런데 정작 심각한 건 아내 쪽이었다.

　　종합검진이 끝나자 의사는 나를 따로 불렀다.

　　"사모님 신장이 좀 안 좋습니다."

　　"아, 예."

"아무래도 정밀검사를 해봐야 할 것 같은데 … ."

"정밀검사요? 그렇게 심각합니까?"

"왼쪽 콩팥에서 종양이 보입니다."

종양이라는 소리에 나는 심장이 멎는 듯했다.

서명을 하기 위해 수술동의서를 받아 드는 순간, 시야가 뿌옇게 흐려 왔다. 나는 아이들에게 전화를 건 후, 아내에게 환자복을 갈아입혔다. 무슨 수술을 받는지도 모른 채 아내는 아이처럼 순순히 내 손길에 따라 주었다. 자꾸 목이 메어서 아내의 얼굴을 똑바로 바라볼 수가 없었다.

아내를 수술실에 들여보내고 나서, 나는 아이들과 함께 대기실을 지켰다. 입에서는 나도 모르게 기도가 흘러나왔다. 남편 하나만을 위해 자신의 모든 것을 희생한 사람이었다. 옳건 그르건 내가 하고자 하는 일이라면 단 한마디 따져 보는 일 없이 무조건 따르는 사람이었다. 항상 내 주위를 맴돌며, 심지어는 말하지 않은 것까지 짐작하여 챙겨 주고 보살펴 주던 내 존재의 일부였다. 그래서 나는 늘 아내의 존재를 잊고 있었다.

지옥 같은 4시간이 흘렀다. 집도의는 피투성이 콩팥 하나를 들고 밖으로 나왔다. 조직을 절반이나 잠식한 악성 종양을 눈으로도 확인할 수 있었다.

"예상했던 것보다 종양이 컸어요. 별 수 없이 한쪽 콩팥을 떼어 냈습니다. 암세포가 다른 곳으로 번졌으면 꽤 곤란할 뻔했습니다만 … . 어쨌든 적절한 시점에 수술을 하게 돼서 정말 다행입니다. 좀더 두고 봐야겠지만 크게 걱정은 안 하셔도 될 듯합니다."

의사의 말처럼 아내는 그 후로 큰 탈 없이 잘 지냈다. 은퇴 이후 우리 내외의 단조로운 생활은 수술 후에도 별로 달라지지 않았다. 다만 우리 내외의 대화는 한결 늙은이다워졌다. 죽음의 언저리를 구경한 덕분일까.

얼마 전에 집으로 소포가 하나 도착했다. 종합검진을 받으라는 안내문과 함께 검사 준비를 위한 몇 가지 약품이 들어 있었다. 늙은이들이라고 챙겨 주는 건지 아니면 중요 고객이라고 대접하는 건지 모르지만, 어쨌든 그 덕택에 올해도 잊지 않고 종합검진을 챙기게 될 모양이었다. 그런데 갑자기 아내가 버티기 시작한다.

"당신이나 가세요. 저는 안 갈래요."

"왜 안 가! 이 할망구가 또 무슨 병을 얻어 걸리고 싶어서 그래!"

나는 호통을 쳤지만 아내는 막무가내였다. 지난번 수술이 너무 힘들고 끔찍했다는 것이다. 다시는 그런 경험을 하고 싶지 않다는 것이다.

"아, 그러니까 종합검진이라도 빼먹지 말자는 거 아닌가! 큰 병 걸리기 전에 미리 알면 그 고생 안 해도 되고."

"에이, 싫어요. 이제 병 걸리더라도 병원에 안 가고 살 만큼 살다 죽을래요."

"암 수술 한 번 하더니 성불을 했나!"

"이 나이에 병 걸려 죽으나 그냥 죽으나 그게 그거예요. 여럿 귀찮게 하느니 그냥 죽고 말지 …."

"우리가 돈이 없어, 자식들이 없어! 그냥 죽긴 왜 그냥 죽어!"

2014년 4월 21일 제47회 과학의 날에 과학기술 부문 1등급 훈장인 창조장을 받은 필자. 옆에 선 아내(양분순)도 기뻐하고 있다.

"제가 싫어서 그래요. 얼마나 더 살겠다고 늙은 몸을 또 괴롭혀요. 어느 똑똑한 양반이 텔레비전에서 하는 소리를 들어 보니, 몸이 늙으면 병이 퍼지는 것도 더뎌진답니다. 암도 마찬가지고. 그러니 병이 생기면 악착같이 투병할 생각 말고, 그저 친구 삼아 달래고 어르면서 함께 살아갈 생각을 하라고."

"얼씨구 … ."

못마땅한 얼굴로 얼버무렸지만, 나는 아내의 소박한 말솜씨에 완전히 넘어가고 말았다. 하긴, 신이 주신 만큼 살다 가면 그만 아닌가. 이 나이에 건강해지면 얼마나 더 건강해지고, 나빠지면 얼마나 더 나빠진단 말인가. 아내로부터 '늙는 방법' 하나를 새로 배운 나는, 병원에서 온 소포를 쓰레기통에 던져 버렸다.

이제야 많은 것을 버릴 줄 알게 된 우리 내외에게도 한때는 속수무책으로 번민만 하던 나날이 있었다. 그때도 역시 '모든 것'을 버리려고 했었지만, 지금처럼 평화로운 버림은 결코 아니었다. 그 혹독했던 시절을 동반자살까지 결심하며 나와 함께 버텨 준 아내였지만, 나는 이제껏 아내에게 고맙다는 내색조차 한 번 해보지 못했다.

다시 생각해 보면 미래산업의 성공에 가장 큰 보탬을 준 사람은 다른 누구도 아닌 내 아내였다. 가족들의 삶까지 포기해야 할 만큼 무모하기 짝이 없던 남편을 매일 보면서 어찌 하고 싶은 말이 없었겠으며 만류하고 싶은 때가 없었겠는가. 아내의 침묵과 순종이야말로 내 모험심과 배짱의 진짜 배후였고 뒷심이었다.

종업원들에게 경영권을 물려주고 재산을 사회에 환원하겠다는 결심을 밝혔을 때는 그런 아내조차 섭섭한 내색을 숨기지 않았다. 평소에도 늘 해왔던 소리라 귀에 못이 박힐 법도 했으련만, 아내는 "애들한테 좀 잘해 줘요"라는 말을 또한 입버릇처럼 달고 사는 그저 소박하고 평범한 한국의 아낙네였다.

아이들이 흔쾌히 동의해 주었기에 나는 결국 소신대로 행동할 수 있었다. 하지만 아내의 서운함은 쉽게 가라앉지 않는 눈치였다. 평생 자식들에게 엄하고 인색하기만 했던 매정한 가부장에 대한 뒤늦은 원망이었으리라.

그러던 어느 날 한 여성월간지 기자가 약속도 없이 나를 찾아왔다.

"사모님 인터뷰가 실려서 가져왔습니다."

"아니, 나도 모르게 인터뷰를 했단 말이요? 그런 일을 할 사람이 아닌데 … ."

"아뇨, 저희가 댁으로 전화를 드려서 몇 가지 여쭈어 봤거든요."

말주변도 없는 할망구가 별 짓을 다 했다 싶어 못마땅한 심정으로 기사를 찾아보았다. 따옴표로 갇혀 있는 중간 제목 하나가 눈에 들어왔다.

"말도 못하게 서운했지요. 그래도 평소 소신대로 행동하셨잖아요. 비록 제 남편이지만 정말 위대하다고 생각해요."

나는 말문이 막혔다.

뒤늦게 깨닫는 사랑이라 이렇듯 매 순간이 감동인가.

기업경영과 기업가정신

미래를 만드는 사람, 미래를 만드는 기업

주례사

기업경영과 기업가정신

제147회 도산 조찬세미나 (2001년 8월)

올해 초, 나는 20년간 몸담았던 미래산업을 직원들에게 물려주고 사업 일선에서 떠났다. 또한 지난 7월에는 KAIST에 사재 300억 원을 기부했다. 바이오 응용기술이 한국경제의 미래에 큰 힘이 될 것으로 보고, 그 분야의 과학 영재를 양성해서 그 길목을 키워 달라는 염원에서였다. 이런 일들을 두고 세간에서는 '아름다운 은퇴', '부의 모범적인 사회환원'이라는 말을 아끼지 않았다. 사업을 잘했을 때보다 오히려 더 많은 관심과 칭찬을 받은 듯하다. 내가 은퇴하고 KAIST에 사재를 기부한 것은 오로지 오래전부터 마음먹은 나와의 약속을 지키기 위해서였는데, 과분한 찬사가 쏟아진 것이다.

나는 거창한 뜻을 품고 사업을 시작하지는 못했다. 18년간 몸담았던 공직에서 강제 해직되어 먹고살기 위해 사업에 뛰어들었다. 그렇게 시작은 보잘것없었지만, 끝마무리만큼은 누구보다 멋지게 하겠노라 다짐하며 지냈다. 그리고 그 멋진 끝마무리는 물러나야 할 때 물러나는 것에서 비롯된다고 믿어 왔다. 이제 때가 되었다고 판단했고, 그래서 미래산업을 떠났다.

나는 물러날 때 물러난다는 약속을 지키기 위해 나름대로 노력했다. 내가 없어도 잘 돌아가는 회사, 내가 물러나고 싶을 때 물러날 수 있는 회사를 만들기 위해 애를 썼고, 임직원들과 함께 그런 회사를 만들었다. 은퇴 후 나에게 쏟아진 그 과분한 찬사들 속에서, 나는 한편으로 당혹스러우면서도 다른 한편으로는 '잘한 일'이라는 생각을 더욱 공고히 할 수 있었다.

나는 1983년에 '미래산업'이라는 회사를 창사하면서 전혀 새로운 모습의 회사를 만들고 싶었다. 흔히 얘기하는 기업주와 노동자로 갈라진 회사가 아니라, 주인과 종업원이 따로 없이 서로가 서로의 믿음직한 파트너가 되어 미래로 한없이 뻗어 나가는 '착한 기업'을 이루려고 애를 썼다. 그리고 첨단 메카트로닉스 기술개발에 온몸을 던져 도전했다.

그런 과정에서 말 못 할 어려움도 많이 겪었고, 실패도 수없이 했다. 이 자리를 빌려서 고백하건대, 기독교 신앙은 고통과 절망 속에서 나에게 언제나 새로운 희망을 일궈 내는 힘이 되었다. 또한 기업경영의 지혜를 성경에서 습득할 수 있었다. 이런 노력들이 모여 나는 선진국이 독점하고 있던 반도체 제조장비를 처음으로 국산화하는 데 성공했고, 미래산업은 진취적이고 탄탄한 기업으로 성장할 수 있었다.

나는 또한 인터넷 초기에 네트워크 시큐리티의 중요성을 한발 앞서 깨닫고 '소프트포럼'이라는 회사를 만들었다. 이 회사는 지금 이 분야 주도기업으로 도약했다. 그리고 인터넷 포털 분야의 '라이코스코리아'를 설립해, 역시 이 분야 대표기업 중 하나로 만들었다.

사람들은 자주 나에게 이렇게 묻곤 한다. 어떻게 나이 먹은 사람이 첨단 분야를 개척해 나갔는지, 기업의 비전은 무엇인지, 특히 왜 인재들이 구름떼같이 모여드는지. 대답은 의외로 쉽다. 미래산업은 '약속을 지키는 기업'이기 때문이다. 그 약속을 기반으로 모든 것을 직원들이 알아서 할 수 있기 때문이다.

미래산업에는 사훈社訓이 없다. 조회도 출근부도 없다. 거창한 구호를 내걸고 비전을 설정하지도 않는다. 회사의 비전은 바로 사원들 머릿속에 있는 구상과 가슴속에 있는 뜨거운 열정이라 믿었기 때문이다. 나는 이들이 창의적으로 일할 수 있는 마당을 만드는 역할만 충실히 했다. 그것은 회사를 만들면서 내 자신에게 한 약속이었고, 임직원들이 회사에 들어오면서 회사와 한 약속이었다.

나는 직원들이 마음껏 뛰어놀 수 있도록 마당에 돌멩이를 치우고 쌀을 장만했다. 그 안에서 축구를 하건 진흙탕에서 뒹굴건 그것은 사원들의 자유이다. 밥을 해먹든 죽을 끓이든 상관하지 않는다. 즐겁게 자발적으로 일하며 제 기량을 충분히 발휘하는 것은 직원들의 약속이다.

한국 사람은 신바람을 먹고 사는 민족이라 한다. 신이 나면 엄청난 저력을 발휘하지만, 간섭하고 억누르면 절대로 성과를 내지 못한다. 기업도 마찬가지일 것이다. 나는 늘 직원들에게 이렇게 말하곤 한다.

"회사를 위해서 일하지 말라. 스스로를 위해서 일하라. 자기계발도 스스로를 위해서 하고, 일도 스스로를 위해서 하라."

서구西歐의 것과 다른 한국식 경영모델이란 이런 것일지도 모른다. 통제가 아닌 자율이 더 큰 힘이 되는 경영, 믿음이 더 큰 믿음을 만드는 경영, 약속을 지키는 경영, 그것이 바로 내가 꿈꿔 온 한국식 경영이고, '정문술식 경영'이었다고 생각한다.

직장인 중에는 임원이나 사장이 되는 것을 가장 큰 꿈으로 여기는 사람이 많다. 이런 희망이 이뤄질 수 있도록 나는 나를 이어 경영을 맡을 사람이 임직원 중에서 나올 것이라고 공언해 왔고, 이 약속을 지켰다. 친인척이 회사 안에 발을 들여놓지 못하도록 한 것도 이 때문이다. 외환위기 이후 사위 둘이 실직했다. 딸들이 취직시켜 줄 것을 바랐지만 들어주지 않았다. 약속은 아무리 작은 것이라도 지켜야 한다. 작은 약속이 무너지면 큰 약속이 무너진다. 회사가 잘되기 위해서는 경영자와 직원들 간의 약속이 지켜져야 하고, 또한 회사와 사회 간의 약속이 지켜져야 한다.

'상도의商道義'는 회사와 사회 간의 첫 번째 약속이다. 모름지기 기업하는 사람은 상도의를 지켜야 한다. 새로운 기술과 제품으로 소비자에게 보다 큰 가치를 전달하는 일, 그리고 그러한 일을 하는 과정에서 지킬 것은 반드시 지켜 가는 일, 그것이 '상도의'이다. 그리고 그것이 동서고금을 막론하고 성공 비즈니스의 제1원칙이다.

회사와 사회 간의 두 번째 약속은 '부의 창출과 환원'이다. 기업의 목적은 당연히 부를 창출하는 데 있지만, 그렇게 창출된 부를 '어떻게' 사용할 것인가에 대한 고민과 실천이 뒤따라야 한다. 정직하게 창출된 부가 보다 생산적인 모습으로 사회에 되돌아가도록 만드는 일, 그것이 성공 비즈니스의 또 다른 원칙이라고 믿는다.

요즘 경제가 무척 어렵다. 내가 물러날 때보다 훨씬 더 어렵다. 하지만 나는 미래산업 임직원들이 그러한 어려움을 헤쳐 나갈 것으로 믿는다. 기업이 어려운 환경 속에서 생존과 발전을 계속하기 위해 노력하는 일은 기업과 임직원, 기업과 사회 간의 약속이며, 미래산업은 약속을 지키는 회사이기 때문이다.

나는 여생 동안 할 수 있는 일과 해야 할 일을 곰곰이 생각하고 있다. 내가 일궈 낸 부가 KAIST로 옮겨져 한국경제, 한국민족을 위한 더 큰 부를 일궈 내는 희망과 믿음의 '겨자씨'가 되기를 충심으로 기원한다. 그리고 나 또한 그런 '기적'을 현실화하는 데 남은 노력을 다할 것이다.

미래를 만드는 사람, 미래를 만드는 기업

중앙공무원교육원 제9기 고위정책과정 (2001년 5월 22일)

들어가며

저는 고등학교를 1956년에 졸업했습니다. 동기가 300여 명이었습니다. 최근까지 10명 중 1명 정도가 유명을 달리했습니다. 요즘은 가끔씩 누가 세상을 떠났다는 소리를 듣게 됩니다.

저 역시 공무원 생활을 18년 동안 했습니다. 그 기간 제 동기들이 뜻하지 않은 사고로 죽거나, 또 불행하게 공직에서 그만두는 모습을 보았습니다.

사실 이런 일들은 대개 남의 일로 생각하기 쉽습니다. 물론 인간적인 정리로 보면 안타까움이 없지는 않습니다만, 솔직히 말해 나와 무슨 상관있는 일인가 하고 잊어버리기 일쑤입니다. 최근에는 고등학교 동기가 죽었다는 소식을 들으면 뜨끔한 구석이 없지 않습니다만, 이내 남의 일이라고 생각하고 기왕에 살던 방식대로 살아가는 게 저만의 모습은 아닐 것입니다.

그러나 여러분들처럼 행정부처 국장쯤 되시는 분들이라면, 이제 한 번쯤은 공직생활이 끝나는 날도 생각하고 준비하면서 살아야 할 것 같습니다. 여러분들보다 조금 더 먼저 경험한 사람으로서 말씀 올리겠습니다.

호랑이 잡는 사냥개

저는 TV를 재미있게 잘 봅니다. 멜로드라마를 좋아해서 연속극을 자주 보고, 스포츠 중계도 잘 봅니다. 그리고 특별히 동물 프로그램을 매우 좋아합니다. 〈동물의 왕국〉, 〈동물의 세계〉 등은 어지간해선 놓치지 않고 시청하는 편입니다. 그동안 보았던 동물 프로그램 중 아직도 제 머릿속에 선명히 남아 있는 장면이 몇 있습니다. 2년쯤 전으로 기억이 됩니다.

시베리아 지역, 깊은 숲 가운데 있는 마을이었는데, 지난밤에 맹수가 들어 가축들이 많이 상하고, 죽거나 물려 간 모양이었습니다. 마을 사람들은 인근 지역에서 포수들을 수소문해서 다섯 명을 모았습니다. 그들은 아주 구식 라이플을 메고 개를 한 마리씩 데려왔는데, 그 개들은 크기는 우리 진돗개 정도로, 별로 볼품이 없었습니다. 그 개 이름이 라이플이었던 것으로 기억합니다. 다섯 마리를 앞세우고서 포수 다섯 명이 밀림으로 들어갑니다. 그때가 아마도 늦가을이었던 것 같습니다. 눈은 아직 내리지 않았고, 숲은 전부 누렇게 말랐습니다. 포수들은 한참 걸어가다가 해가 넘어가니까 야영을 준비합니다. 그런데 그 깊은 산골짜기에 널빤지로 지은 대형 창고가 있었습니다. 대충 보니까 길이가 한 30~40미터, 높이가 10여 미터 이상 되는 상당히 큰 창고인데, 그것을 야영장으로 해서 그 건물 20여 미터 앞에다가 모닥불을 피우고서 자게 됩니다. 한밤중인데도 모닥불 때문인지 그 주변이 제법 환합니다. 그러다가 호랑이가 창고를 뛰어 넘으려고 시도를 하는 장면이 나오는데, 호랑이가 성큼 뛰고 개들이 그 뒤를 쫓아갑니다. 호랑이는 그 크기가 개하고 비교가 안 됩니다. 몸길이만 3~4배 정도는 되는 것 같았습니다. 호랑이들은 창고를 올라가다가 실패합니다. 다시 뛰어오르고, 떨어지고, 그렇게 3번을 반복합니다. 호랑이는 창고 쪽에서 돌아서서 사람들이 야영하는 쪽으로 달려오는데, 그때 사람들이 총을 쏴서 잡습니다.

또 다른 장면은 이보다 먼저 본 것인데, 시베리아에서 개를 앞세우고 토굴로 호랑이를 몰아서 생포하는 장면입니다. 유럽, 뉴질랜드 등 서구지역에서는 양들을 키우는 큰 목장이 많은데, 이곳 역시 비슷한 상황인 것 같았습니다. 그런데 어느 날 맹수가 나타나 목장을 짓밟은 모양입니다. 엽총을 둘러멘 목장주들 20여 명이 포인터들과 함께 한참 동안 수색 작업을 펼쳐 나가는데, 그런 와중에 표범이 나타납니다. 궁지에 몰린 표범이 나무 위로 도망치는데, 그러면 밑에서 총을 쏘아 표범을 잡는 겁니다.

이러한 맹수 사냥에는 중요한 의미가 있습니다. 개와 호랑이를 예로 들자면, 개의 천적은 호랑이밖에 없다고 할 수 있을 것입니다. 그런데 개는 자기의 천적을 몰아서 잡았습니다. 아마도 개와 호랑이가 1 대 1

312

로 산에서 조우했다면 개는 영락없이 호랑이 밥이 됐을 겁니다. 그런데 사람, 주인이 라이플을 메고서 뒤에서 떡 버티고 서 있으니까, 그 빽을 믿고 자기 천적을 몰아서 잡을 수 있는 것입니다.

〈동물의 왕국〉에서 배운 냉혹한 사회

저는 1980년에 신군부가 들어서며 해직 공무원 신세가 되었는데, 그 이후 사회생활 하면서 느낀 것도 이런 것입니다. '공직은 라이플을 멘 포수의 영향권 밑에서 일하는 것이고, 사회는 포수 없이 단신으로 천적과 대결해서 이겨야 하는 것이다' 하고 말입니다.

여러분들 중에는 아마도 큰 프로젝트를 성공적으로 수행하고, 그 덕분에 능력을 인정받은 분들도 적지 않으실 것입니다. 하지만 냉정히 말해 여러분들의 성취는 든든한 후원자, 정부라는 거대한 공권력의 우산 아래서 했던 일에 불과하다는 생각이 듭니다.

공직에서는 실수를 한다 하더라도 망할 염려는 없습니다. 기껏해야 징계를 받는다든지 약간의 불이익을 받으면 되고, 최악의 경우라고 해야 사표 내고 나오면 그만일 것입니다. 하지만 사회에서는 치명적입니다. 사업을 하다 실패하면 자기 혼자의 문제가 아니고 가족들, 가까운 친구들까지 합동으로 망하는 것입니다. 아니 죽음까지 내몰리게 되는 것입니다. 도무지 실패가 용납되지 않습니다.

솔직히 말해 저는 공무원 생활 하면서 조그마한 자영사업을 하는 분들에 대해 일종의 우월감을 가지고 살아왔습니다. 그분들이 하는 일들은 어쩐지 어설프고 시원찮고 엉성하다고 생각했습니다. 그런데 막상 세상에 나와 보니 그런 게 아니었습니다.

저는 5급 을로 특채되어 2급 을로 퇴직할 때까지 18년 동안 공직에 몸담았습니다. 1962년에 5급 을에서 1976년에 부이사관이 되었으니까, 14년 만에 여섯 번 승진했습니다. 매일매일 전투 정신으로 일했고, 오직 일밖에 몰랐습니다. 그러다 보니 일깨나 한다는 소문도 났고, 치밀하고 완벽하다는 얘기도 들었습니다.

그러다가 해직을 당했습니다. 너무나도 어처구니없는 일이라, 처음 일주일은 그냥 집에 붙어 있었습니다. 그런데 일주일을 그렇게 보내고 나니까 견딜 수가 없었습니다. 직장밖에 모르고 매일 출퇴근하는 게 습관이 된 사람이 갑자기 아무 일도 안 하게 됐으니까 그럴 만도 했습니다. 처음에는 해방감도 느끼고, 좋은 점도 많을 것이라고 생각했는데, 도무지 적응하기 어려웠습니다.

훗날 저는 구치소에 열흘쯤 들어간 적이 있습니다만, 지금 생각해 보면 구치소에 있던 때보다 당시 집에 있을 때가 더 괴로웠습니다. 구치소에 있을 때는 이미 다 포기하고 체념하고 앉아서 책도 보고 그럴 수가 있었는데, 그때는 앞이 안 보였습니다. 늙지도 젊지도 않은 나이, 자식은 다섯이나 올망졸망 있고, 아직 교육도 제대로 못 시킨 상황인지라 하늘이 노랬습니다. 그렇게 일주일, 그리고 그 후 일주일을 더 놀았습니다.

감언이설에 퇴직금 몽땅 날려

그러던 어느 일요일 제가 데리고 있던 운전기사가 문안 인사를 왔는데, 그 사람 손에 이끌려서 일을 벌인 것이 그만 사기를 당하면서 사회생활을 시작합니다. 한 번 버텨 보지도, 저항 한 번 하지도 못하고 한꺼번에 퇴직금을 날리게 됩니다.

2주일 동안 놀면서 너무도 답답했고, 무슨 건만 생기면 바로 결정하고 뛰어들겠다는 심산이었는데, 운전기사가 와서는 자기 친척 중에 한 분이 일본에 있는 어느 기술자하고 부천에서 전자부품 생산공장을 한다는데 아주 잘 돌아간다고 하면서, 그 사업은 자동생산이라 인건비도 별로 들지 않는다고 자랑을 늘어놓았습니다. 그런데 사업을 제대로 하려면 관청관계, 은행관계 등 대외 업무에서 회사의 기둥 구실을 할, 시쳇말로 '얼굴마담'이 있어야 한다면서 과장님 — 퇴직 시 제 직책이 과장이었습니다 — 께서 맡아 주십사 하는 얘기였습니다.

저는 당장 부천 공장에 가보자고 했습니다. 가서 보니까 종업원이 여섯 명에 기계가 여섯 대 있었습니다. 철판을 자르는 프레스 밀링머신과 선반이었던 것 같습니다. 저는 그때 난생 처음 공장이라는 곳을 가봤는데, 이내 생산적인 부산한 부위기에 압도되고 말았습니다. 기계가 막 돌아가는데, 철판이 잘라져 나가고, 기계 냄새, 기름 냄새가 왠지 힘차게 느껴졌습니다. 그 때문인지, 그 운전기사 말을 곧이곧대로 믿었습니다.

'그래, 내가 여기서 얼굴마담 하면서 새로운 출발을 해보자. 이 일을

발판으로 나중에 다시 제대로 시작해 보자.'

그 다음 날 저는 이문동에 가서 이종찬 씨를 만났습니다. 당시 이종
찬 씨는 총무국장이었는데, 저하고는 잘 아는 사이였습니다. 이종찬
씨에게 부탁해 수령일이 몇 달 남은 퇴직금 2,300만 원과 중앙정보부
공제회 기금 2천만 원 중 절반을 먼저 가불 받았습니다. 연금을 받으려
면 20년 이상을 근무해야 했는데, 저는 2년이 모자라 연금을 못 받고
일시금으로 퇴직금을 받아야 하는 처지였습니다.

이렇게 미리 꾼 돈 2천만 원을 부천공장에 투자해 주고, 결국 고스란
히 날렸습니다.

관복(官服)을 벗어야 산다

공직에 있는 분들은 제 아무리 똑똑하고 능력이 있다 하더라도 사회에
나오면 초년병과 마찬가지입니다. 저 역시 그랬습니다. 이런 일 이후
로 저는 후배들을 만나면, "공직이란 것은 의복과 같다"는 얘기를 자주
합니다.

중앙정보부 하면 위계질서가 엄격한 기관입니다. 그때 데리고 있던
운전기사처럼, 기능직과 과장(부이사관)이라면 정말 하늘과 땅 차이라
고 할 수 있습니다. 하지만 사회에 나와서는 기능직이나 과장이나 똑
같습니다. 계급이 똑같아졌는데도, 의식 속에는 항상 예전의 나, 즉
과장이나 부이사관 이런 것들을 달고 삽니다. 공직생활 후 사회에 나
와서 성공하는 사람과 성공하지 못하는 사람의 갈림길은 그 의복을 완

전히 벗어 버리는 사람과 그걸 벗어 버리지 못하고 입고 다니는 사람, 그 차이에서 비롯되는 것입니다.

저의 경험에 비추어 봐도 그렇습니다. 당시 같이 그만둔 300여 명 중 대부분은 취직을 못 하고 나름대로 사업을 하거나 자영업을 시작했습니다. 하지만 거의 전부가 망했습니다. 돌이켜 보면 저, 그리고 몇 분만 살아남았습니다.

같이 그만둔 사람들 중 대부분은 중앙정보부의 영향력이 미치는 곳, 중앙정보부 주변에서 새로운 일을 시작했습니다. '중앙정보부에 남아 있는 후배나 동료들이 좀 봐주겠지' 하는 생각 때문이었습니다. 하지만 예외 없이 전부 망했습니다.

중앙정보부 후배 중 아주 똑똑한 사람이 있었습니다. 이 사람은 해직 후 식품업을 시작했습니다. 칡차를 중심으로 여러 가지 한국차를 만들어 팔았습니다. 공군사관학교 출신이었던 그는 우선 공군, 다음에는 군부대 피엑스(PX), 그 다음에는 국영기업체 어디, 이런 식으로 사업을 펼쳐 나갔습니다. 전부 연줄로, 안면으로 사업을 추진했습니다. 화성군 발안에 공장을 하나 인수하기도 했으니, 사회 데뷔치고는 대성공이었다고 하겠습니다.

그러던 중 칡차에서 문제가 생겼습니다. 그가 만든 칡차는 칡 성분이 100%가 아니었습니다. 한 10%쯤만 칡 성분이고, 나머지는 색소를 넣었던 모양입니다. 그런데 경쟁업체가 이 점을 물고 늘어졌습니다. 경쟁업체 사장은 국산차 부문에서 잔뼈가 굵은 사람이었는데, 후배의 등장으로 한동안 고전을 면치 못하다가 마침내 약점을 찾아낸 것이었습니다.

그 후배로부터 들은 이야기는 이렇습니다. 경쟁업체 사장은 서울시경 수사과장을 배경으로 후배를 공격했습니다. 수사과장은 신군부 헌병 중령 출신으로 총경으로 특채되어 경기도경 수사과장을 하다가 서울시경으로 전입한 사람이었는데, 어쩌다 경쟁업체 사장과 손이 닿은 모양입니다. 제 후배는 고발됐습니다. 그래서 불려 다니고, 수사를 받고, 구속되고 말았습니다. 나중에 그 후배는 제게 이렇게 전했습니다.

"수사과장이란 사람은 헌병대 출신인데, 현직에 있을 때 중앙정보부로부터 호되게 당한 모양입니다. 그런 연유로 중앙정보부 출신인 내게 더욱 가혹하게 대하는 것 같습니다."

제 후배는 그 후 화병이 나서 3개월 동안 앓다가 세상을 떠났습니다. 지금은 그 부인이 사업을 이어받아 하고 있습니다만, 만일 후배가 처음부터 중앙정보부의 옷을 벗어 버리고 맨 밑바닥에서부터 시작했다면 이런 일은 없었을 것입니다.

이런 예를 들자면 한도 끝도 없습니다. 제가 아는 거의 모든 사람들이 그랬습니다. 제 해직 동료 중 둘은 자살로 삶을 마감해야 했고, 나머지 대부분도 자식들 교육조차 제대로 시켜 주지 못하고, 결혼도 뒷받침해 주지 못하고, 쓸쓸한 노후를 보내고 있습니다.

이 모든 것이 공직이 의복이라는 사실을 몰랐기 때문입니다. 공직에서 무슨 일을 했건, 어느 자리에 있었건 사회에서는 초년병이며, 그런 만큼 밑바닥에서부터 다시 시작해야 되는데, 그렇게 하려고 하지 않았습니다.

제 군대 동기 중에는 이런 사람도 있습니다. 지방 출신으로 명문대학을 나오고, 참 똑똑한 사람이라는 평을 듣던 그는 제대 후 민주공화당 사무실에 들어갔습니다. 당시만 해도 엘리트로 손꼽히는 사람들이 적지 않게 정당에 취직했습니다. 그는 열심히 일했습니다. 정권이 바뀐 후에도 민주정의당 간부로 자리를 유지했고, 마침내 비례대표 순위가 점점 올라가더니 임기가 두 달인가, 한 달인가 남은 국회의원 자리까지 차지하게 됐습니다.

그는 이후 여러 번 출마를 했는데, 번번이 낙선했습니다. 그런데 재미있는 것은, 지금도 많은 사람들이 그를 ○의원이라고 부릅니다. 국회의원 고작 한 달 했는데도 그렇습니다. 그는 평생 동안 자신을 국회의원으로 생각하고 있고, 주변에서도 그렇게 불러 주기를 바라는 것 같습니다. 이 사람은 망하는 길로 가고 있는 것입니다. 빨리 의원이라는 딱지를 자신에게서 떼어 버리고 자신이 할 수 있는 일을 찾아야 합니다. 하지만 그는 그것을 못해 지금도 비극적인 노년을 보내고 있습니다.

다시 말씀드리지만 공직은 의복과 같습니다. 공직을 떠날 때는 그옷을 빨리 벗어 버려야 합니다. 여러분들도 언젠가 사회에 나가실 텐데 그때는 미련 없이 벗어 버리시기 바랍니다.

우리 나이가 되면 중요한 것, 필요한 것이 다섯 가지 있다고 합니다.

첫째는 건강입니다.

두 번째는 할 일입니다. 등산이나 낚시 등의 취미를 말하는 것이 아닙니다. 제 경우라면 '경영'이라는 전문분야가 바로 그것입니다. 공직에서 쫓겨난 후 20년 가까이 사업에 몰두하다 보니 자연스럽게 전문가가 되었습니다. 덕분에 현직에서 물러난 지금도 두 곳에서 사외이사를 하고 있습니다. 여기서 받는 봉급이 미래산업 사장 할 때보다 많습니다. 10여 개 기업에서 사외이사를 맡아 달라는 요청이 들어옵니다.

강연해 달라는 곳도 많습니다. 지난 1월 4일 회사를 직원들에게 물려준 후 4개월 동안 50여 곳에서 강연 요청을 받았습니다. 아마 연사가 필요한 중요 행사에는 거의 모두 초청 받은 것 같습니다. 하지만 거절했습니다. 그러던 제가 얼마 전 미시간 글로벌 MBA에서 강연한 적이 있는데, 그 경우는 예외라 할 수 있습니다. 어쩌면 사기(?)를 당한 셈입니다.

저는 5남매를 두고 있는데, 넷째와 막내가 아들입니다. 아들 둘은 4년간 직장생활 후 미국 경영대학원 유학을 준비하고 있습니다. 올해 들어 몇몇 대학에 지원서를 냈는데, 큰아들이 지원서를 낸 곳 중 한 곳이 바로 미시간대학교입니다. 강연 초빙을 받은 때가 합격 발표가 나기 직전이었습니다.

그때 미시간대학교 김웅한 교수와 전화 통화를 하게 됐습니다. 저도 어느 한구석 세속적인 사람인지라, 김 교수께 큰아들 문제를 부탁했습니다. 김 교수는 알아보겠다, 노력해 보자고 답변했습니다. 그렇게 전화를 끊고 나서 10분쯤 후에 김 교수 전화를 받게 됩니다. 자신이 글로벌 MBA 담당교수라고 소개하면서 다음 달에 한국에서 교육 일정이 있는데 강연을 해달라는 것이었습니다.

모든 강연을 거절하고 있던 터라, 당연히 거절해야 옳았을 텐데 문득 큰아들 생각이 났습니다. 혹시 아들에게 도움이 되지 않을까 해서 결국 수락했습니다. 하지만 사흘 후에 아들이 떨어졌다는 통보를 받았습니다.

현직에서 물러난 이후 그렇게 해서 처음으로 강연을 했고, 오늘 강연이 두 번째입니다. 이번에도 고사했는데, 공무원 출신 중 기업인이 드물다며 꼭 맡아 달라는 간곡한 부탁과 함께, 특히 오늘 여기 계신 여러분들이 20년 전 제 처지와 비슷할지도 모른다는 생각에 이 자리에 서게 됐습니다.

사설이 길었습니다. 중년 이후에 가져야 할 두 번째 보물인 '할 일'에 대한 이야기로 돌아가겠습니다. 할 일은 그냥 하늘에서 떨어지지 않습니다. 지금부터, 현직에 있을 때부터 준비해야 합니다. 그렇다면 어떻게 준비해야 하는가? 그 방법은 멀리 있지 않습니다. 자기가 맡은 직책을 충실히 수행하면 거기에서부터 전문성이 생깁니다.

세 번째는 조강지처糟糠之妻입니다. 이 역시 상식적인 것이니, 따로 설명드릴 필요가 없을 것입니다.

네 번째는 나이 먹을수록 어느 정도 쓸 만한 돈이 있어야 한다는 것입니다.

제 고등학교 동기 중에는 서울대학교 출신이 많습니다. 당시 가장 인기 있던 학과가 상대와 공대였는데, 제 친구들 중에는 상대에 진학한 사람들이 많았습니다. 상대 출신들은 대학 졸업 후 은행 등 금융기관에 주로 진출했습니다. 그런데 이 친구들이 지난번 IMF 경제위기 때 무더기로 직장을 그만두게 됐습니다. 아직 한창 일할 나이들인데, 지금 상당수가 놀고 있습니다.

그런데 그중 한 친구가 요즘 부러울 정도로 재미있게 놀고 있습니다. 자식이 둘인데 모두 결혼시켰고, 두 내외가 거의 매일 놀러 다닙니다. 틈만 있으면 단체여행에 붙어서라도 해외여행에 나섭니다. 그는 은행지점장으로 끝났으니까 큰돈은 못 모았지만 먹고 살 만큼은 있다고 하면서 이렇게 얘기합니다.

"지금 현금을 조금 가지고 있는데 굳이 이 돈을 굴리려고 하지 않는다. 예금해 놓고 곶감 빼먹듯이 찾아 쓴다. 이 돈을 다 쓰고 나면 아파트 한 채 있는 것 평수를 줄여 차액을 갖고 다시 예금해 빼 쓰겠다. 그렇게 살다가 내외가 같이 죽었으면 좋겠다."

저는 다른 친구들에게 이 친구가 정말 멋지게 살고 있다고 칭찬하고 다닙니다.

IMF 경제위기는 사회적으로 큰 비극을 낳았습니다. 제 친구들처럼 은행 중년간부들, 대기업 간부들이 아무 대책 없이 무더기로 쫓겨났습니다. 그들은 나오면서 대부분 퇴직금을 제법 후하게 받았습니다. 하지만 그 돈을 퇴직 후 곧바로 불어닥친 코스닥 열풍에, 증권 투기 열풍에 고스란히 날렸습니다. 그래서 그중 많은 사람들은 지금 빈털터리입니다. 아직 한창인 나이지만, 취직도 안 됩니다. 어쩌면 한국의 중산층은 그렇게 해서 많이 사라졌다고 해도 과언이 아닐 것입니다.

여러분들도 섣불리 재테크하지 마십시오. 곱게 늙어 가야 합니다. 모아둔 돈, 곶감 빼먹듯이 하나씩 빼먹는 게 낫습니다. 자식들에게 물려줄 필요도 없고, 물려줘서도 안 됩니다.

다섯 번째는 친구입니다. 시도 때도 없이 이름 불러 가며 "너희 내외 나와라, 등산하자" 하면 따라나서는 친구, "우리 마음도 싱숭생숭하고 제주도에 유채꽃 피었다는데 제주도 한번 가자" 하면 언제든지 따라나설 수 있는 그런 친구 한둘을 만들어 놓아야 합니다. 미리, 그리고 의도적으로, 지금부터 준비해야 합니다. 그때 갑자기 친구가 생기지 않습니다. 그만두고 나면 친구 안 붙습니다. 오히려 가까이 다가올까 무서워합니다.

여러분들이 지금 근무하는 자리가 남을 봐줄 수 있는 자리인지 아닌지 모르겠습니다만, 아무리 한직에 앉아 있다 하더라도 사회에 있는 사람에게 친절을 베풀 수 있는 기회가 적지 않습니다. 하다못해 무엇이 궁금해서 연락이 오면 성심성의껏 알아보고 답변해 주십시오. 공직에 있을 때 사회에 있는 친구들을 많이 도와주십시오.

저 역시 그랬습니다. 제가 공직에 있을 때 박대한 사람들은 전부 저를 멀리하고 가까이 다가올까 무서워하고·귀찮아했습니다. 그래도 저한테 신세를 졌다든지, 제가 친절하게 대한 사람들 몇몇은 끝까지 저를 측은하게 생각하고, 오히려 제가 현직에 있을 때보다 더 잘 대해 주었습니다. 뿌린 대로 거둔다는 말이 여기서도 예외는 아닙니다.

요컨대 그만두고 나간 후에 남들이 나에게 잘해 주기를 바라지 말고 현직에 있을 때, 베풀 수 있을 때 베풀어 주십시오. 남들이 도움을 청하기 전에, 가려운 곳을 긁어서라도 먼저 도와주십시오.

지금까지 다섯 가지를 필수사항으로 말씀드렸는데, 짓궂은 친구들은 여기에 한 가지가 더 필요하다고 얘기합니다. 조강지첩이 있어야 한다는 게 여섯 번째랍니다.

여자 나이 60이 넘어가면 구실을 잘 못 할 수 있습니다. 남자는 아직 생생한데, 문제가 아닐 수 없습니다. 그런 경우에 대비해 조강지처의 사전 양해하에 조강지첩을 준비해야 한다는 것입니다. 그런데 조강지첩이 갑자기 조달이 됩니까? 안 되겠죠. 이 역시 여유 있을 때 미리미리 준비해 놓아야 한다는 겁니다. 그러려면 상당한 선투자가 있어야 할 것입니다.

여섯 번째 얘기는 농담이었습니다.

그때 준비하면 늦는다

제 얘기의 골자는 미리 준비해야 한다는 것입니다. 뜻하지 않게 어느 날 갑자기 죽음을 맞이한다든지, 일자리에서 물러나야 한다든지 등의 일이 있을 수 있는 만큼 사전에 대비해야 됩니다. 아차 하면 늦습니다.

호스피스는 사람이 죽을 때 임종을 돌보는 일을 합니다. 호스피스들은 사람들의 임종 순간을 수없이 지켜본 결과 훌륭한 일을 한 사람이나 못된 짓을 한 사람이나 예외 없이 죽을 때는 후회하고 죽는다고 전합니다. 그런데 후회하는 내용이 무엇인지 살펴보니까, 크게 다음 세 가지로 구분할 수 있다고 합니다.

첫째는 '좀더 인내하고 살 걸'입니다. 임종의 순간에 배다른 형제들이 재산싸움을 하고 어지러운 꼴을 보인다고 상상해 봅시다. '조강지처 말을 듣고, 혼 좀 나고, 그냥 살았더라면 좋았을 텐데, 그때 못 참고 두 살림 차린 탓에 죽어 가는 마당에 순순히 임종 지켜 주는 자식도 없구나' 하고 후회하게 될 것입니다. 피붙이 외에 임종을 지켜보는 친구 하나 없다면 '그 친구와 그때 의견이 부딪쳐 끓는 성질에 결별을 해버렸는데, 그때 내가 조금만 참았더라면' 하고 후회할지 모릅니다.

두 번째 후회는 '좀더 베풀면서 살았으면 좋았을 것을, 쓸데없이 재산을 남겨 자식 놈들끼리 재산싸움을 하는 꼴불견을 만들어 놨구나' 하는 것입니다.

세 번째 후회는 이런 것입니다. '봄이 오는지, 가을이 오는지 모르고 살았다. 좀더 즐기면서 살았으면 좋았을 것을. 얼마나 더 잘 먹고 잘살겠다고 정신없이 살았는지.'

저는 세 번째 후회가 제일 중요하다고 생각합니다. 첫 번째와 두 번째는 후회하지 않기가 무척이나 어려운 것이지만, 세 번째만큼은 조금만 주의를 기울인다면 쉽게 피할 수 있는 것입니다.

오늘 이 순간을 즐기려고 노력하십시오. 지루한 강연이지만, 졸리고 몸이 뒤틀리지만, 즐거운 마음으로, 즐겁게 듣다 보면 어느샌가 즐거움이 온몸에 흘러넘칠 것입니다.

즐기면서 준비하는 미래

저는 18년 공직생활 중 14년 동안 진급을 여섯 차례 했습니다. 그렇게 진급하려고 얼마나 골치 아프게 살았겠습니까?

공직이란 제가 아까 말씀드린 것처럼 망할 염려가 없는 곳이고, 또 회사처럼 경영 상황이 나빠져서 월급이 나올지, 안 나올지를 걱정할 필요가 없고, 자신만 충실하면 별 탈이 없는 곳입니다. 그런데도 대부분의 공직자들은 불평과 불만 속에 살아갑니다. 사소한 규제를 못 이겨서, 승진에 불만이 있어서, 상사가 조금 귀찮게 한다고 해서, '아, 이거, 이놈의 거 오늘 그만둬 버려야지' 하루에도 몇 번씩 생각을 합니다. 또 동료와 경쟁 관계에서 조금만 신경을 쓴다고 해도 '아휴, 이거 더러워서, 이놈의 직장 못 해먹겠다. 어디로 가버리든지 해야지' 등의 생각을 하루에도 몇 번씩 합니다.

친구들은 제게 이런 얘기를 많이 합니다. "그때 자네는 공직에서 쫓겨난 게 잘됐어. 덕분에 지금 용이 되지 않았는가." 저는 이런 말에 웃고 마는데, 사실 공직생활을 계속해서 정년퇴직 때까지 일했으면 더 행복했겠다 하는 생각이 없지 않습니다. 지금 이 자리에서 이렇게 강연까지 하고 있지만, 앞에서도 말씀드렸다시피 의복을 벗지 못해서 결국 죽음까지 당한 동료들처럼 20년 동안 사업한다고 모진 고난과 질곡을 겪으면서 이렇게 늙어 버렸으니 행복했다고만은 말하기 어려울 것입니다. 그래서인지 세상에서 월급쟁이처럼 좋은 직업은 없다는 게 제 솔직한 심정입니다.

사실 그때 중앙정보부 하면 서슬이 시퍼런 곳이었습니다. 외출이라도 하면 친구들이 제게 점심을 못 사서 안달이었고, 부탁을 못 해서 안달이었습니다. 하지만 저는 그 좋은 직장을 불평과 불만 속에서 다녔습니다. 만족할 때가 한 번도 없었습니다.

특히 동료들과의 관계 때문에 늘 불만이었습니다. 저는 일처리가 치밀한 편이었기 때문에 상하관계는 매우 좋았습니다. 하지만 동료들이 그냥 놔두지를 않았습니다. 집적거리고, 뒷다리를 걸고, 그래서 늘 몸과 마음이 불편했습니다. 설령 제가 일을 잘해서 큰 성과를 올렸을 경우라도 시기심에서 저 전라도 놈, 사병 출신, 똥통학교 출신이 잘난 체한다고 비난을 퍼붓는 게 예사였습니다. 하지만 이제는 후배들에게 자신 있게 얘기합니다.

"너희들은 최고의 환경에서 일하고 있다. 그러니 즐기면서 살아라. 즐기면서 일해라."

강연 전에 여러분 중 한 분께 교육과정에 대한 시험이 있느냐고 물었더니 없다고 하더군요. 저도 교육받아 봤지만, 시험이란 건 신경을 곤두세우게 하는 일 아닙니까? 성적을 매긴다는데, 고과에 반영한다는데 공부 안 할 수도 없고, 열심히 하기도 힘들고 골치 아팠습니다. 그런데 여러분은 시험도 안 보고 1년 동안 이렇게 재충전의 시간을 갖고 있으니 얼마나 좋습니까?

교과과정 중에 금강산 방문도 있다고 들었습니다. 금강산뿐만 아니라 중국도 다녀오십시오. 기왕 즐기실 요량이라면 최고로 즐기십시오. 그리고 혼자만 즐기지 말고 부인들까지 함께 다니시고, 저녁행사도 웬

만하면 동부인 하십시오. 그렇게 하다 보면 앞서 제가 말씀드린 친구 사귀는 문제도 자연스럽게 해결될 것입니다.

이제야 제가 철이 들어 세상 무서운 것을 알게 된 것 같습니다. 여러분들, 지금은 실감을 못 하실지도 모르겠습니다. 제가 이렇게 말씀드려도, 손에 쥐어 드려도, 모르실 수도 있을 것입니다. 강연을 끝내고 나면 금세 잊어버릴지도 모릅니다. 잊어버리고 엉뚱한 생각 할지도 모릅니다.

하지만, 다시 한 번 말씀드리지만, 지금 맡고 계신 직무에 푹 빠져 정말로 열정을 쏟으신다면 앞으로 남은 시간만 근무해도 여러분들 모두가 전문인이 될 수 있습니다. 그러다 보면 퇴직 후에도 사회에서 필요로 하는 인물이 될 수 있을 것입니다.

직장, 월급 이상의 의미

제가 앞서 아들이 둘 있다고 말씀드렸는데, 큰아들은 현대자동차연구소 엔진설계팀에서 4년 반을 근무했고, 막내는 삼성카드에서 4년 반을 일했습니다. 큰아들은 대학원을 나왔고 막내는 학부만 졸업했으니까, 군복무 마치고 둘이 직장에 들어가는 시기가 같았습니다. 두 아들이 직장에 들어갈 때 저는 불러 놓고 한 가지 당부를 했습니다.

"너희들이 지금 직장에 가면 월급을 줄 텐데, 월급 값을 하려면 적어도 5년간은 배워야 할 것이다. 그런 후에야 비로소 월급 값을 할 수 있을 것이다. 회사로서는 그 시간이 지나야 너희들에 대한 손익분기점에

도달하게 된다. 어떻게 보면 회사에 등록금을 갖다 주고 근무해야 하는데, 거꾸로 월급 받고 근무하는 셈이다. 이런 사람이 어떤 자세로 일해야 하는지 명심하기 바란다."

이 말 때문인지 아들들은 적응을 잘했습니다.

저는 자식들에게 전한 이 말에서 직장이란 무엇인가, 월급쟁이란 무엇인가, 직장에 다니는 사람이 어떻게 처신하고, 어떻게 스스로를 변화시켜야 하는가를 가르쳐 주고 싶었습니다.

돌이켜 보면 제가 해직 당해서 사업을 할 때 주홍글씨를 달고 하는 기분이었습니다. 여러분들 《주홍글씨》라는 소설을 읽어 보셨겠지만, 어디 가서 중앙정보부 다녔다는 소리도 못 할뿐더러, 했다가는 낭패 보기 십상입니다. 경력을 숨긴다 해도 시간이 지나면 반드시 알려집니다. 사업하는 데 중앙정보부 이력이 제 발목을 여러 차례 잡았습니다.

중소기업 하다 보면 제일 무서운 사람이 은행 지점장인데, 그 사람과 가까이 되는 데 시간이 2배 이상 걸렸습니다. 남보다 마음을 쉽게 열어 주지 않기 때문입니다. 지금은 많이 좋아졌지만, 중앙정보부 하면 얼마나 이미지가 안 좋았습니까? 중앙정보부 근무하면서 수사 등의 분야에 근무해 본 적은 없고, 기획업무 등 내근직만 했는데, 사람들은 대개 중앙정보부 출신이라 하면 남의 약점이나 파고드는 나쁜 경찰의 이미지를 갖고 있습니다.

중앙정보부 직원 대다수는 선량하고 실력 있는 사람들입니다. 그런데 몇몇 사람들이 물을 흐리고 조직의 이미지를 흐려서 전체가 나쁜 것처럼 인식되는 것입니다. 아무튼 사회에서는 그런 사람이 충실한 사회인이 되었다는 것을 쉽게 믿지 않았습니다.

그런 이유로, 또 제 성격 때문에, 경영하면서 저는 가능한 한 은행대출, 정책자금 같은 것들을 쓰지 않았습니다. 초기에는 은행에서 대출을 받기도 했습니다만, 대개 사채로 자금을 조달했습니다. 아내를 통해서, 친지들을 통해서, 월 1.5~2부짜리 사채도 썼습니다. 은행 이자율이 12% 정도, 정책자금은 8% 정도로 두 배 이상 비쌌지만, 필요할 때 갖다 쓰고 돈이 생기면 바로 갚을 수 있는 게 오히려 나았습니다.

게다가 은행 돈을 빌리는 데 비용이 만만치 않았습니다. 대개 융자금은 기한이 1년이라 돈이 필요 없어도 기왕 빌린 돈의 이자는 꼬박꼬박 내야 했습니다. 그렇지 않으면 괘씸죄에 해당되어 불이익을 받을지 모르기 때문입니다. 명절이면 꼬박꼬박 선물도 갖다 줘야 했습니다. 게다가 지점장은 얼마나 수시로 바뀝니까?

제가 부천에서 사기 당한 공장을 인수한 후 첫 추석이 돌아왔습니다. '지점장이 제일 중요한 사람인데, 명절 선물을 전해 줘야 할 것 아닌가', '돈 봉투를 줘야 하나', '중앙정보부 출신이라고 하는데 어떻게 생각할까', '선물을 한다면 어떤 것을 해야 하나', '본인 것을 해야 하나, 아니면 부인 것을 해야 하나' 등 고민이 많았습니다.

결국 부인 것을 사다 주자고 결정했습니다. 그러면 지점장 아내가 기분 좋고, 아내가 기분 좋으면 남편도 기분 좋을 것이고, 일거양득 아니냐. 이 문제 하나를 결심하는 데 며칠을 고심했습니다. 어느 하나 만만하게 생각할 게 없었습니다. 사회가 그렇게 무섭다는 얘기입니다.

아무튼 저는 그렇게 중앙정보부와 담을 쌓고 사회생활을 시작했습니다. 그쪽을 쳐다보지 않은 것이 실패하지 않았던 첫 번째 이유라고 생각합니다. 어느덧 세월이 흘러 기업을 일으키고, '벤처기업인 대부'라고 지목되는 상황에 이르니까 중앙정보부 출신이라는 것이 다소 희석됐습니다.

제가 지난 1월 4일 직원들에게 경영권을 물려주고 퇴임했는데, 신문들이 매우 크게 제 이야기를 다루었습니다. 그런데 그 기사들을 자세히 보니까 제 경력을 기사 옆에다 큼직하게 게재했더군요. 그 경력 중에 '중앙정보부 조정과장'이라고 눈에 띄게 적혀 있었습니다. 처음에 제가 사업을 시작할 때는 어떻게 하면 그 사실을 감추느냐가 문제였는데, '나는 중앙정보부 출신이 아니고 사업을 새로 시작하는 사람이다' 이렇게만 생각했는데, 그만두는 날 새삼스럽게 부각된 셈입니다.

제가 퇴임한 것은 공교롭게도 사업을 시작한 지 18년 만이었습니다. 공직생활도 18년간 했으니까, 양쪽에 똑같이 제 인생을 투자한 셈입니다.

재미있는 일은 그렇게 신문에 중앙정보부 출신이라고 나니까 후배들이 반가운 인사를 건넸다는 점입니다. 중앙정보부 출신에 대한 부정적인 이미지를 바꾸는 데 크게 기여(?) 했다는 것으로, 예상치 못한 감사 전화도 여러 차례 받았습니다.

아무튼 다시 처음 얘기로 돌아갑니다만, 제가 이렇게 성공했다는 평을 받을 수 있는 것은 의복이라는 것을 이해하고 완전히 벗었기 때문입니다.

저는 반도체 제조장비 중에서 맨 마지막 공정에 사용하는 검사장비를
처음으로 국산화해서 각광받았습니다. 제조장비의 국산시대를 연 것
입니다. 그것이 1993년입니다. 그때만 하더라도 반도체 제조장비라는
것은 선진국, 특히 미국과 일본, 두 나라에서 사다 쓰는 것이라는 고정
관념이 뿌리 깊었습니다. 감히 누가 그것을 국산화하겠느냐는 생각이
지배적이었습니다. 저는 거기에 도전했고, 결국 성공했습니다.

국산화 과정을 소개할까 합니다. 먼저 삼성전자에 가서 최신 미국
기계와 일본 기계를 한 대씩 빌려 왔습니다. 이 기계들을 밤새워 분해
해서 분석했습니다. 들여다보니까 두 나라 기계가 서로 장점이 달랐습
니다. 이 장점들을 뽑아서, 모자이크해서 어설픈 듯싶지만 우리 기계
를 만들었습니다.

국산화에 성공하니까 주변에서 쾌재를 불렀습니다. 사실 그 이전까
지만 해도 장비를 전적으로 외국 업체에 의존하다 보니 칼자루는 그들
이 쥐고 있었습니다. 부르는 게 값인 데다, 공급일정도 자기들 스케줄
에 맞췄습니다. 수요자는 공급자가 주는 대로 따라할 수밖에 없었고,
완전히 주객이 전도돼 있었던 것입니다. 그런 상황에서 미래산업이 국
산화에 성공, 외국 업체의 못된 버릇을 고쳐 줄 수 있게 되었다며 여러
분들이 매우 반가워했습니다.

당시에는 저도 잘 몰랐는데, 정부가 지정한 '수입선 다변화 품목'이
라는 것이 있었습니다. 주위에서 제게 "당장 신청해라, 그래서 일본 사

람들 혼을 내주자"고 했습니다. 미국 기계가 국내에 몇 대 들어오기는
했지만 상징적인 것에 불과했고, 대부분의 장비는 일본산이었습니다.
"수입선 다변화 품목에 지정되면 일본 기계 못 들어오게 할 수 있고, 미
래산업이 혼자 독점해서 팔 수 있다. 정 사장도 돈방석에 앉는 것 아니
냐" 등의 이야기들이 쏟아졌습니다.

일본 기계를 견제해야만 국산화가 되고, 국산화가 돼야만 반도체 산
업이 제구실을 할 수 있습니다. 뼈 빠지게 만들어서 내다 팔아도 정작
실속을 챙기는 것은 일본 기업들이었습니다. 장비, 원부자재 등 알맹
이를 그들이 갖고 있었기 때문에 우리 기업에 돌아오는 부가가치는 얼
마 되지 않았습니다.

하지만 저는 당장 그러한 제안을 받아들이지 않았습니다. 법령을 읽
어 보면서 심사숙고했습니다. 좋은 떡 있다고 얼른 받아먹으면 탈이
날 수 있다는 생각에서였습니다. 정말 자세히 들여다보니까 이 제도가
독약이 될 수 있다는 생각이 들었습니다. 물론 제도 자체는 상공부 공
무원들이 좋은 머리를 짜내어 만든 엄청나게 좋은 것이었지만, 제 경
우에는 문제가 적지 않았습니다.

첫째, 반도체의 제조공정은 크게 보면 30~40개로 구분할 수 있습니
다. 제가 만든 장비는 맨 마지막 공정을 담당합니다. 그런데 이 공정에
외국 장비를 못 들어오게 하고 우리 미래산업이 100% 판매한다는 얘
기는 그 공정을 미래산업이 전적으로 책임진다는 얘기가 됩니다. 생산
차질을 초래한다면 기회비용까지 포함해서 미래산업이 책임을 져야 하
는 상황이었습니다. 앞 공정에서 아무리 잘했다 하더라도 마지막 공정

에서 병목이 생겨 출하가 지연된다면 소용없는 일이 아닙니까?

그리고 비록 장비를 만들어 내긴 했지만, 아직 운영해 본 경험이 없었습니다. 제가 만든 장비는 매우 복잡합니다. 부품이 약 2만 5천 개 동원되는데, 기계, 전산, 전주, 물리, 화학, 광학, 진동 등 수많은 기술이 총동원됩니다. 더 좋은 장비를 만들었다고 하지만 현장에 투입돼 돌리다 보면 어딘가 마모되고 생각지 못한 고장이 날 수도 있습니다. 그럴 경우 반도체 생산 전 공정에 차질이 생길 수도 있습니다.

그래서 저는 당장 마지막 공정을 전담하는 게 좋은 일만은 아니라고 판단했습니다. 처음에는 그 공정 중 5%, 그 다음에는 경험을 얻어서 10%, 이렇게 공정 점유율을 올리는 게 낫다고 판단했습니다.

두 번째 문제는 지속적인 연구개발 투자를 해야 한다는 것이었습니다. 이러한 장비는 개발원가의 최소 3배 이상을 받아야 향후에도 지속적으로 신제품 출시를 위한 연구개발 활동을 할 수 있습니다. 제품을 개발하고 대량 생산·판매해서 개발 과실을 거둬들인 후 다시 연구개발 투자를 할 수 있어야 합니다. 하지만 이 장비는 수명이 6개월 정도밖에 되지 않았습니다. 즉, 6개월마다 업그레이드된 신제품을 만들어서 내놔야 한다는 말입니다.

게다가 회사조직 구성상 대다수가 연구원이고, 생산인력은 얼마 되지 않았습니다. 그렇다면 생산부문은 아웃소싱 해야 하고, 그렇게 하기 위해서는 제품가격을 3배 이상 받아야 한다는 계산이 나왔습니다.

그런데 그때까지 장비 가격의 결정은 일본 기계 대비 몇 %로 하자는 식이었습니다. 예컨대 일본 기계가 100만 달러면, 당신 장비는 국산이니까 미안하지만 30% 저렴한 70만 달러로 하자는 식이었습니다. 사실 이렇게 가격이 매겨져도 이익이 많이 남았습니다. 미래산업이 1996년과 1997년에 한국 상장기업 중에서 순이익 비율이 제일 높았던 것도 이런 때문입니다. 순이익률이 35%나 되었습니다.

하지만 만일 일본 장비가 들어오지 않는다면 고객인 대기업들은 장비가격 계산을 다시 할 것이 분명해 보였습니다. 대기업은 생리상 원가계산, 특히 중소기업 제품에 대한 원가계산은 아주 모질게 합니다. 부품리스트를 가지고 가격을 뽑아내고, 여기에 15%의 마진을 붙여 줍니다. 이런 상황에서 개발비를 받아 내기란 매우 어려울 것으로 판단했습니다.

세 번째 문제는 원천기술의 문제입니다. 앞서 제가 장비를 만들면서 선진국 제품을 보고 모방학습을 했다고 말씀드렸습니다. 6개월마다 신제품이 나오는데, 반도체 생산회사에서 우선 1대씩 사옵니다. 그것을 분해하고, 분석하고, 여기에 몇 가지 아이디어를 더해 국산화했습니다.

솔직히 말씀드리자면 초기에는 원천기술이 없다고 해도 과언이 아니었습니다. 그런 상황에서 당장 일본 기계를 못 들어오게 막아 버리면 모방학습을 할 대상을 잃어버리게 되는 것입니다. 이 장비를 순수 국산기술로 개발해서 세계적인 경쟁 수준까지 가려면 시간이 더 필요한데, 걱정이 아닐 수 없었습니다.

네 번째 문제는 직원들에 대한 것이었습니다. 아무리 사명감이 강하고 열심히 하는 직원이라고 하더라도 경쟁 속에서, 긴장상태에서 좋은 제품을 내놓은 것이지, 땅 짚고 헤엄치는 상황, 즉 일본 기계도 못 들어오고 미국 기계도 못 들어오고 미래산업이 만드는 것만 써야 되는 상황이라면 아무래도 나태해지고, 기술개발에 소홀해질 수 있다고 생각했습니다.

이런 이유로 수입선 다변화 제도를 이용하지 않고 점진적인 시장 확대 전략을 쓰기로 했습니다. 처음에는 공정의 10% 정도만, 팔 수 있을 만큼만 팔았습니다. 그런데도 아니나 다를까, 현장에 투입된 지 일주일 후부터 고장이 나기 시작했습니다. 생각지도 못한 곳에서 크고 작은 문제가 생겼습니다. 개발요원들이 할 수 없이 현장에 투입됐습니다. 하지만 그렇게 해도 고장은 반복됐습니다.

심지어 이런 고장들까지 있었는데, 예를 들면 장비에 커넥터 전기배선을 꼽으면 그다지 오래 작동하지 않았는데도 문제가 생겼습니다. 정확히 무엇이 문제인지를 파악하기도 쉽지 않았습니다. 배선은 조금 삐딱하게 빠져도 문제이므로 빠지지 않도록 야물게 마무리를 해야 했는데, 이 문제를 해결하는 것도 쉬운 일이 아니었습니다. 이런 사소한 부분조차도 일본 장비 회사의 노하우였던 것입니다. 우리는 전기배선쯤은 큰 신경을 쓰지 않았는데, 이것이 덜덜거리고, 흔들리고, 진동 상태에 있으니까 조금씩 느슨해지고, 결국 선이 빠지고, 빠지고 나니까 어디에서 빠졌는지 쉽게 알 수 없고, 이런 일들이 생긴 것입니다.

또 볼트 같은 것도 채우고 나서 빠지지 않도록, 특히 오랜 진동상태에도 견딜 수 있도록 해야 했는데, 우리는 그런 노하우를 갖고 있지 못했습니다. 좋은 스테인리스 볼트를 갖다가 채워 놓고, 야물게 채웠으니까 되었다 싶었지만, 이 역시 일주일 정도 지나니까 문제가 생겼습니다. 여기저기, 사소한 곳에서 문제가 불거져 나왔습니다.

급기야는 기계 한 대당 연구원 한 명씩 보초를 세웠습니다. 24시간 옆에 붙어 있으면서 고장 나면 곧바로 고쳐 줬습니다. 하지만 그렇게 하는 것도 한계가 있고, 결국 저는 구매자에 이실직고했습니다.

"반도체 생산공정 중 우리 기계가 10%를 담당하고 있으니까, 전체 생산차질이 10%이다. 내가 일부러 그렇게 하려고 한 것도 아니니, 근본적으로 해결했으면 한다. 앞으로 2주일 여유를 주면 근본적으로 해결하겠다."

시급히 새로운 기계를 두 대 만들었습니다. 그렇게 해서 그 후 일주일 사이에 기계를 교환해 주면서, 1개월 만에 모든 문제를 해결하고 곤란한 상황에서 벗어날 수 있었습니다. 만약 제가 처음부터 모든 공정을 챙기겠다는 욕심을 부렸더라면, 아마도 그때 미래산업은 망했을 것입니다.

제가 1980년대 초 창업 당시에 제 꿈으로 우러러보고 닮고 싶어 한 분들이 셋 있었습니다. 세 분 모두 한국 벤처의 선구자들입니다. 그런데 이 세 분이 공교롭게도 서울 상대 동문입니다. 세 분 모두 대기업 영업부서에서 부장까지 근무하다가 나와서 창업에 성공했는데, 과학기술처에서 국산 1호 기술에 대해 일정 기간 독점권을 주는 제도를 바탕으로 성공 가도를 달렸습니다.

'언제 성공해 저런 분들처럼 될 수 있을까' 하고 한참을 올려다본 분들인데, 이분들이 경영하는 회사는 IMF 경제위기 때 모두 퇴출돼 버렸습니다. 두 개는 이름만 남아 있고, 하나는 이름조차 없어졌습니다. 그분들은 처음에는 정부 육성정책 덕을 봤지만, 결국 거기에 의존하다가 더 이상 버티지 못하고 무너졌습니다. 처음에는 독점이었지만 나중에 경쟁체제로 바뀌었고, 결국 경쟁에서 이기지 못한 것입니다.

저 또한 만일 중앙정보부 후광을 이용하고, 그동안의 인맥을 활용하고, 중소기업 지원제도와 정책자금을 쫓아다녔다면 지금의 성공을 거두지 못했을 것입니다.

제 지인 중에는 국회의원 등 힘 있는 분들이 적지 않습니다. 그분들이 후원회 좀 와달라, 얼굴 좀 내밀어라, 강연을 해달라 등 요청을 하면, 아무리 친한 분이라도 저는 거절합니다. 특히 정치인에게 온 우편물은 과감히 휴지통에 넣어 버립니다. 처음 몇 번은 섭섭하다고들 하지만, 결국 '아, 저 사람은 정치 근처에도 안 가는 사람이지'라고 생각하는 것 같습니다. 그렇게 이미지가 굳어지면 더 이상 섭섭한 마음도 갖지 않는 것 같습니다. 저는 정치뿐 아니라 힘 있는 곳, 그런 곳은 근처에도 가지 않으려고 노력했습니다. 심지어 은행조차도 가능한 한 피해 갔습니다.

〈미래산업〉 성공의 비밀

저를 만난 사람들이 항상 묻는 질문 세 가지가 있습니다. "어떻게 나이먹은 사람이 첨단기술 분야를 계속 개척해 나가고 있습니까?", "미래산업의 비전이 무엇입니까?", "왜 그 회사에는 그토록 유능한 인재들이 자동적으로 모입니까?", 이 세 가지가 그것입니다.

이에 대한 대답은 의외로 간단합니다. 이 모든 것들을 제가 아닌 저희 직원들이 알아서 한다는 것입니다. 우리 미래산업에는 사훈이 없습니다. 출근부도 없습니다. 조회도 하지 않습니다. 굳이 비전을 설명하라면 우리 직원들, 연구원들 머릿속에 있는 어떤 구상, 그리고 가슴속에 있는 뜨거운 열정이라고 하겠습니다. 이들이 아주 창의적으로 일할 수 있도록 회사는 단지 그 마당을 만들어 주고 돌멩이를 치워 주고 다져 주는 역할에 충실할 따름입니다. 그 안에서 축구를 하건 진흙탕에서 뒹굴건 자유입니다. 밥을 해 먹건 죽을 끓이건 상관하지 않습니다. 자기가 좋아서 즐겁게 일하기 때문에 그 기능을 충분히 발휘하는 것입니다.

다 아는 얘기입니다만, 한국 사람은 신바람을 먹고 사는 사람들이라는 말을 합니다. 한번 신이 나면 무서운 저력을 발휘합니다. 그런데 중요한 것은, 간섭하고 억누르면 절대로 성과를 못 내는 것이 한국 사람들입니다. 기업도 마찬가지라고 생각합니다.

1997년 외환위기 직전에 새로 연구소장이 왔습니다. 연구소장이 왔을 때 제가 불러 놓고 단단히 말을 했습니다.

"돈은 마음대로 써라. 모자라면 얻어다 주겠다. 또 사람도 마음대로 써라. 그리고 연구소 내의 모든 제도, 출근이라든지 근무, 마음대로 다 해라."

그가 어리둥절해합니다. '이 영감이 괜히 해보는 소리 아닌가.'

바로 그 다음 날 전화가 왔습니다. 보고할 게 있다는 것이었습니다.

호통을 쳤습니다.

"네가 혼자서 알아서 죽고 살라고 했는데 왜 나한테 보고를 하려고 하느냐. 왜 나하고 책임을 분담하자고 하느냐."

그런데 일주일 후에 또 전화가 왔습니다.

"보고 드릴 게 있습니다. 이건 꼭 좀 보고를 드려야 되겠습니다."

또 호통을 쳤습니다. 그렇게 해서 보고를 안 하도록 하는 데 한 달이 걸렸습니다. 윗사람한테 보고를 한다는 것은 책임을 같이 지자는 것입니다.

미래산업은 분당 서현동 삼성플라자 바로 옆에 8층의 좋은 빌딩을 보유하고 있습니다. 마음대로 하라고 하니까 연구소장은 그 빌딩 옥상에 일단 골프연습장부터 만들었습니다. 신원컨트리클럽 법인회원권도 샀습니다. 연구소장이 미래산업에 와서 가장 먼저 한 일이 그것입니다. 그리고 다음에는 체력단련실을 아주 깔끔하게 만들었고, 거기에 수면실까지 만들었습니다. 일하다가 졸리면 자야겠다는 것입니다.

그는 술도 자주 마셨습니다. 밤늦게까지 일하다가 회사에서 자려고 하면 쉽게 잠이 들지 않았을 것입니다. 연구소 근처에는 먹자골목, 술집들이 널려 있으니까 술 유혹도 많았을 것입니다.

당시 미래산업에는 경리를 담당하는 상무이사가 있었는데, 아주 깐깐한 사람이었습니다. 그때 연구소장은 41살, 상무는 50살이었습니다. 상무는 일주일이 멀다 하고 연구소장으로부터 술값 영수증이 날아오는데 도저히 한마디 안 하고는 못 견딜 지경이었던 모양입니다. 연구소장을 불러다가 호통을 쳤답니다. 술을 마실 수도 있지만, 마시려면 좀 제대로 마시라는 얘기였습니다. 하지만 연구소장의 술자리는 계속됐습니다.

법인카드 영수증이 언젠가는 250만 원이나 나왔다고 합니다. 너무 심하다 싶어 상무가 알아보니까 술값이 100만 원에 팁이 150만 원이었습니다. 상무는 "이건 너무 심하지 않느냐" 하고 점잖게 달랬다고 합니다. 연구소장은 "알겠습니다" 하고 대답했지만 술버릇은 고쳐지지 않았습니다. 그러니까 계속 잔소리가 가고, 규제를 하게 되고, 둘은 자주 싸우게 됐습니다.

본사와 공장은 천안에 있고 연구소는 분당에 있는데, 연구소장에게 네 맘대로 하라고 해놓으니 별의별 일들이 다 벌어졌습니다. 돈도 마음대로 쓰고, 근무시간도 엉망이고, 며칠씩 새우는 연구원도 있고, 이틀에 하루씩 결근하는 사람도 있고, 낮에 나가서 술 마시는 사람도 있었습니다.

제가 상무를 불러 말했습니다. "당신 생각에는 좀 이상하겠지만, 무조건 당신은 집행해라. 당신은 돈 주는 기계다." 하지만 상무는 저의 말을 받아들이지 못했고, 결국 저는 눈물을 머금고 그의 사표를 받았습니다. 그렇게 경리 담당 상무를 아무 잘못도 없이 내보낸 것입니다. 그렇게 그를 내보냈지만 뒤탈 없는 회사가 우리 미래산업입니다.

연구소장의 사고(?)는 여기서 그치지 않았습니다. 미국에서 새로 개발된 고가의 기계설계 시스템을 덜컥 산 것입니다. 제게 묻지도 않고. 물론 물을 필요도 없었지만. 얼마짜리냐고 물었더니 30억 원이랍니다. 그런데 60억 원이 넘는 장비를 거의 반값에 샀다고 오히려 자랑합니다.

더욱 놀란 것은 그 장비는 베타 시스템으로, 아직까지 상업용으로는 팔린 것이 아니랍니다. 미래산업이 구입 후 실험해서 실용화하는 조건으로 싸게 살 수 있었다고 합니다. 그 사람 참 통이 큽니다. 당시 미래산업 연간매출액이 300억 원 정도로, 될지 안 될지도 모르는 일에 매출의 10분의 1을 집행했으니 말입니다.

하지만 그런 덕분에 미래산업 연구소는 한국 최고의, 한국을 대표하는 메카트로닉스 연구소가, 미래산업은 한국 정상의 메카트로닉스 기업이 될 수 있었다고 믿습니다. 메카트로닉스는 전자와 기계 분야가 융합된 첨단기술입니다.

회사를 위해 일하지 말라

제가 직원들을 만나면 늘 하는 말이 있습니다.

"회사를 위해서 일하지 마라. 네 자신을 위해서 일해라."

이 말은 제가 1994년 시무식에서 폭탄선언한 것입니다.

그 이전까지는 이렇게 말해 왔습니다.

"우리는 한 가족이다. 한 배를 탔다. 내 회사처럼 생각하자. 주인의식을 갖자."

하지만 그때부터 말을 바꿨습니다. 말을 바꾼 이유는 이렇습니다.

어쩔 수 없이 우리 미래산업에도 신세대가 들어오기 시작했습니다. 이들은 완전히 다른 사람들이었습니다. 생긴 것만 같지 사고방식이 전혀 달랐습니다. 어떻게 보면 별천지 사람들 같았습니다.

회사 일에 어떤 문제가 생기면 '나한테 어떤 영향이 있는가', 그것부터 생각합니다. 이 사람들을 고칠 수는 없습니다. 자기 부모도 소용없습니다. 버릇도 없고 시간도 안 지키고 책임감도 없고 나쁜 버릇이 많은데, 한 가지 좋은 점이 있습니다. 자기가 좋아하는 것, 재미있는 것, 간섭하지 않고 네 마음대로 한번 해보라고 하면 최고로 좋아합니다. 월급 많이 주는 것, 이런 것보다 더 좋아합니다. 이 사람들 때문에 직원 통솔 방침을 바꿔야 되겠다 싶어 폭탄선언을 한 것이 "네 자신을 위해서 일해라"였습니다.

직원들이 신바람 나서 죽기 살기로 일하면 회사는 그 부산물만 받아도 이익입니다.

"회사를 위해서 일해라. 같이 성공하자."

이런 소리는 맨날 해봐야 쇠귀에 경 읽기입니다.

자화자찬 같지만 그때부터 저는 직업사회의 변화를 예감하고 한발 앞서 실행했습니다.

"너 자신의 개발을 위해서 노력해라. 필요한 비용은 회사 돈을 써라. 일하는 것도 스스로를 위해서 해라."

이렇게 부단히 말했습니다.

공무원들도 이러한 원리에서 벗어나지 않을 것이라 생각합니다.

"공무원들 자기 자신을 위해서 피가 되고 살이 되도록 일하면 그 부산물로서 우리 국가도 좋아질 것이다. 또한 공무원 자신도 전문가가 되고 다 성공할 것이다."

21세기는 회사를 위해서 일하는 시대가 아닙니다. 이미 그런 시대는 20세기로 막을 내렸습니다. 조직은 자기 스스로를 위해서 일하는 개인들의 능력을 회사의 이익으로 승화시키는 노하우를 가지고 있어야 합니다.

개인과 조직 간의 상생의 원리. 저는 이것이 21세기 디지털 경제시대 조직원리의 핵심이라고 생각합니다. 제가 미래산업을 이끌면서 지켜 온 원리도 이런 것들이었습니다. '회사를 위해서 일하지 않는 개인들로 구성된 회사, 이것이야말로 다가오는 미래를 앉아서 기다리지 않고 창조하는 기업'이라는 믿음이 굳어졌습니다.

그때 우리 직원들은 "사장이 미쳤다. 약간 간 것 같다. 회사를 위해서 일하지 말라니 …" 이렇게 반문했습니다. 요즘은 모두들 공감하는 것 같습니다.

1983년 사업을 시작하면서 저 역시 남들처럼 명문대학교 이공계 출신을 선호했습니다. 하지만 그런 사람들을 구하려고 백방으로 노력했지만, 단 한 사람도 구할 수 없었습니다. 제가 중앙정보부 출신인 데다 사업자금도 없는데, 누가 자기 일생을 의탁하겠습니까? 할 수 없이 공고생 기능공 네 명을 모집하고, 일본에 가서 반도체 제조장비 분야의 유능한 퇴역기술자 한 분을 삼고초려 끝에 모셔다가 기능공들을 교육하여 미래산업을 출범시켰습니다.

그 뒤에는 지방의 공업고등학교, 영월공고라든지 전주공고, 군산공고 등에 가서 2학년생들을 1년에 30명씩 모아다가 1년 동안 일을 시켰습니다. 그중 소질이 보이는 사람 서너 명을 골라 병역특례로 남기고 나머지는 입대시키는 인력 확보 순환과정을 10년간 반복해 기간요원을 길러 냈습니다.

회사가 자리 잡고 어느 정도 성과가 보이면서 제게 욕심이 생겼습니다. 남의 자식도 데려다가 잘만 기르면 물건이 되는구나. 이들을 완전히 내 가족으로 만들어야겠다. 이런 생각에 꾸준히 의식교육을 하기 시작합니다.

인재들이 스스로 모여드는 회사

폴 마이어Paul Meier라는 분이 있습니다. 미국의 행동철학가로 아주 유명한 분입니다. 이분이 만들어 놓은 교육 프로그램으로 '엘엠에이'라는 게 있습니다. 그 프로그램은 다음과 같이 제안합니다. "기업이나 개인이 원하는 어떤 것이 있으면 이것을 생생하게 상상해서 그것이 그대로 되기를 깊이 원하고 행동에 옮기면 현실이 된다."

그는 이를 구체화하기 위한 여러 가지 방법론들을 제시합니다. 이 방법론 습득을 위한 시청각 교재도 있고, 전문교관이 매일 하루 한 시간씩 3개월을 교육하기도 합니다. 이 프로그램 수강료가 1인당 200만 원 정도로 상당히 비싼 편입니다.

이 프로그램에서 제시하는 방법론의 핵심은 '두 마이 리스트do my list' 입니다. 어떻게 보면 단순한 것인데, 오늘 내가 무엇을 할 것인가를 카드에 분 단위로 씁니다. 일어나서 양치질을 하고, 그 다음 화장실에 가고, 밥을 먹고, 출근을 하고 … 이렇게 써내려가면서 저녁에 결산을 합니다. 이 카드를 죽는 날까지 계속 써가라는 것입니다.

직원들에게 이 프로그램을 가르치기 위해 1994년 한 해 동안 1억 4천만 원을 투자했습니다. 큰돈이었지만, 전 간부들을 교육시켰습니다.

교육을 받고 난 후 처음에는 눈빛들이 변합니다. 열기가 느껴지고, 회사가 일종의 유사종교 집단처럼 느껴질 정도입니다. 손뼉 치고 노래하는 것처럼 회사가 들끓기 시작하는데, 제 자신이 고무될 정도였습니다. 직원들 중에는 이 교육을 혼자 받기 아깝다며 부인과 합동으로 받는 사람도 있었습니다.

그런데 한 달이 지난 후 간부들 몇몇이 모인 자리에서 "두 마이 리스트 있는 사람 내보세요" 했더니 세 사람이 나섭니다. 나머지는 머리를 긁적이면서 지금은 안 한다고 합니다. 3개월 후에 다시 물어봤습니다. 한 사람만 남았습니다. 그 후 시간이 흘러감에 따라 모든 것이 원점으로 돌아왔습니다. 저는 이렇게 느꼈습니다.

'부모도 하지 못한 인간개조, 의식개혁을 한다는 것은 불가능한 일이다.'

생각해 보면 종교도 못하는 일 아닙니까? 종교도 못하는 일을, 어떻게 제가 남의 자식을 인간개조, 의식개혁 하겠다고 도전했는지, 무모하다는 생각이 들었습니다. 그래서 저는 생각을 바꾸기로 했습니다.

'우선 적합한 사람을 골라 써야겠다. 그리고 적합한 사람들이 스스로 찾아들 수 있도록 여건을 만들어야겠다.'

미래산업이 필요로 하는 인재상은 무엇인가, 또 이들을 불러들이기 위해 필요한 기업문화는 어떤 것인가를 고민했습니다. 그리고 이들이 가장 근무하고 싶어 하는 회사의 이미지를 만들기 위해 노력했습니다.

그런 노력들이 쌓여, 유능한 사람들이 제 발로 미래산업에 모여듭니다. 연구소에 지금 110명의 알토란 같은 연구원들이 근무하고 있는데, 적합한 비교가 아닐지 모르겠습니다만, 이 사람들 모두가 탄탄한 이력과 경력을 가진 사람들입니다. 스탠퍼드대학, 뉴욕대학 등 세계 유수 대학 출신만 해도 30명에 이르고, 이 중에는 외국인도 있습니다. 또 대다수 연구원이 서울대, 포항공대, KAIST 등 국내 명문대 출신입니다. 창업 초기에는 공고생밖에 구할 수 없었던 것과 비교하면 격세지감을 느끼게 됩니다.

그런데 정작 중요한 것은 이들의 학벌이 아니라, 이 분야에서 남들이 탐내는 인재들이라는 점입니다. 이는 이들이 모여 일할 수 있는 기업문화를 만들었기 때문에 가능했다고 생각합니다.

사람을 선발하고, 정선하고, 양성해서 회사가 꼭 필요한 사람으로 키우는 일련의 과정은 중소기업으로서는 감당하기 힘든 부담입니다. 골라 쓸 수밖에 없는 것은 현실입니다. 나 혼자 좋은 사람 다 골라 쓰면 다른 기업은 어떻게 되느냐 하는 걱정을 할 필요는 없을 것 같습니다. A 기업에서는 꼭 필요한 사람이지만 B 기업에서는 그렇게 절실하지 않고, 이런 관계가 있기 때문입니다.

이런 것이 노동의 유연성이 아닌가 생각합니다. 제가 이러한 직업관, 노동시장의 변화를 읽고 준비한 것이 적중한 것 같습니다. 그렇게 해서 미래산업은 인재기업이 되었습니다.

그렇게 모여든 직원들이 직장생활 하면서 갖는 가장 큰 희망이 무엇이겠습니까. 임원이 되고 사장이 되는 것 아니겠습니까. 그래서 저는 오래전부터 "이 미래산업의 경영은 직원 여러분들한테 물려주겠다. 나를 이어서 최고경영자CEO가 될 사람은 여러분들 중에서 나온다"고 공언해 왔습니다.

IMF 경제위기는 제 개인 가정에도 예외는 아니었습니다. 저는 5남매를 뒀는데, 딸이 위로 셋입니다. 그런데 외환위기 때 사위 셋 중에서 두 사람이 실직을 했습니다. 사정이 그렇다 보니 제 딸들, 집사람 그리고 사돈들 모두 '아버지가, 남편이, 사돈이 미래산업 사장인데 사위들 어떻게 챙겨 주겠지' 하고 기대했고, 실제로 부탁도 했습니다. 하지만 그것마저 들어주지 못했습니다.

또 밑으로 아들이 둘이라 다 출가를 시켰습니다. 며느리 보신 분들은 아시겠지만, 며느리에게는 남모를 애착이 가고, 딸과는 다른 애정이 느껴집니다. 뭐든지 들어주고 싶고, 도와주고 싶고 그렇습니다. 그런 며느리가 어느 날 제게 부탁을 했습니다. 시아버지가 경영하는 미래산업에 대해 여기저기서 이야기를 많이 들었는데, 회사를 한번 보고 싶다는 것이었습니다. 하지만 그것도 거절했습니다.

지금까지 아내를 빼놓고는 자식들과 가족들 누구에게도 회사를 보여 주지 않았습니다. 왜냐하면 회사를 보고, 좋게 느끼게 되면 거기서부터 문제가 생길 수 있기 때문입니다. 작은 구멍이 큰 둑을 무너뜨릴 수 있습니다. 회사는 직원들에게 물려준다고 했는데, 자식들이 자꾸 들여다보고, 며느리가 들여다보고, 그러다 보면 탐을 낼 수 있습니다.

진리를 좇는 착한 기업이 되자

지난 1월 4일 제가 퇴임 이사회를 하면서 한 가지 당부를 했습니다.

"미래산업을 착한 기업으로 이끌어 달라."

이 당부에 앞서 한 가지 약속을 했습니다.

"지금까지 나는 돈을 열심히 벌고 돈 버는 사업에 주력해 왔는데, 앞으로는 돈을 바르게 쓰는 일에 주력하겠다. 생산적인 자선 모델을 만들어 보겠다."

착한 기업이란 기업윤리를 신봉하고 실천하는 기업입니다. 기업의 시스템을 안팎으로 윤리적으로 구성해 놓으면 무슨 특별한 경영기법을 도입할 필요도 없고, 따로 공부할 필요도 없습니다. 모든 것이 제대로 돌아가게 되어 있습니다.

진리를 좇으면 됩니다. 기업의 진리를 여러 가지로 표현할 수 있겠지만, '상도의商道義'라고 생각하면 쉽습니다. 상도의에는 여러 의미가 함축되어 있습니다. '상'이란 서로 주고받는 것을 뜻하는데, 여기에는 요즘 말하는 공정거래 개념이 포함되어 있습니다. 따라서 상도의는 공정거래를 원칙으로 지키라는 의미, 반드시 남에게 가치를 주고, 그에 합당한 보상을 받아야 한다는 의미를 담고 있습니다. 이러한 상도의는 2천 년 전에도 진리이고, 오늘날에도 진리이고, 미래에도 진리일 것입니다. 진리는 시간을 초월하는 것입니다.

1999년과 2000년에 걸쳐 저는 수십 건의 사업계획서를 접했습니다. 수많은 젊은이들이 제게 직접 또는 간접적으로 사업계획을 들고 찾아왔습니다.

그런데 그 수십 건의 사업계획서에서 하나의 공통점을 발견할 수 있었습니다. 이 사람들의 계획서를 보면 사업 제목과 방법, 연도별 매출을 어떻게 올려 이익을 얼마를 내겠다는 내용 등이 기술되어 있었습니다. 그런데 한결같이 목표가 1년 내 코스닥 등록, 혹은 2년 후 코스닥 등록 이런 식이었습니다. 요컨대 코스닥 등록이 사업목표였습니다.

어떤 제품을 만든다든지, 신기술을 개발한다든지 하는 것들은 코스닥 등록을 위한 포장, 다시 말해 투자자들의 구미를 당기기 위한, 사업을 그럴듯하게 보이게 하는 액세서리에 불과한 것처럼 보였습니다. 돈을 버는 것은 코스닥 등록에서 버는 것이고, 나머지는 모두 수단이었습니다.

호통을 쳤습니다. 코스닥 등록은 사업을 더 잘하기 위해 필요한 자금을 조달하는 하나의 수단이지, 그 자체가 목표가 될 수 없습니다. 그런데 적지 않은 젊은이들이 수단과 목표를 혼동하는 것 같았습니다.

요즘 젊은 사람들 머리가 비상합니다. 그런데 꾀를 가지고 사업을 한다는 생각을 지울 수 없습니다. 꾀, 술수가 횡행합니다.

이런 말이 있습니다. IQ(지능지수)와 EQ(감성지수) 외에 한국 사람에게는 JQ라는 것이 있다고. JQ가 뭐냐 하면 잔머리지수, 잔재주지수입니다. 코스닥이 무너지고 닷컴기업들이 사경을 헤매는 것도 따지고 보면 JQ로 사업을 하는 사람들이 적지 않기 때문입니다.

착한 기업인이 착한 기업을 만든다

착한 기업이 존재하려면 착한 기업인이 있어야 합니다.

기업에서 중요한 것은 선견력입니다. 특히 CEO의 덕목에는 앞으로 어떻게 될 것인가를 예상하고 오늘부터 준비할 수 있는 능력이 우선순위에 꼽힙니다. 그런데 CEO가 복잡한 생각에 사로잡혀 있거나, 가슴속에 욕심을 품고 있으면 앞을 제대로 보지 못합니다. 마음을 맑게 해야 앞을 볼 수 있습니다.

결정적인 선택을 해야 할 순간이 많이 있습니다. 그럴 때는 진리에 자신의 상황을 견주어 볼 수 있어야 합니다. 만약 아주 절실한 어떤 선택의 기로, 예컨대 회사의 문을 닫아 버릴 것이냐 또는 앞으로 주력 사업을 어떤 것으로 할 것이냐 등 중대 결정의 상황에 부딪쳤다고 가정해 봅시다.

만일 CEO가 불교신자라면, '부처님이라면 무엇을 선택했을까' 하고 물어보십시오.

제게도 그런 경험이 적지 않습니다. 1996년 11월 미래산업을 증권거래소 시장에 상장할 때입니다. 기왕에 받은 거래소 상장 승인을 취소하고 새로운 제도로 새롭게 신청하면 200억 원을 더 받을 수 있다는 유혹에 빠졌습니다. 이 제안을 받을 것이냐 말 것이냐. 저는 예수님께 여쭸습니다. 제가 예수님이라면 어떤 결정을 했을까, 스스로에게 물었습니다. 그리고 그 결과 저는 거부했습니다.

그 결정 후, 많은 사람들이 제게 보통 장사꾼이 아니라 큰 장사꾼이라고 말했습니다. 당장 200억 원을 더 챙기는 것을 거부하고 원칙대로 밀고 나간 결과 금전적으로도 더 큰 이익을 얻을 수 있었습니다. 미래산업의 원칙 경영, 상도의 경영이 시장에서 높은 평가를 받았고, 주가도 그만큼 올랐습니다. 당장의 200억 원보다 10배 이상의 금전적 이익을 얻었다고 생각합니다.

착한 기업을 이끄는 착한 CEO의 또 다른 덕목은 자기희생입니다. 자기가 희생하고 행동으로 본을 보여야 직원들이 따라옵니다. 아무리 말을 잘하고 이론을 앞세우고 무슨 짓을 하더라도 백약이 무효입니다. 자기희생을 통해서 먼저 보여 줄 수 있어야 합니다.

저는 회사 돈을 사사로운 용도로는 일전 한 푼도 안 쓰고자 했습니다. 손님이 와서 차 한 잔 같이 마시는 것은 회사를 위한 일이지만, 개인적인 편안함을 위해, 예컨대 혼자 출근해 비서가 타주는 커피 한 잔을 마시는 것은 사사로운 것으로 생각했습니다. 그렇게 마시는 커피는 따로 기록해 두고, 한 달에 얼마씩 계산했습니다. CEO가 이렇게 하면 회사 임원 누구도 함부로 회사 돈을 쓰지 않습니다.

사업 초기 저는 시간이 나면 직접 은행 심부름도 하고 우체국도 다니고 화장실 청소도 했습니다. 사장이 화장실 청소하는데 어느 임원이 어지르겠습니까? 꽁초를 어떻게 버리고 하겠습니까?

IMF 경제위기 때보다 나아졌다고들 하지만, 그 말이 무색할 정도로 요즘 경제가 무척 어렵습니다. 하지만 저는 미래산업 임직원들이 그러한 어려움을 헤쳐 나갈 것으로 믿습니다. 기업이 어려운 환경 속에서 생존과 발전을 계속하기 위해 노력하는 일은 기업과 임직원, 기업과 사회 간의 약속이며, 미래산업은 약속을 지키는 위대한 유산을 갖고 있는 기업, 착한 기업이라고 확신하기 때문입니다.

질문 / 답변

Q 퇴직 후 거액을 사기당하고 다시 재기에 성공하셨는데, 그 힘의 원천이 어디에 있다고 생각하십니까?

A 저 역시 돈 때문에 자살의 문턱까지 갔던 사람입니다. 제가 여러 곳에 강사로 불려 다니는 이유 중 하나는 제가 탄탄대로를 밟으며 성공한 것이 아니라, 가족 모두와 함께 죽으려 했던 절망의 늪에서 벗어나 성공했기 때문일 것입니다. 저 역시 돈에 대해 한이 많습니다. 사랑하는 자식들까지도 죽음으로 몰고 갔던 돈에 대한 한을 제 나름대로, 제 방식대로 풀어 보고자 했습니다. 돈을 버는 것이 아니라, 돈을 극복하는 모습을 보여 주겠다는 다짐을 끝까지 놓지 않았습니다.

Q 미래산업의 경영을 아주 잘하셨는데, 물러나셔가지고 만약에 미래산업의 미래가 잘못되면 어떻게 하시겠습니까?

A 그 문제는 하나님께 맡기겠습니다. 이미 제 손에서 떠나 버린 일입니다. 경영을 물려주면서 제가 가진 주식까지 다 나눠 주려는 생각도 했습니다만, 이미 미래산업 간부들은 다 부자가 되어 있어 그렇게까지 할 필요는 없다고 판단했습니다. 결국 이 돈으로 보다 의미

있는 일을 하자고 결론지었고, 이렇게 해서 제 개인과 미래산업과는 계산이 끝났습니다. 물론 제가 창업한 회사이니만큼 영원히 잘되기를 희망하고, 제가 힘이 될 수 있는 일이라면 무엇이든 하겠습니다만, 그것이 잘되고 안 되고는 더 이상 제 소관사항이 아닌 것 같습니다.

Q 연구원들이 굉장히 자율적으로 일하도록 해주시는 것만으로는 연구원들의 연구 성과가 보장될 것이라 생각되지 않습니다. 무엇인가 다른 것이 있을 것 같은데요.

A 젊은 사람들이 하고 싶은 일을 마음껏 하게 하는 것 외에 다른 이유가 있다면 아마도 이런 것일 겁니다. '사장이 하는 일을 보니까 정말 우리가 이대로 하다 보면 말한 대로 회사가 우리에게 물려지겠구나' 하는 믿음을 갖게 된 것 같습니다. 그런 믿음이 행동이 되고, 행동은 결실이 되는 것 아닙니까.

말씀드렸다시피 최고경영자가 자기희생을 바탕으로 먼저 본을 보이면, 그래서 믿음이 쌓이면 직원들은 따라옵니다.

제가 10년 만에 자체 공장을 마련했을 때만 해도 그렇습니다. 부천에서 10년 동안 남의 공장을 빌려 쓰다가 천안 공업단지 허허벌판에 미래산업 공장 1호(22만 평 단지 최초 공장)를 짓고 이사하는데, 직원 157명 중 156명이 저를 따라 천안으로 이사 왔습니다. 그한 명도 개인사정상 어쩔 수 없이 못 한 것이었습니다. 그때부터 미래산업이 유명해진 거죠. 도대체 어떤 회사기에 수도권을 떠나

시골로 이사 가는데 직원들이 낙오 없이 따라가느냐 하는 얘기였습니다.

그때 저는 이미 성공한 사람이라고 생각했습니다. 회사가 크고 작고가 문제가 아니라, 남의 자식들 모아 회사 하는데 이렇게 한마음 한뜻으로 움직일 수 있는가. 그 이후는 모두 덤이라고 생각했습니다. 어떻게 보면 유사종교 같을 수도 있겠습니다. '정문술교'라고나 할까요.

경청해 주셔서 감사합니다.

주례사[*]

2011년 5월 28일

새로운 명문가의 혼사에 주례를 맡게 된 것을 기쁘게 생각합니다.

아들·딸이 데리고 온 배우자감을 양가 부모님 모두가 기꺼이 단번에 받아들였다고 합니다. 어느 집안인가, 어느 학교를 다니는가, 부모는 무엇 하는 분들인가, 집안 형편은 어떤가 묻지 않았다고 합니다. 오직 자식의 선택만을 믿고 축복 속에 인정한 것입니다. 그 흔한 결혼 거래시장을 기웃거리지도 않았습니다.

까마귀 노는 골에 백로가 가지 않는 자태를 보는 것 같습니다. 우리 주변에서 근래 보기 드문 아름다운 혼사의 광경이라 할 것입니다. 그렇기 때문에 이 자리에서 양가의 형편을 소개드릴 필요조차 없습니다. 저는 이런 가정을 신新 명문가라고 이름 짓고 싶습니다.

중소 유럽의 어느 나라 왕이 이웃 나라를 정벌해서 왕자와 왕자비,

---

[*] 2011년 5월 28일, 나와 의기투합하여 벤처농업대학을 이끈 이언오 박사의 아드님 혼사를 주재하였다. 주례사도 나의 스타일로 작성해 보았다.

그들의 어린 아들을 사로잡았다고 합니다. 이 왕은 이들을 처형하기
위해 심문했습니다.

왕이 포로 왕자에게 물었습니다.

"만일 네 어린 아들을 놓아 주면 어떻게 하겠느냐?"

왕자가 대답했습니다.

"제 재산의 절반을 드리겠습니다."

또 물었습니다.

"왕자 네 자신을 풀어 주면 어떻게 하겠느냐?"

"제 전 재산을 드리겠습니다."

"만일 네 아내를 풀어 준다면 어떻게 하겠느냐?"

"제 목숨을 바치겠습니다."

이 왕자의 눈물겨운 아내 사랑에 감동한 왕은 이들을 모두 풀어 주었
습니다.

세 가족이 마차를 타고 집으로 돌아가면서 왕자가 말했습니다.

"아까 그 왕이 사나이답고 멋있게 생겼지?"

아내가 대답했습니다.

"저는 잘 모르겠습니다. 저는 곧 형장의 이슬로 사라지게 될 당신을
단 한순간이라도 더 보아 두기 위해서 당신만을 바라보느라 왕의 얼굴
을 보지 못했습니다."

왕자비 역시 처형될 위험에 빠져 있었지만 자신의 안위는 아랑곳하
지 않고 남편만을 걱정한 것입니다. 그 순간 왕자비 마음속에는 나는
없고 오직 남편만 있었을 것입니다.

이성복 시인은 《네 고통은 나뭇잎 하나 푸르게 하지 못한다》라는 단상집斷想集에서 이렇게 노래했습니다.

"'사이'라는 것, 나를 버리고 '사이'가 되는 것. 너 또한 '사이'가 된다면 나를 만나리라."

그렇습니다. 오늘 두 사람이 부부의 연을 맺는다는 것은 나를 버리고 부부 '사이'가 되는 것입니다. 두 사람이지만 나는 없는 사이, 하나가 된 부부 사이에는 이기적인 거래관계가 성립되지 않습니다. 일체의 대가 없이 가진 것을 서로 주어야 하는 사이입니다. 희생도 기꺼이 감당하는 사이입니다.

남편이 돈을 잘 벌어와 생활이 윤택하다고 해서 남편에게 감사하고 서비스로 보답할 필요가 없습니다. 부인이 애 낳아 잘 기르고 집안 가족들과 화목하고 살림을 훌륭하게 꾸린다고 해서 남편이 보상할 궁리를 할 필요는 없습니다. 굉장한 예물을 받았다거나 혼수를 많이 해왔다고 해서 우쭐대거나 고마워할 필요는 없습니다. 딴 주머니를 차서는 절대 안 됩니다. 내 것은 없고 우리 것만 있을 따름입니다.

부부 사이란 무엇이든 무조건적으로 믿는 사이입니다. 어떤 경우라도 상대를 의심하지 말고 끈질기게 참고 기다려서 해결해야 합니다. 휴대폰 통화기록을 뒤진다거나 호주머니, 핸드백을 뒤져서는 안 됩니다. 설령 와이셔츠에 빨간 루즈를 묻혀 왔다고 해도 일단 믿어야 합니다. 그럴 만한 사정이 있었을 것이라고 생각하고 끈질기게 인내하며 오해를 풀어야 합니다. 남편이 집에 늦게 들어와도 왜 늦었냐고 묻지 말아야 합니다. 아내도 마찬가지입니다. 모든 것을 오래 참고 믿고 기다려야 합니다.

　부부는 서로에게 정직해야 합니다. 서로의 마음의 창문을 활짝 열어 놓아야 합니다. 부정직이 모든 불행의 씨앗입니다. 마음의 가리개를 걷어치우고 한마음이 되는 것, 이것이 부부 사이입니다.

　신랑 이종선 군과 신부 김나미 양의 결혼을 축하합니다. 훌륭한 가정을 이룰 것을 기원합니다.

　감사합니다.

지은이 소개

정문술 (鄭文述)

1938년 전북 임실에서 태어나 원광대학교 동양철학과를 졸업하였으며, 육군으로 복무 중 능력을 인정받아 제대와 동시에 중앙정보부에 특채되어 18년간 근무하였다.

1983년에 반도체 제조장비업체인 〈미래산업〉을 창업한 그는 1989년 반도체 검사장비인 테스트 핸들러의 국산화에 성공하였으며, 1999년에는 선진국들이 독점했던 전자제품 제조 기초장비인 SMD마운터의 개발에 성공하였다. 2000년 국내 최초로 〈미래산업〉을 미국 나스닥에 상장한 그는 2001년 1월 은퇴를 선언, "착한 기업을 만들어 달라"는 한마디를 남기고 모든 경영권을 직원들에게 물려주었다.

은퇴한 해인 2001년 그는 '바이오, 전자, 기계 융합기술' 관련 학과를 신설해 달라며 KAIST에 300억 원의 사재를 기부했다. KAIST는 이 기부금으로 '바이오 및 뇌공학과'를 신설하고, 바이오테크 연구동인 '정문술 빌딩'을 신축하였다. 또한 2014년에 추가로 215억 원을 기부하였는데, KAIST는 이 기부금으로 '제 2정문술 빌딩'을 신축하고 바이오 및 뇌공학과에 '뇌 인지과학' 프로그램을 신설하였으며, 미래전략과 과학저널리즘, 지식재산권 프로그램을 통합관리하는 '문술미래전략대학원'을 독립적으로 확대 발전시켰다.

중앙정보부 기조실 조정과장, 〈미래산업〉 대표이사, 〈라이코스 코리아〉 대표이사, 〈벤처리더스클럽〉 대표이사, 벤처농업대학 학장, 한국과학기술원 이사장, 국민은행 이사회 의장 등을 역임하였으며, 저서로는 《왜 벌써 절망하십니까?》가 있다.